트라우마와 중독상담

심리적 상처와 의존의 연결고리

이은아 저

COUNSELING FOR TRAUMA AND ADDICTION

학지사

머리말

　이 책은 트라우마와 중독상담을 체계적으로 학습하고자 하는 사람들을 위한 개론서입니다. 단순히 지식을 나열하는 데 그치지 않고, 그 지식을 어떻게 상담 현장과 내담자에게 연결하고 실질적으로 적용할 수 있을지에 초점을 맞췄습니다. 이 책을 통해 트라우마와 중독상담의 큰 그림과 기본적인 정체성을 학습할 수 있기를 바랍니다. 이를 바탕으로 내담자와 마주하는 데 자신감을 갖고, 상담 현장에서 얻은 단서를 새로운 학습 주제로 삼아 더 깊이 있는 학습을 이어 가기를 기대합니다.

　제가 트라우마에 관심을 가지게 된 것은 2001년 뉴욕 상담센터에서 가정 폭력과 이민자 적응 관련 상담을 시작하면서부터입니다. 이후 경일대학교 심리치료학과 학과장으로 활동하며, 경찰학과와 융합하여 범죄피해케어 전문가 과정(CVCS)을 시작했습니다. 7년 동안 '트라우마 상담' 교과목을 가르치며, 국내 트라우마 치료에서 기초적인 작업이 부족하다는 것을 절감했고, 이를 보완하기 위해 『안전기반치료(Seeking Safety)』를 번역했습니다. 이후 청소년에게 만연한 매체 중독, 현재 심화되고 있는 도박과 마약 중독이 트라우마와 어떤 인과적 연계성을 가지는지에 관한 생각도 깊어지게 되었습니다.

　그러던 중 2020년 7월, 외장하드 고장으로 20년간 쌓아 온 원고와 연구 자료가 삭제당하는 경험을 했습니다. 20년간의 나의 전문가로서의 역사가 한순간에 사라졌다는 과장된 의미 부여로 인해, 제 충격은 더 컸습니다. 실제로 몇 년간 침습 기억에 심장이 쓰리고 이불킥을 하는 밤들이 이어졌습니다. 2021년, 성대 염증으로 꽤 오랫동안 제 목소리를 스스로 들을 수 없는 꽤 비현실적인 경험을 했습니다. 당시 이 책의 70%가 완성된 상태였지만, 이 경험을 계기로 이 책이 내가 목소리를 내지 못하는 곳에서 활용될 책으로 저술 방향을 전환하게 되었습니다.

그렇게 나이 듦의 채움과 상실, 비움 속에서 다시금 자료를 정리하고, 새로운 학습과 경험을 더해 지금의 책을 완성할 수 있었습니다. 특히, 최근 전문상담교사를 대상으로 한 특강을 통해 TIC(트라우마 인식기반 케어)와 PFA(심리적 응급처치)의 중요성을 절실히 느끼며, 이 책에 트라우마 치료의 3단계에 대한 구체적이고 실질적인 제안을 담을 수 있었습니다.

이 책의 많은 부분에서 주디스 허먼(Judith Herman)의 『트라우마: 가정 폭력에서 정치적 테러까지』(1992)의 글을 발췌하였습니다. 이 책은 1990년대 인디애나 대학 석사과정에서 처음 접했습니다. 정직하게 그때의 저는 트라우마에 대해 관심이 없었고, 조현병과 해리, 그들이 경험하는 물리적으로 다른 세상이 무엇인지에 대해 오랫동안 현학적 흥미를 느끼고 있었습니다. 그래서 인디애나 대학교 심리학 학부에서는 감각과 지각 연구실(sensation and perception lab)에서 카오스 이론(Choas Theory)을 이야기하는 연구자들 속에 굳이 끼고 싶어 했고, 영어도 잘하지 못하면서 굳이 정신병원에서 인턴을 하고 조현병과 해리 환자들을 만날 수 있는 60creadits의 정신건강상담 트랙의 이학석사과정을 전공하였습니다.

그러던 중, Halfway House(폭력피해자 쉼터)에서 온 한 강사가 학교 상담센터 내에서 교육을 진행하며 주디스 허먼의 책을 '트라우마 상담의 바이블'이라 소개했습니다. 그 말에 당장 책을 사서 읽고, 너무나 감동한 저는 굳이 주변 사람들에게 내돈내산 책을 배포했었습니다. 허먼의 폭력에 대한 철학은 저에게 트라우마 상담에 대한 관심을 일으켰습니다. 제게 있어, 트라우마 상담의 생물학적 엄마 같은 느낌이 있습니다. 그래서 부득이하게 이 책에서 주디스 허먼의 말들을 인용하고 싶었습니다.

트라우마 상담의 철학적 개념을 형성해 준 존재가 주디스 허먼이었다면, 트라우마 상담의 실제를 배운 곳은 2001년 뉴욕 가정상담센터이었습니다. 그곳에서 저는 가정 폭력 피해자, 가해자, 목격자(자녀), 이민자 가정을 상담했습니다. 특히, 저 자신이 2001년 9월 11일 테러도 섬광기억으로 새긴 사람이기도 했습니다. 주디스 허먼의 책 제목처럼, '가정 폭력에서 테러까지', 뉴욕에서의 3년 상담 일이 그러했습니다. 매우 힘들었습니다. 다시 하라고 하면 선택하지 않을 3년의 경험이지만, 뉴욕에서의 그 3년이 트라우마 상담자로서 나를 양육한 엄마와 같음을 부정할 수 없습니다.

한국으로 귀국한 후, 한국정보문화진흥원(현재 한국지능정보사회진흥원)에서 인터넷 중독상담 관련 국가 사업을 맡게 되었습니다. 이 경험을 통해 행위 중독에 대한 이해가 깊어지고, 체계적인 중독 관리의 중요성을 인식하게 되었습니다. 이러한 교육과 현장에서의 경험이 현재의 트라우마와 중독에 대한 접근 방식을 형성하는 데 주요한 역할을 했습니다.

트라우마와 중독은 간단히 다룰 수 있는 주제는 아닙니다. 그래서 이 책은 혁신적이기보다 상담의 기반을 다지는 개론서로서, 상담 전문가와 대학원생, 임상심리사들에게 트라우마와 중독상담에 대한 체계적인 학습과 실천적 지침을 제공하고자 합니다. 오랜 시간 동안의 상담자로서의 경험과 상실, 그로부터 얻은 배움과 성찰을 녹여 내려고 애썼습니다. 독자들이 트라우마와 중독상담의 기초를 다지고, 트라우마와 중독상담의 현장에서 스스로의 목소리를 내는데, 이 책이 일조할 수 있기를 바랍니다.

마지막으로, 8년 전 약속을 지킬 수 있게 도와주신 학지사에 깊은 감사를 전합니다.

지난한 시대를 살아오셨고,
현재는 자신 안의 아주 작은 몸집의 병과
생을 거는 커다란 공생하는 경험을 하시는
나의 아버지에게
용기와 사랑, 응원을 담아.

2025년 2월 아침에.

차례

제1장

기초 이해: 트라우마와 중독 • 15

제**3**장

트라우마와 중독상담의 전략 • 109

제4장

트라우마와 중독상담의 실제 • 167

제**5**장
나를 돌보기 • 317

제1장

기초 이해: 트라우마와 중독

이 장에서는 트라우마와 중독의 개념을 정의하고, 이 두 현상 간의 상호 작용을 이해하기 위한 기초적 틀을 제공한다. 첫째, '트라우마란 무엇인가'라는 질문을 중심으로, 트라우마의 정의, 유형을 설명한다. 둘째, '중독이란 무엇인가'에 대한 답변으로, 중독의 정의와 주요 특성, 분류를 살펴본다. 마지막으로, 트라우마와 중독의 병렬적 접근에서는 이 두 현상이 어떻게 서로 영향을 주고받는지 살펴본다. 트라우마가 중독의 형성과 유지에 어떤 역할을 하는지, 반대로 중독이 트라우마 회복 과정에 어떤 도전을 제기하는지를 분석하며, 이들을 병렬적으로 이해하는 다학제적 관점을 제시한다. 이 장은 독자들이 트라우마와 중독을 개별적으로 이해하는 동시에, 이 둘의 상호작용을 연결할 수 있는 기초 지식을 제공한다.

1. 트라우마란 무엇인가

　트라우마(Trauma, 심리적 외상)는 충격적인 사건을 경험하거나 목격한 후 발생하는 심리적 장애의 한 형태이다(American Psychiatric Association, 2022). 이러한 외상 사건(traumatic event)은 평상시보다 훨씬 많은 자극이 갑작스럽게 한꺼번에 들어와서 효과적으로 처리되지 않는 경우, 심리적 충격과 그에 따른 외상 반응(traumatic response)이 지속되면서 심리적 외상(psychological trauma)으로 고착된다(Van der Kolk, 2014). 이는 결국 외상 반응에 대한 통제뿐만 아니라 일상생활에 대한 통제권까지 잃게 되는 상황을 말한다.

　외상 사건(traumatic event)은 해당 사건을 경험한 사람이 큰 충격 반응을 보이며, 기존의 대응체계(대처 전략, 사회적 지지체계 등)가 무력화되어 그 반응을 건강하게 처리하지 못하고 궁극적으로 병리적 반응으로 이어지는 사건을 의미한다(Herman, 1992). 이러한 특성으로 인해 트라우마 사건은 일반 스트레스 사건과 구별된다.

　대표적인 외상 사건으로는 재난의 경험 또는 목격, 아동 학대, 학교 폭력, 범죄 피해, 전쟁, 테러, 특정 직무(소방, 응급, 심리치료, 경찰 등 PTSD 고위험 직군의 업무) 등이 있다(American Psychiatric Association, 2022; Herman, 1992). 병리적 진단의 준거로 사용되는 대표적인 외상 반응에는 반복적 악몽, 부인, 회피, 얼어붙는 상태, 신체의 과각성, 해리, 부정적 감정과 인지 등이 포함된다(American Psychiatric Association, 2022; Courtois & Ford, 2009). 즉, 트라우마는 단순히 개인의 의지나 생활환경 변화만으로 극복할 수 있는 영역이 아니라, 전문가의 관심과 보살핌이 필요한 심리적 장애로 정의할 수 있다(Briere & Scott, 2014).

트라우마는 다양한 공존질환과 높은 상관관계를 보인다. 대표적인 공존질환으로는 기분장애, 불안장애, 물질중독, 경계선 성격장애, 자기파괴적 행동 등이 있다(Van der Kolk, 2014). 이 책에서는 트라우마와 중독의 공존질환을 가진 사람들의 반응체계를 설명하고, 이들의 치유를 효과적으로 접근할 수 있는 선택안을 제안하고자 한다.

트라우마 치료에 효과가 입증된 방법으로는 약물치료(세로토닌 재흡수 차단제), 인지행동치료(CBT), 장기노출치료(Prolonged Exposure Therapy), 안전기반치료(Seeking Safety) 등이 있다(American Psychiatric Association, 2022). 이러한 전통적인 인지행동치료 기법이 효과적이지 않은 외상 생존자를 위한 선택적·대안적 치료법으로는 EMDR(Eye Movement Desensitization and Reprocessing), OEI(Observed & Experiential Integration), 신체기반치료 기법(Somatic Experiencing, Sensory Motor Psychotherapy), 마음챙김(Mindfulness) 등 통찰을 기반으로 한 제3세대 인지행동치료 기법이 전문가들 사이에서 많은 관심을 받고 있다(Briere & Scott, 2014).

신경생리학과 뇌영상 촬영 기술의 발전은 트라우마와 중독의 심리치료를 보다 과학적으로 설명하는 데 기여하고 있다(Courtois & Ford, 2009). 이는 트라우마와 중독상담의 실제에 있어 몸과 마음의 연결성을 활용하는 심리치료의 방향성과 개입 전략에 큰 전환점을 제공하고 있다.

1) 트라우마의 정의

중복 모델(Callahan, 1994)에 따르면, 인간에게 심리적 충격을 주는 상황(사건과 반응)을 시간과 특성에 따라 세 가지로 구분할 수 있다.

첫째, 응급

응급은 사람이 정상적인 기능을 할 수 없고, 당면한 상황에 대해 책임질 수 없는 무능의 상태를 말한다. 이러한 상황에서는 주로 정신증적 삽화가 발생하기도

한다. 응급 상황에 대한 개입은 단호하고 즉각적이어야 하며, 필요에 따라 격리 (예: 입원) 조치를 하는 것이 대상자의 안전과 보호에 최선책일 수 있다. 이는 주로 응급 구조 요원, 경찰, 쉼터(예: 가정폭력, 청소년 가출 등)에서 마주하는 상황이다.

둘째, 위기

위기는 응급 상황처럼 즉각적 위험은 아니지만, 기존의 대처 방법이 효과를 보지 못하는 상황을 말한다. 대상자는 상황에 압도되어 자신의 항상성이 깨지지만, 대략 4~6주 이내에 항상성을 회복한다. 위기 상황의 개입은 위기 전의 기능을 회복시키고 현실적인 과제를 다루며 위기 반응을 소거하는 것에 집중해야 한다. 삶의 여러 영역이나 성격을 변화시키려는 시도는 비효율적이며, 상담자의 소진을 앞당길 수 있다. 위기에는 상대적으로 정상적인 위기라고 분류할 수 있는 발달적·실존적 위기도 포함된다. 학교 밖 YC가 만나는 위기 청소년들이 이에 해당한다.

셋째, 트라우마

트라우마 상황에서는 사람이 생존/생명에 대한 압도적인 위협을 경험하고 완전한 무력감에 빠진다. 위기 반응이 4~6주 이상 이어지면서 회복되지 못하면, PTSD 진단이 가능해진다. 만성적인 아동 학대나 학교 폭력 등의 사건은 PTSD 진단 기준에 맞지 않더라도 복합 외상(complex trauma; Herman, 1992)으로써 전문가의 심리상담 개입을 필요로 한다. 이 과정은 내담자에게 결핍된 자원(예: 사회적 기술, 정서 조절 능력)을 개발하는 것이다. 외상 기억을 다룰 정도로 기본적인 자원이 축적된 이후에, 외상에 대해 분열되고 왜곡된 기억을 재처리하는 작업이 필요하다. 기억 재처리와 애도 작업으로 외상 반응의 소거가 이루어지고, 통합적으로 트라우마를 인지하고 수용하는 단계에 이르면 일상생활로의 연결 단계가 시작된다. 이 과정에서 외상 상황 전의 즐거움을 다시 느끼고, 때로는 이전보다 더 나은 통찰과 삶의 태도, 대처 전략으로 삶을 영위하게 되는 외상 후 성장(Posttraumatic Growth: PTG)이 일어난다. 외상 후 성장은 외상 사건을 겪은 후 긍정적인 변화를 경험하는 현상을 의미한다(Tedeschi & Calhoun, 1996). 이는 외상 경험을 통

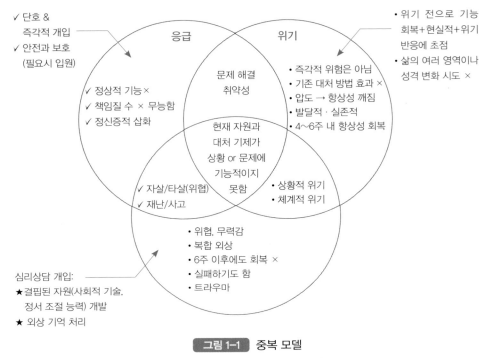

✓ 단호 &
   즉각적 개입
✓ 안전과 보호
   (필요시 입원)

응급

위기

• 위기 전으로 기능
  회복+현실적+위기
  반응에 초점
• 삶의 여러 영역이나
  성격 변화 시도 ×

✓ 정상적 기능×
✓ 책임질 수 × 무능함
✓ 정신증적 삽화

문제 해결
취약성

• 즉각적 위험은 아님
• 기존 대처 방법 효과 ×
• 압도 → 항상성 깨짐
• 발달적 · 실존적
• 4~6주 내 항상성 회복

현재 자원과
대처 기제가
상황 or 문제에
기능적이지
못함

✓ 자살/타살(위협)
✓ 재난/사고

• 상황적 위기
• 체계적 위기

심리상담 개입:
★ 결핍된 자원(사회적 기술,
   정서 조절 능력) 개발
★ 외상 기억 처리

• 위협, 무력감
• 복합 외상
• 6주 이후에도 회복 ×
• 실패하기도 함
• 트라우마

그림 1-1 중복 모델

출처: Callahan, J. (1994). Defining crisis and emergency. *Crisis, 15*(4), 164-171.

해 개인의 삶에 대한 통찰과 삶의 태도, 대처 전략이 향상되는 과정을 포함한다 (Tedeschi & Calhoun, 2004).

2) 외상 사건 VS. 외상 반응 VS. 외상 후 증상

외상 후 증상(Post-traumatic symptoms)과 외상 반응(trauma response)은 외상 경험과 관련된 심리적 반응을 나타내는 용어로 종종 사용되지만, 이들의 정의와 사용 맥락에는 차이가 있다.

외상 반응은 외상 사건에 직면했을 때 보이는 직접적인 반응을 설명하는 데 사용되는 용어이다. 여기에는 신체적 · 정서적 · 심리적 방어 메커니즘을 포함하며, 흔히 '싸우거나 도망치거나 얼어붙기(fight, flight, or freeze)' 반응을 예로 들 수 있다. 외상 반응은 종종 외상 사건 직후에 나타나며, 개인의 생존 본능과 밀접한 관련이 있다. 이러한 반응은 자동적이며, 대부분의 경우 의식적인 제어를 벗어난 상태에서 일어난다.

반면, 외상 후 증상(Post-traumatic symptoms)은 외상 경험 후 개인이 경험할 수 있는 다양한 심리적 · 정서적 · 신체적 반응을 망라하는 용어로, 특정한 임상적 진단 기준에 국한되지 않고 넓게 사용된다. 예로, 외상 후 스트레스 장애(PTSD)의 진단 기준에 포함되지 않는 증상들(복합 PTSD)도 포함된다. 이러한 증상에는 불안, 공포, 회피 행동, 수면 문제, 감정의 무더짐 등이 포함될 수 있으며, 외상 경험과 직접적으로 연결되지 않을 수도 있다. 즉, 개인의 이전 정신건강 상태와 같은 PTSD 취약 요인이 주요하게 영향을 미칠 수 있다.

외상 사건은 불수의적으로 외상 반응을 일으킨다. 즉, 외상은 자극과 반응(stimulus and response)체계 안에서 일어나는 기계적 현상으로 시작된다(Van der Kolk, 2014). 외상 반응은 기존 대처 자원의 무용화(舞踊化)로 인해 외상 경험자를 압도하고 무력하게 만든다. 이 상태가 같은 패턴으로 지속되면 만성적 · 지속적 외상 반응은 유기적 반응체계를 가지게 된다(Herman, 1992). 마치 외상 생존자들이 외상 사건 이후의 자신은 외상 사건의 자신과 매우 구별된다고 호소하는 것처럼, 외상 생존자의 몸과 마음에 매우 낯선 반응체계가 구축된다.

결국 모든 외상 후 증상은 주관성이 강하게 나타난다. 이 특성이 트라우마치료를 어렵게 하는 요인이기도 하다. 특히 복합 외상 사건의 경우, 하나의 진단 범주나 준거에 제한되지 않는 증상체계를 가지게 되기 쉽다. 그 증상체계들이 전문가의 관심에서 멀어져 일상에서 주관적 생존체계의 형태로 오랜 시간 구성될 경우, 그 주관성은 기존의 진단 범주체계를 무용하게 만들기 쉽다. 따라서 아동기 트라우마를 겪은 성인이 심리치료를 찾을 때, 주 호소문제가 트라우마가 아닌 경우가 자주 발생한다(Courtois & Ford, 2009). 이러한 특성이 외상 후 스트레스 장애(PTSD)를 주관적 심리장애라고 특징짓게 하며, 최근 많은 트라우마 학자들와 임상가들이 복합 외상 후 스트레스 장애(complex PTSD), 관계 외상(interpersonal trauma), 애착 외상(attachment trauma) 등의 스펙트럼적 개념을 제안하게 만든다

(Herman, 1992).

궁극적으로, 외상 후 증상의 주관적 경험은 어떤 사람에게는 PTSD의 병리적 과정이 아니라, 자연치유적 과정으로 이끌기도 한다. 외상 반응(외상 후 증상)의 수준에 영향을 미치는 요인으로는 회복탄력성(resilience), 발달 단계(나이), 외상 사건의 종류, 사회적 지지, 애착 유형 등이 있다(Tedeschi & Calhoun, 1996). 외상에 취약한 경우, 일상에서 적응된 생존 반응체계는 일상에서의 촉발제를 매 순간 분간해 내지 못하면서 끝없는 외상 반응을 경험하게 한다. 처음에는 외상 사건과 외상 반응이 명확히 구분될 수 있지만, 시간이 지남에 따라 생존 반응체계가 강화되면서 그 경계는 모호해지고 외상 생존자는 일상 자체가 외상 사건과 외상 반응(외상 후 증상)이 뒤엉킨 불안한 세상을 경험하게 된다. 그래서 외상 생존자들은 종종 자신의 경계가 무엇인지, 몸의 윤곽이 무엇인지(Hugh, 2022). 잘 모르겠다는 호소를 하기도 한다. 따라서 외상 생존자에게 외상 사건과 외상 반응을 분리하는 인지적 작업은 중요한 외상 심리치료의 시작이 된다(Van der Kolk, 2014).

(1) 외상 사건과 외상 반응의 특성

외상 사건의 속성은 과거에 있으며 대체로 통제 불가능하고 사건에 노출된 전체 대상자가 경험하는 것이다(American Psychiatric Association, 2022).

초기 외상 반응도 과거의 기억과 현재의 반응이 동시다발적으로 일어나는 현재형 반응체계이다. 이는 생존 회로에 기반한 신경생리학적 반응체계로서 대체로 통제 불가능하며, 사건 경험자 전체가 경험하게 된다(Van der Kolk, 2014). 즉, 외상 사건과 기계적 관계를 가지므로 피할 수 없다. 이때, 심리적 응급처치, 심리교육와 같은 초기 심리 개입, 개인의 높은 적응유연성 등의 요인은 초기 외상 반응을 자연치유의 과정으로 이끌 수 있다. 반사(Relfex)와 같은 기계적인 신경생리학적 외상 반응은 통제가 어렵지만, 사건에 대한 인지적 정보가 투입되면서 통제력을 회복할 수 있다.

그러나 전문가의 적시적ㆍ즉시적 지원이 부재하거나 개인의 PTSD 고위험군일 경우, 강화된 생존 회로는 잔존하여 외상 사건과 유기적 관계를 형성하고 만성

표 1-1 외상 사건, 외상 반응, 외상 후 증상의 특성

구분	외상 사건 (Trauma Event)	외상 반응 (Trauma Response)	외상 후 증상 (Post-Traumatic Symptoms: PTS)
세부 정의	압도적, 예측 불가능, 생존 위협적	초기 외상 반응	만성적 · 지속적 외상 반응
시간	과거	과거 및 현재 진행형	과거 및 현재 진행형
통제 가능성	(대체로) 통제 불가능	(대체로) 통제 불가능	적응유연성, PTSD 증상 관리
사건 노출 대상자	전체	전체	일부
외상 사건과의 관계	–	기계적 관계	유기적 관계
주요 심리치료 전략	사건에 대한 심리교육	심리적 응급처치(PFA), 심리교육	장기 심리치료

적 · 지속적 외상 후 증상을 이끌게 되며, 이는 병리적으로 변질되게 된다(Courtois & Ford, 2009).

생각할 거리

외상 사건(trauma event)과 외상 반응(trauma tesponse), 외상 후 증상(post-traumatic symptoms)을 구분해야 하는 이유가 무엇일지 그룹에서 나누고, 정리하여 발표해 주세요.

3) 외상 사건의 분류

초기 면접지나 상담 회기 중에 트라우마 사건이 언급될 경우, 상담자는 반드시 그 사건 이후의 과정을 탐색할 필요가 있다. 외상 사건에 따라, 탐색의 깊이와 영역이 달라질 수 있다.

(1) Big T & Small T

외상 사건의 분류는 Big T와 Small T로 나뉘며, 이는 사건의 규모와 강렬함 (intensity)에 따라 구분된다. Big T에는 전쟁, 가정 및 사회 폭력, 강간, 재난(대구 지하철, 세월호, 천안함 등), 교통사고, 산업재해와 같은 각종 사고 등이 포함되는 대규모 생존위협 사건으로서, 트라우마 사건이라고 일반적으로 합의될 만한 사건을 일컫는다. 반면, Small T에는 개인적 스트레스 요인으로 이혼, 실직 등이 포함된다. 개인에게 심각한 영향을 줄 수 있지만, 일반적으로 트라우마 사건이라고 합의되지는 않는다(Van der Kolk, 2014). Small T 사건이 외상의 심각성과 개인에게 미치는 영향이 더 크다고 알려져 있다(Herman, 1992; Rothschild, 2010).

(2) 외상 사건 Type I & Type II (Lenore Terr)

트라우마 상담자에게 보다 유용한 분류체계는 Terr의 Type I & Type II이다. Terr는 외상 사건의 빈도(frequency)와 지속성(duration)에 초점을 두어 분류하였다.

Type I은 주로 1회성 사건이 포함되어 있고, 전형적인 PTSD 증상체계를 보여주는 사건들이 포함된다. 반면, Type II 사건은 장기간/만성적 노출로 인한 정서/신체/영적 손상을 가져오는 사건들로써, 가정 폭력, 성매매, 전쟁 등이 속한다. 또한 아동학대, 방임과 같은 애착 외상과 데이트 폭력과 같은 관계 외상, 즉 복합외상 사건이 이 분류체계에 들어간다. 사건 자체의 속성이 장기간/만성적이기 때문에, 이로 인해 외상 생존자가 경험하는 정서/신체/영적 손상체계도 매우 깊고 복잡하다. 따라서 상담자는 Type II 사건에 더 경각심을 가지고 초기 면접/상담을

표 1-2 Terr의 외상 사건 분류

Type I	Type II
1회성(강도, 자연재해, 자동차 사고) 강간 전형적인 PTSD 발달을 일으키는 외상 사건	장기간/만성적 정서/신체/영적 손상 가정 폭력 생존자, 성매매, 전쟁 포로, 애착 외상: 아동학대, 방임, 가정 폭력 목격 관계 외상

진행해야 할 것이고, 상대적으로 Type II가 Type I보다 예후가 좋지 못하다는 점도 상담치료 계획에 염두에 두어야 한다.

(3) 트라우마는 매우 주관적인 심리장애이다

앞서 언급했듯이, 트라우마는 매우 주관적인 심리장애이다. 즉, 내담자가 느끼는 강도에 따라, 정신적인 외상이 신체적인 죽음을 이끌 수 있을 정도로 심각하고 치명적일 수도 있다. 예시로, '생존'이라는 다큐멘터리에 출현했던 대구 지하철 사고 생존자는 사고 후 2년 만에 심장마비로 사망한 사례가 있다. 따라서 객관적 진단체계(외상 사건의 분류체계와 PTSD 진단체계)뿐만 아니라, 외상 생존자의 주관적 체계가 증상과 예후를 좌우할 수 있음을 상기하고, 상담자는 이러한 주관성을 고려하여 외상 생존자에게 개별적인 접근을 준비할 필요가 있다(Van der Kolk, 2014).

2. 중독이란 무엇인가

중독(Addiction)의 어원은 라틴어 'addicere'로, '~에 사로잡히다', '~의 노예가 되다'라는 뜻을 갖고 있다. 중독은 어떤 물질이나 행동에 비정상적으로 집착을 보이고 통제하지 못할 때, 결국 그것이 나를 노예로 삼고 통제하게 된다는 의미이다. 그래서 이 책에서 다루는 중독은 일반적으로 알려진 물질 중독, 즉 물질이 체내에 들어와 술중독, 마약 중독처럼 중독 증상을 일으키는 것뿐만 아니라, 게임이나 도박 중독과 같은 행위 중독, 정신적으로 어떤 대상이 없으면 견디지 못하는 관계 중독까지 넓은 범위의 중독을 다룬다.

중독은 대뇌의 이상 및 생물학적 요인이 주요하다. 따라서 중독자의 뇌 구조와 기능에 대한 이해는 중독 문제를 이해하고 접근하는 데 중요하다. 또한, 중독은 종종 불안, 우울, 자존감 저하 등과 함께 발생한다. 중독은 가족, 친구, 동료 등과의 관계에 영향을 미칠 수 있다. 중독자와 그들의 관계 문제를 이해하고 개선하는 방법은 중독상담의 핵심이다. 중독은 종종 가정이나 사회적인 문제와 관련되어 있다. 중독의 치유에 있어, 정신의학적 접근뿐만 아니라, 영적 접근은 꽤 오랫동안 중독치료의 한 축을 담당해 오고 있다.

1) 중독자의 특성

중독자의 특성은 기존의 진단체계(DSM, ICD)에서 분명하게 제시된다. 중독적 사고는 중독에 대해 지나치게 긍정적이며 현실적인 판단을 상실하게 한다. 이러한 특성이 오랫동안 낮은 경각심이 유지된 상태에서 혹은 매우 긍정적인 인상을 가진 상태로 중독 습관을 가지게 되고 이로 인해, 중독자는 중독 물질에 대한 내성(intolerance)을 갖게 되며, 중독 물질을 끊을 경우 다양한 수준의 금단(Withdrawal) 증상을 겪는다.

중독은 다른 신체적 · 정신적 문제와 동반되며, 자신의 문제를 부인(denial)하거나 책임지지 않으려는 방어 기제를 형성기도 한다.

또한, 중독자는 종종 다른 사람과의 관계에서 중독 물질을 공동으로 사용하거나 서로의 중독을 지지하는 경향이 있으며 감정과 문제를 적절하게 표현하지 못하고 의사소통에 어려움을 겪을 수 있다. 중독은 가정이나 사회적인 관계에 영향을 미치며, 역기능적 가족 역할(dysfuntional family roles)과 공동의존(codependency)을 만들어 낸다. 그래서 중독의 대상은 중독자뿐만 아니라, 그 가족 구성원까지 포함하며, 가족들 대상의 치료체계도 체계적으로 발달되어 있는 편이다(예: 익명의 알코올 중독자 가족 모임).

재발(Relapse)은 중독자가 회복하는 과정에서 자연스럽게 발생한다. 중독 물질에 대한 신체적인 내성이나 뇌의 생물학적 변화와 관련되어 있으므로, 회복 후에도 신체적인 욕구가 남아 있을 수 있고, 이로 인해 재발이 발생할 수 있다. 심리적 요인은 불안, 우울, 스트레스와 같은 정서적인 상태나 자존감 문제 등이 재발을 유발하는 원인이 된다. 중독 이전과 같은 감정적인 상태를 처리하기 어려워서 다시 중독 물질에 의존하게 되기도 한다. 환경적 요인으로, 가족, 친구, 동료 들과의 관계, 사회적인 압력, 이용 가능한 중독 물질의 유무 등이 재발에 영향을 미칠 수 있다. 특히, 회복자의 주변 환경이 중독 유지와 관련이 있다면, 재발 위험이 증가할 수 있다. 따라서 중독자의 회복 과정에서는 신체적 · 심리적 · 환경적 요인 들을 고려하여 치유 과정을 계획해야 하며, 적절한 지지와 관리를 통해 재발 위험을 최소화하는 것이 핵심적이다.

2) 중독의 분류

(1) 물질 중독

약물은 뇌와 중추신경계에 작용하는 향정신성물질로서, 물질(substance), 마약(drug), 향정신성(psychoactive medication) 등을 포함하여 '약물'이라는 용어로 통칭된다. 약물은 정서, 사고, 판단력, 인지 및 행동에 영향을 미치며, 그 결과는 긍정적이거나 부정적일 수 있다. 약물 문제는 약물 사용이 부정적 결과를 지속적으로 초래함에도 불구하고 계속되는 경우를 의미한다. 약물은 여러 기준에 따라 분류될 수 있으며, 진통제, 항생제, 항우울제 등과 같이 주된 역할, 남용 가능성, 출처(천연물 또는 합성물), 법적 지위 등에 따라 분류될 수 있다. 이러한 분류는 치료

표 1-3 **중추신경계에 미치는 영향에 따른 약물 분류**

분류	주요 작용	대표 약물	주요 효과
아편류	아편수용체 결합	아편, 모르핀, 헤로인, 펜타닐	진통, 진정, 쾌감, 호흡 억제
진정제	중추신경계 억제	바비추레이트, 벤조디아제핀, 알코올	진정, 불안 완화, 수면 유도
흥분제	중추신경계 자극	니코틴, 메스암페타민, 암페타민, 코카인, 카페인	각성, 집중력 향상, 피로 감소
환각제	감각 및 인지 왜곡	LSD, 실로시빈, 메스칼린	환각, 감정 변화, 현실 지각 왜곡
기타 흥분-환각제	중추신경계 자극 및 지각 왜곡	MDMA(엑스터시), 펜사이클리딘(PCP), 케타민	각성, 쾌감, 감각 왜곡, 감정적 개방성 증가, 환각

계획에 유용하게 활용된다.

(2) 행위 중독(행동 중독)

행위 중독(Behavioral addiction)은 최근에 등장한 개념으로, 초기에는 도박 중독과 관련하여 연구되었다. 행위 중독의 생물학적 원인은 유전적 및 신경생물학적 취약성, 특정 유전자의 관여, 뇌의 보상 경로와 의사결정 기능의 저하를 들 수 있다. 심리학적으로는 특정 행동에 대한 갈망이 마음과 정서로 인해 행위 중독이 발생한다고 본다. 정신역동 모델은 부적절한 양육과 애착장애, 적개심, 자아결함, 수음, 동성애 등에 초점을 두고, 인지행동 모델은 중독 행동이 불안, 스트레스 등 부정적 심리 상태를 완화하고, 쾌감을 제공하면서 반복적인 패턴을 형성한다고 설명한다.

행위 중독은 특정 행동에 대한 강박과 의존을 의미하며, 물질 중독과 달리 신체적 의존보다는 심리적 의존이 강조된다. 연구가 진행되면서 인터넷 사용, 인터넷 게임, 성적 활동, 쇼핑, 운동, 음식 등 다양한 행동들이 행위 중독 범주에 포함되기 시작했다. DSM-5(정신질환 진단 및 통계 편람-제5판, 2013)에서는 '행위 중독(behavioral addiction)'을 공식적인 진단 범주로 포함하지 않았다. 다만 도박장애(gambling disorder)는 물질관련 및 중독장애(substance-related and addictive disorders) 하위 범주로 포함되어 있으며, DSM-5에서 인정된 유일한 행위 중독이다. 또한 인터넷 게임 중독(Internet gaming disorder)은 DSM-5의 부록(Section III)에 조건부 연구(category requiring further study)로 포함되어 있어, 추가 연구와 검토가 필요한 상태로 분류되었다.

한편, ICD-11(국제질병분류 제11판, 2019)에서는 게임장애(gaming disorder)가 정식 진단 범주로 포함되어 있어, DSM-5와의 차이를 보여 준다.

행위 중독은 그리피스(Griffiths, 2005)가 제시한 현저성(salience), 기분 변화(mood modification), 내성(tolerance), 금단 증상(withdrawal), 갈등(conflict), 재발(relapse) 등의 특성을 가진다. 행위 중독은 정상적인 욕구와 관련된 특정 행동이 지나쳐 개인의 생활에 부정적인 영향을 미치고 중단하기 어려운 상태를 의미한다.

이는 쾌감이나 보상을 제공하며, 자기 통제 능력을 상실하게 하고, 주변 환경과의 갈등을 유발한다. 물질 중독과 비슷한 특성을 보이며, 중독의 기준에 부합한다.

행위 중독의 종류에는 도박 중독, 인터넷 및 스마트폰 중독, SNS 중독, 성중독 및 관계 중독이 있다. 중독으로 분류되기는 어려울 수 있지만, 물질 중독처럼 도파민 회로와 관련이 있으며 개인의 일상생활과 사회적 기능에 영향을 미친다는 측면에서, 중독치료법을 적용할 수 있다.

3) 중독의 특성

약물 중독은 모든 향정신성물질이 세 가지 기본적인 장애 유형을 야기한다. 첫째, 내성과 금단이다. 내성은 동일한 효과를 얻기 위해 점차 더 많은 양의 약물이 필요하게 되는 현상을 말한다. 금단은 약물 사용을 갑자기 줄였을 때 나타나는 증상이다. 둘째로, 통제력 상실이다. 이는 개인이 의도한 것 이상의 양을 사용하게 되는 것을 의미한다. DSM-5에서는 갈망을 하나의 증상으로 포함한다. 마지막으로, 향정신성물질 남용의 인과적 결과로 발생하는 부정적인 영향을 포함한다.

(1) DSM 및 ICD에서 제시하는 중독의 진단 기준

DSM-5는 물질의존과 물질남용을 통합해 물질 사용 장애로 분류하며, 알코올, 담배, 카페인 등 다양한 물질이 포함된다. 진단 기준은 12개월 동안 11가지 증상 중 최소 두 가지를 경험하는 것이다. 물질 중독은 사회적 · 신체적 · 정신적 영향을 미치므로 정확한 진단과 치료가 중요하다.

4) 중독과 공존장애

공존장애(Comorbidity)는 두 가지 이상의 질환이 서로 영향을 주고받을 수 있어 치료가 더욱 복잡해질 수 있다. 이런 경우, 단순히 중독만을 치료하는 것뿐만 아니라, 동반된 정신건강 문제도 동시에 다루어야 한다.

(1) 인과성

정신장애가 약물과 독립적인지 판단하는 것이 중요하다. 반사회성 성격장애, 양극성 장애, 조현병 등은 물질 사용 이전에 발생하는 경향이 있다. 정신장애의 발생 시점을 판단하기 어려운 경우, 진단 미정을 고려한다. 물질과 관련된 정신장애는 해독 후 한 달 이내에 감소되거나 사라져야 한다. 하지만 해독 뒤에도 증상이 지속되면 독립적인 정신장애로 간주한다.

(2) 약물 중독과 관련된 정신장애

약물 남용과 중독은 다양한 신경인지적인 문제와 정신병적 장애를 유발할 수 있다. 알코올, 진정제, 흡입제의 장기 사용은 신경인지 기능에 영향을 미치며, 코르사코프 증후군(Korsakoff's syndrome)은 기억력과 학습 능력을 저하시킨다. 둘째, 마리화나 사용은 정신병적 장애의 발생 위험을 높인다. 조현병 관련 연구에서 담배 사용이 질병 진행을 완화하고 인지 기능을 향상시킨다는 주장이 있으나 논쟁의 여지가 있다. 기타로, 기분장애, 불안장애, 강박 및 관련 장애, 수면-각성 장애, 성기능부전, 섬망 등이 약물 남용과 관련된다.

또한 외상 경험은 정신적 스트레스를 유발하고 정서적 어려움을 겪게 한다. 외상 생존자는 자신을 진정시키거나 현실과의 해리를 찾기 위해 약물남용을 선택할 수 있다. 외상으로 인한 신체적 통증, 불안, 우울, 수면 문제 등을 완화하기 위해 처방약이나 불법약물을 남용하는 경우가 있다.

(3) 중독과 신체적 건강 문제

약물 중독은 다양한 신체적 건강 문제를 유발할 수 있다. 식욕 감소 및 영양실조, 구강 건강 문제, 호흡기 질환, 여성의 월경 주기 이상, 피부 종양, 간 질환 등이 발생할 수 있다. 또한, 충동적인 성행위나 주사바늘 공유로 인한 질병 감염 위험이 증가하며, 약물 과용은 생명을 위협할 수 있다. 다양한 약물을 혼용하면 독성 반응이 발생할 수 있다.

5) 중독치료 모델

중독치료 접근법은 약물 중독을 이해하는 다양한 모델에 따라 달라질 수 있다.

첫째, 자가치유 모델(self-medication model; Khantzian, 1997; Schuckit, 1986)은 약물이나 술이 뇌의 보상체계를 자극하여 강한 조건화 반응을 만들어 내며, 이를 통해 희열을 추구하거나 고통을 회피하려는 경향이 있음을 설명한다.

둘째, 도덕·의지 모델은 벤저민 러시(Benjamin Rush, 1746~1813) 등이 18세기 후반에 활동하며 알코올 중독에 대한 초기 도덕적 관점을 정립했다. 이후 19세기에 이르러 금주 운동(temperance movement)을 통해 이 관점이 더욱 강화되었다. 이 모델은 약물 사용을 개인의 도덕적 결함과 충동 조절 능력 부족으로 보며, 치료는 도덕적 행동과 의지력 강화에 초점을 맞춘다.

셋째, 질병 모델(disease model; Jellinek, 1960)은 약물 중독을 뇌 질병(brain disease)으로 간주하고, 질병 모델에 따라 처벌보다 인간적인 치료를 우선시하는 방향으로 접근한다. 사법체계에서 심신미약에 대한 양형제도가 이러한 질병 모델을 근거하고 있다.

넷째, 사회학습 모델(social learning model)은 도덕 모델과 질병 모델의 대안 모델로써, 중독을 행동의 문제로 보고, 환경과의 상호작용을 통해 형성되는 것으로 설명하며, 개인 문제 해결과 환경 적응을 중시한다. 밀러와 달러드(Miller & Dollard, 1941)는 학습 이론의 관점에서 사회적 행동을 설명하면서, 중독 행동이 강화와 처벌의 패턴을 통해 형성될 수 있음을 제안했다. 밴듀라(Bandura, 1977)는 중독 행동을 관찰 학습(observational learning)과 모방(imitation)의 결과로 설명했고 자기효능감(self-efficacy)이 중독 행동의 형성과 유지에 영향을 미친다고 설명했다. 예로, 약물을 사용하는 친구를 보며 '사회적 인정'이라는 보상을 경험하면, 그 행동을 반복할 가능성이 높아질 수 있다.

다섯째, 성격 모델(personality model)은 중독 행동을 단순히 환경적 요인이나 생리적 의존의 결과가 아니라, 개인의 성격적 취약성과 관련 있다고 본다. 정신분석(Psychoanalysis)과 정신역동(psychodynamic)은 중독을 성격장애나 발달의 혼란으로 보고, 치료는 성격의 재구조화에 목표를 둔다. 한스 아이젱크(Hans Eysenck)는 성격 차원(외향성, 신경증 경향, 정신병 경향)이 중독 행동과 관련이 있을 수 있다고 주장했다. 특히, 높은 신경증(neuroticism)은 스트레스와 불안 대처로 중독 행동에 빠질 가능성을 증가시킨다고 본다. 기질 및 성격 검사(Temperament and Character Inventory: TCI)를 개발한 클로닝거(C. R. Cloninger)는 성격의 생물학적 기반을 강조하며, 보상 민감성과 위험 회피와 같은 성격 특성이 중독과 연관될 수 있다고 설명했다. 특히, 보상 의존(reward dependence)이 높은 사람들은 중독 행동을 통해 긍정적 감정을 얻으려는 경향이 있다고 주장했다. 5요인(Big Five) 성격 특성과 중독 행동 간의 관계를 연구한 결과, 낮은 성실성(conscientiousness)과 높은 신경증(neuroticism)이 중독 행동과 밀접하게 연관된 것으로 나타났다. 성실성이 낮은 사람들은 충동 조절이 어렵고 계획성이 부족해 중독 행동에 빠질 가능성이 큰 것으로 설명한다(Terracciano, & Costa, 2004).

여섯째, 사회문화 모델(social and cultural model)은 중독이 사회적 환경과 문화적 맥락에서 형성되고 유지된다는 관점을 제시한다. 사회가 허용적이고 소비가 증가할수록 중독 문제가 증가한다고 보며, 개인뿐만 아니라 사회 환경에도 책임을 둔다. 예로, 사회에서 술이 쉽게 접근할 수 있거나 술을 긍정적으로 보여 주는 문화일 경우, 술 중독 문제가 증가할 수 있다고 본다. 또한 사회적 소외와 연결성 결핍도 중독을 촉진하는 것으로 알려져 있다(예: 쥐공원 실험, 1978).

마지막으로, 공중보건 모델(public health model)은 중독을 질병으로 이해하고, 대리매개체(agent), 주체(host), 환경(environment) 등 세 가지 요인의 상호작용으로 중독 발생을 설명하며, 개인뿐만 아니라 환경과 사회적 요인을 강조하는 포괄적인 접근법이다.

알코올, 약물 등과 같은 대리 매개체의 특성과 접근 가능성은 중독 발생에 중요한 역할을 하며, 개인이 가진 스트레스 대처 능력, 성격 특성, 생물학적 취약성 등이 중독의 주체 요인으로 작동한다. 알코올 판매점의 접근성, 사회적 허용성, 정책 등 사회적 규범, 문화, 경제적 상황이 환경 요인으로 작동한다. 따라서 공중보건 모델은 공중보건 캠페인, 규제 정책(알코올/담배의 판매 제한), 치료 접근성 확대와 같은 사회적 차원에서 예방과 대처를 중시하며, 의학, 심리학, 사회학, 법학 등 다학제의 협력을 추구한다.

3. 트라우마와 중독의 병렬적 접근

이 책에서 다루는 중독은 외상 사건이 발생한 이후에 뒤따르는 중독 사례로 제한하며, 즉 트라우마 사건과 중독 반응 사이의 시간적 인과성에 초점을 둔다. 이런 사례에서, 트라우마와 중독의 병렬적 치료의 접근을 살펴보고자 한다.

1) 트라우마와 중독의 인과적 관계

트라우마와 중독은 종종 서로를 강화하는 방식으로 작용한다. 아동기에 학대, 가정적 문제, 유해한 환경 등으로 인한 트라우마는 정서적 안정성과 자기조절 능력을 손상시켜 중독에 접근성이 높아질 수 있다. 많은 외상 생존자들은 트라우마로 인해 경험하는 고통을 완화하고, 자신의 외상 경험을 통제하기 위해 약물이나 알코올 등 중독적 행동에 의존하게 된다. 중독이 외상 생존자에게 감정 조절이나 회피 전략으로 사용된다. 또한 중독 행동 자체가 새로운 외상 사건을 유발하거나, 기존 외상을 더욱 악화시킬 수 있다. 결과적으로, 외상으로 인한 고통이 중독 행동을 유발하고, 중독 행동이 외상의 치유를 방해하는 악순환이 이어진다.

(1) 트라우마가 중독을 유발하거나 유지하게 하는 메커니즘

트라우마는 개인에게 강력한 심리적·신경생리적 영향을 미치며, 이는 중독으로 이어질 수 있는 중요한 요인이 된다. 특히, 외상 경험 후 개인이 겪는 불안, 스트레스, 우울감 등의 감정적 고통은 중독 행동을 유발하거나 유지시키는 촉매가 될 수 있다.

외상 사건을 경험한 개인은 종종 자신을 진정시키거나 현실과의 해리를 찾는 수단으로 중독적 행동에 의존하게 된다. 외상 생존자가 사회적인 지지를 받지 못하고 단절된 경우, 중독을 자가치유(self-medication)의 방법으로 삼을 수도 있다. 외상 생존자는 외상 경험으로부터 복구하는 데 시간이 걸릴 수 있으며, 이 기간 동안 정신적인 안정을 찾기 위해 약물에 의존하는 경향이 있을 수 있다. 또한 외상으로 인해 신체적인 통증이나 불안, 우울, 수면 문제 등과 같은 증상들이 나타날 수 있는데, 이러한 불편한 증상들을 완화하거나 무감각해지기 위해 처방약이나 불법 약물을 남용하는 경우가 있다. 이를 설명하는 이론은 자가치유 모델(self-medication model)은 약물이나 술이 뇌의 보상체계를 자극하여 강한 조건화 반응을 만들어 내며, 이를 통해 희열을 추구하거나 고통을 회피하려는 경향이 있음을 설명한다. 외상 후 스트레스 장애(PTSD)를 포함한 여러 외상성 질환을 가진 사람들이 알코올, 약물, 도박과 같은 중독적 행동을 통해 정서적 고통을 일시적으로 해소하려는 패턴을 보인다. 예로, 불안감이 심해질 때 이를 줄이기 위해 알코올이나 담배를 섭취한다.

트라우마가 신경계에 미치는 영향도 중독을 유발할 수 있는 중요한 요인이다. 외상 경험 후 HPA 축(시상하부–뇌하수체–부신 축)의 과도한 활성화가 스트레스 반응을 강화하며, 이는 중독 행동을 통해 완화하려는 경향을 증가시킨다. 전두엽 기능 저하는 충동적 행동을 조절하는 능력을 약화시키며, 이는 중독을 더 강화시키는 결과를 초래한다.

뇌의 보상체계는 트라우마와 중독의 연결고리 중 하나로 작용한다. 희열을 추구하거나 고통을 피하고자 약물이나 술을 사용하면 도파민이라는 신경전달물질이 뇌에서 활성화되면서, 뇌의 '보상'체계를 자극한다. 도파민 회로는 해마와 대뇌변연계에 의해 둘러싸여 있는데, 해마는 새로운 기억을 형성하는 역할을 담당하며, 대뇌변연계는 감정을 조절하는 뇌 부위로 감정적 반응과 약물 간의 매우 강한 조건화 반응을 이끈다. 따라서 보상체계의 활성화는 약물 사용 경험을 매우 명확하게 기억하여 비슷한 촉발 상황을 맞닥뜨릴 때마다 약물 사용에 대한 강한 충동을 거의 자동으로 유발하게 된다.

궁극적으로 외상 사건은 뇌의 편도체, 전두엽, 해마와 같은 영역에 변화를 일으커 과도한 각성 상태나 정서적 둔감을 초래할 수 있다. 이로 인해 외상 생존자는 일상적인 상황에서 스트레스를 더 쉽게 느끼거나, 감정적으로 무뎌지기 때문에 즉각적인 이완, 감각 추구, 쾌락을 제공하는 물질이나 행동에 의존하는 경향이 생긴다.

(2) 중독이 새로운 트라우마를 유발하는 경우

중독은 단순히 트라우마의 결과일 뿐만 아니라, 새로운 트라우마를 유발하는 요인이 되기도 한다. 중독으로 인한 행동은 개인의 삶에 새로운 위기와 충격을 초래할 수 있으며, 이는 또 다른 외상 경험으로 이어질 수 있다.

알코올 중독, 약물 남용 등은 개인이 가정 폭력, 교통사고, 범죄 등 위험한 상황에 직면하게 만들 수 있으며, 이러한 상황 자체가 새로운 트라우마로 작용할 수 있다. 예로, 음주 운전으로 인한 사고나 약물 과다 복용으로 인한 응급 상황 등은 심각한 외상 경험으로 이어질 수 있다.

중독은 개인의 대인관계와 사회적 지지를 약화시키며, 이는 또 다른 형태의 트라우마로 이어질 수 있다. 가족과 친구로부터의 소외, 직업 상실, 경제적 어려움 등은 정서적 고통을 가중시키고, 그로 인해 트라우마가 심화되는 악순환이 발생할 수 있다.

2) 서로에게 나쁜 연결이 되어 가는 과정

트라우마와 중독은 처음에는 독립적으로 시작될 수 있지만, 시간이 지나면서 서로에게 악영향을 미치며 부정적 상호작용의 악순환을 형성하게 된다. 트라우마로 인해 발생한 정서적 고통이 중독을 유발하고, 중독이 다시 트라우마를 악화시키는 부정적 순환 고리의 방식으로 두 문제는 서로를 강화하게 된다. 이러한 부정적 연결은 단순한 문제를 넘어서서 악순환적인 패턴을 형성하며, 이를 해결하기 위해서는 트라우마와 중독을 동시에 다루는 통합적인 접근이 필요하게 된다.

(1) 트라우마로 인한 정서적 고통이 중독을 촉진

트라우마로 인한 정서적 고통은 중독적 행동을 촉진하는 중요한 요인이다. 트라우마 생존자는 불안, 고립감, 우울감, 분노 등 심리적 고통을 경험하게 되며, 이를 해소하기 위한 방편으로 중독적 행동에 의존하게 된다. 외상 사건 후 개인은 지속적인 과도한 각성(hyperarousal) 상태로 점철된 일상에 놓이게 된다. 이는 개인에게 끊임없는 스트레스와 긴장을 유발하며, 이로 인해 알코올이나 약물과 같은 중독적 물질을 통해 일시적인 안정을 찾으려는 시도가 발생할 수 있다.

트라우마로 인해 감정적으로 둔감(emotional numbing)해진 사람도 감정적 회피를 위해 중독적 행동을 선택할 가능성이 높다. 중독은 일시적으로 감정적 고통을 무감각하게 만들거나 잊게 해 주지만, 이는 궁극적으로 더 큰 심리적 부담을 유발한다.

(2) 중독이 트라우마를 악화시키는 메커니즘

중독적 행동은 트라우마를 일시적으로 완화해 줄 수 있으나, 장기적으로는 트라우마의 영향을 더욱 심화시키는 결과를 초래한다. 중독이 심화되면, 신경계의 기능적 손상과 사회적 관계의 악화가 발생하게 되어 트라우마로 인한 정서적 고통이 더욱 심화된다.

알코올이나 약물 남용은 뇌의 보상 시스템과 신경 회로에 변화를 일으켜, 스트레스 반응을 더욱 악화시킨다. 특히, HPA 축(시상하부-뇌하수체-부신 축)의 기능이 손상되면 스트레스에 대한 반응이 과도해지고, 이는 트라우마로 인한 과잉각성 상태를 더욱 악화시킨다. 이로 인해 중독 상태에서는 트라우마 반응이 더욱 극심해질 수 있다.

중독은 또한 사회적 관계를 악화시키며, 외상 생존자를 더 고립된 상태로 만들 수 있다. 중독으로 인해 가족이나 친구들과의 관계가 악화되면, 외상 생존자는 사회적 지지를 잃고 더욱 고립되며, 이는 외상 사건으로 인한 고통을 더 깊게 느끼게 만든다. 이러한 고립은 정서적 안정감을 감소시키고, 트라우마와 중독의 악순환을 더욱 강화한다.

(3) 촉발제와 갈망의 결합

트라우마와 중독의 악순환에서 촉발제(trigger)와 갈망(craving)의 상호작용이 중요한 역할을 한다. 트라우마로 인한 촉발제가 중독 행동을 자극하고, 중독 상태에서 발생하는 갈망은 촉발제를 더욱 민감하게 만든다.

트라우마 생존자는 특정 소리, 장소, 또는 사람과 같은 촉발제를 통해 외상 기억이 떠오르고, 이로 인해 불안과 공포가 재활성화된다. 촉발제에 노출될 때, 외상 생존자는 고통을 줄이기 위해 중독적 행동에 의존할 가능성이 커진다.

촉발제에 의해 불안이 촉발되면, 중독 행동에 대한 갈망(craving)이 더욱 강하게 나타난다. 외상 생존자는 감정적 고통을 잊기 위해 더욱 강한 욕구를 느끼며, 중독 행동으로 돌아가려는 경향이 높아진다. 촉발제와 갈망이 결합하면서, 두 문제는 더욱 긴밀하게 상호작용하게 되고, 악순환의 고리는 더욱 견고해진다.

(4) 부정적 상호작용의 순환적 강화

트라우마와 중독은 서로를 강화하며 시간이 지남에 따라 악화되는 순환적 관계를 형성한다. 외상 생존자는 중독적 행동을 통해 일시적인 고통 완화를 경험하지만, 중독이 심화되면서 신경계의 기능 저하와 사회적 고립이 발생하고, 이는 외상 사건으로 인한 고통을 더욱 증폭시킨다. 결국, 트라우마와 중독은 서로를 강화하는 부정적인 상호작용을 지속적으로 반복하게 된다.

3) 유일한 친구이자 독이 되어 버린 서로

트라우마와 중독은 많은 사람들에게 일시적인 구원처럼 보일 수 있다. PTSD와 SUD의 공존병리자는 SUD만 가진 사람들과 비교하여, 치유 효과가 저조하고 비효과적인 대처법을 가지고 있으며 더 많이 고통받지만, 물질에 대해 더 긍정적인 견해를 가지고 있다(Ouimette et al., 1998, 2000). 트라우마 생존자에게 중독은 고통을 잊게 해 주는 유일한 친구이자 감정적 고통에서 벗어날 수 있는 안전한 피난처로 느껴진다. 그러나 시간이 지남에 따라 이 '친구'는 더 큰 고통을 만들어 내고 외상 생존자를 더 깊은 고립과 자기파괴로 이끌며 점점 더 파괴적이고 위험한 독이 되어버린다.

(1) 중독이 유일한 구원으로 느껴지는 이유

외상 생존자들은 외상 사건 이후 극심한 정서적 고통을 경험하며, 그 고통의 이름은 "겪어 보지 않으면, 아무도 나를 이해하지 못해"이다. 그래서 자기치유적으로 그 고통을 줄이기 위해 감정적 탈출구를 찾게 되고 우연히 만나게 된 중독은 트라우마 생존자에게 일시적으로 감정적 안정감과 고통의 완화를 제공한다. 알코올, 약물, 도박, 음식과 같은 중독적 물질이나 행동은 신경계를 둔감하게 만들어 불안감과 스트레스를 줄여 주고, 외상 생존자가 느끼는 감정적 고통을 잠시 잊게 해 준다. 이로 인해 중독은 고통에서 벗어날 수 있는 유일한 도구처럼 보인다.

트라우마 생존자에게 중독은 일종의 심리적 방어 기제로 작용한다. 외부 세계가 위험하고 불안정하다고 느낄 때, 중독적 행동은 내적으로 안전한 공간을 제공하는 것처럼 느껴진다. 특히, 감정적 고통을 즉각적으로 완화해 주기 때문에 생존자는 중독을 신뢰하게 되고, 이를 반복적으로 찾게 된다.

(2) 중독이 어떻게 '독'이 되어 가는가

중독은 초기에는 트라우마로 인한 고통을 완화해 주지만, 시간이 지남에 따라 점점 더 심각한 신체적 · 정신적 · 사회적 문제를 유발하게 된다. 중독적 행동은 감정적 고통을 해결하는 대신, 새로운 문제를 만들고, 외상 생존자를 더 고통스럽게 만드는 독으로 변해 간다.

중독 상태가 지속되면, 뇌의 보상 시스템과 감정 조절 능력이 손상된다. 알코올이나 약물 사용은 뇌의 도파민 시스템을 교란시켜, 처음에는 기분이 좋아지지만 점차적으로 더 많은 양의 물질을 필요로 하게 만든다. 이는 중독적 행동이 더 이상 고통을 완화해 주는 것이 아니라, 중독에 의존하는 삶을 만들고, 트라우마로 인한 고통을 더욱 악화시키는 결과를 초래한다.

중독 행동이 심화되면, 외상 생존자는 종종 새로운 외상 경험에 노출되기 쉽다.

예로, 알코올 중독으로 인해 폭력적 상황에 처하거나, 약물 남용으로 인해 법적 문제에 휘말리게 될 수 있다. 엎친 데 덮친 일들이 도미노처럼 일어난다. 이로 인해 트라우마 생존자는 또 다른 외상을 겪게 되고, 중독은 더 이상 친구가 아니라 파괴적이고 독립적인 독으로 작용하게 된다.

(3) 고립과 악화되는 고통

중독이 독으로 변할수록, 중독 그 자체로서 가족, 친구, 동료들과의 관계를 파괴하게 된다. 트라우마 생존자는 중독적 행동을 통해 고통을 줄이려 하지만, 이로 인해 주변 사람들과의 신뢰와 유대가 무너지게 된다. 이는 생존자가 외부 세계와 단절된 상태로 더욱 감정적 고립을 느끼게 만들며, 이러한 고립은 중독에 더 깊이 빠져드는 악순환을 유발한다.

중독이 심화될수록 생존자는 자신의 삶에 대한 통제력 상실을 경험하게 된다. 이는 자존감 저하와 자기파괴적 행동으로 이어지며, 자신을 더 무가치하게 느끼게 만들고, 중독에서 벗어나는 것이 불가능하다고 생각하게 된다.

(4) 중독에서 벗어나기 어려운 이유

트라우마 생존자에게 중독은 오랫동안 절대적으로 유일한 친구이자 안전한 탈출구였기 때문에, 중독에서 벗어나는 것이 매우 어렵다. 중독의 해로운 영향을 인식하고 있음에도 불구하고, 트라우마 생존자는 심리적 의존과 정서적 안전감을 포기하는 것이 두렵기 때문에 중독을 끊기 어렵다.

트라우마 생존자는 중독이 자신에게 필수적인 도구라고 믿기 때문에, 중독을 포기하는 것이 마치 자신을 보호하는 마지막 방패를 버리는 것처럼 느껴진다. 예로, 중독을 의인화하여 공존의존(codependency)처럼 여긴다. 게임을 그만두는 것이 친구를 배신하는 기분이 든다고 말한 사례도 있다. 이는 중독이 이미 '독'이 되어 있다는 사실을 인식하면서도, 그로부터 벗어나지 못하게 만드는 이유 중 하나이다.

트라우마와 중독의 악순환에서, 촉발제가 발생할 때마다 중독에 대한 갈망이 더욱 강해지며, 이는 중독을 계속 유지하게 만든다. 이로 인해 생존자는 중독을 친구로 여기는 동시에, 그것이 독이라는 사실을 알면서도 그 악순환에서 벗어나지 못하는 상황에 빠진다.

안전기반치료에서는 외상 생존자의 물질 사용을 여러 가지 의미로 정의하였다. 첫째, 자신과 타인의 감정/기억과 닿을 수 있는 방법이다. PTSD를 경험한 사람들은 트라우마와 관련된 강렬한 감정과 기억을 가지고 있을 수 있다. 물질 사용은 이러한 감정과 기억을 회피하거나 무감정한 상태로 느끼기 위한 수단으로 사용될 수 있다. 둘째, 감정/기억과 차단할 수 있는 방법이다. PTSD로 인해 고통스러운 감정과 기억을 차단하고 잠시나마 현실을 잊기 위해 물질을 사용하는 경우가 있을 수 있다. 셋째, 가해자에게 복수하는 방법이다. 트라우마를 경험한 사람들은 가해자에 대한 분노와 원한을 느낄 수 있다. 이러한 감정을 표출하거나 완화시키기 위해 물질을 사용하는 경우도 있을 수 있다. 넷째, 자신을 다시 학대하는 방법이다. PTSD로 인해 자존감이 낮아지고 자신에 대한 비난과 자학하는 마음이 생길 수 있다. 이러한 자해적인 감정을 완화하기 위해 물질을 사용하는 경우가 있을 수 있다. 다섯째, 천천히 자살하는 방법이다. 일부 PTSD 내담자들은 자살이나 자해를 고려할 수 있다. 물질 사용은 이러한 부정적인 감정을 더욱 강화시키고 위험한 상태를 악화시킬 수 있다.

4) 가족과 친구도 또 다른 나쁜 연결로

트라우마의 치유기제에서 연결성은 매우 중요하다. 예로 학교 폭력 피해자가 단 한 명의 편이 있다면, 그 피해자의 PTSD 예후는 매우 좋아진다. 은둔형 외톨이 게임 중독자가 오프라인 친구가 단 1명도 없다는 연구 결과도 이와 관련 있다. 트라우마와 중독의 악순환에서 개인뿐만 아니라 가족과 친구 또한 중요한 역할을 한다.

가족과 친구는 트라우마와 중독을 가진 사람들에게 필수적인 정서적 지원을 제공해야 하지만, 때로는 그들이 부정적인 방식으로 중독의 문제를 더 악화시키거나 지속시키는 요소가 될 수 있다.

(1) 가족과 친구의 부정적 역할: 공존의존(codependency)

가족과 친구는 중독 문제를 해결하기 위해 노력하는 과정에서 때로는 공존의 존적 관계를 형성하게 된다. 공존의존은 가족이나 친구가 중독자의 행동을 직접 적으로 통제하거나 관리하려는 시도를 하면서 발생하는 패턴으로, 이는 중독자 를 돕기보다는 중독의 유지에 기여하는 부정적 연결로 작용할 수 있다. 예로, 중 독자와 친밀관계를 가지는 파트너에게서 이러한 공존의존이 많이 발견된다. 친 밀관계가 데이트 폭력의 양태로 변질되더라도 공존의존자는 이 관계를 떠나기가 쉽지 않다.

가족이나 친구는 중독자가 겪는 어려움을 해결하기 위해 과잉 보호를 하거나, 그들이 중독으로 인해 겪는 결과를 대신 해결해 주려고 한다. 예로, 중독자가 발 생시킨 금전적 문제를 가족이 대신 해결하거나, 중독으로 인한 부정적인 결과를 덮어 주는 방식이다. 이는 중독자가 자신의 행동에 대해 책임을 지지 않도록 만들 고, 중독을 더욱 강화하는 역할을 하게 된다.

중독자는 가족이나 친구로부터 정서적 지원을 지나치게 의존하며, 이는 건강하 지 않은 방식으로 관계가 유지된다. 중독자는 트라우마와 중독에서 발생하는 정 서적 고통을 완화하기 위해 가족에게 의존하고, 가족 역시 중독자의 감정적 요구 를 수용함으로써 그들의 중독적 행동을 간접적으로 지지하게 된다.

(2) 중독을 감추려는 가족과의 역동

가족은 중독의 문제를 외부로 드러내는 것에 대해 수치심이나 두려움을 느끼는 경우가 많다. 이러한 감정으로 인해 가족은 중독자의 문제를 숨기거나, 외부에 알 리는 것을 강박적으로 회피하게 된다. 하지만 이러한 가족의 대응은 중독 문제를 해결하기보다는 오히려 중독자의 행동을 보호하는 역할을 하게 되어, 중독을 악 화시킬 수 있다.

가족은 중독자가 겪고 있는 문제를 인식하면서도 이를 부정(denial)하거나, 문제의 심각성을 축소하여 설명하려는 경향이 있다. 가족 구성원들끼리도 중독에 대해 이야기하는 것을 꺼리며, 이는 중독자의 문제를 더욱 은폐하고 악화시키는 결과를 낳는다.

가족이 중독 문제를 외부에 알리기를 꺼리거나, 전문가의 도움을 요청하는 것을 두려워할 때, 중독자는 적절한 치료를 받을 기회를 놓치게 된다. 가족의 비밀주의와 문제를 덮어 두려는 시도는 중독자의 치료 가능성을 줄이고, 그들이 트라우마와 중독에서 벗어나기 어렵게 만든다. 예를 들어, 한 종교 지도자의 가정에서는 신도들의 기대에 부응하여 '모범적인 가정'이라는 이미지를 유지하기 위해 가족의 문제를 수십 년간 은폐하는 경우가 있다. 이러한 환경에서 성장한 자녀들은 목회자 자녀 증후군(pastor's kid syndrome)을 겪기도 한다.

(3) 가족 내 갈등과 중독의 악순환

가족은 중독 문제로 인해 심각한 갈등을 경험하게 되며, 이러한 갈등은 중독을 더욱 악화시킬 수 있다. 가족 내 갈등은 독립적인 요인으로 발달되어 중독자가 이미 가지고 있는 스트레스와 불안을 증폭시킨다. 예로, 가족 구성원들이 중독자의 행동에 대해 서로 다르게 대처하려고 하거나, 중독자의 문제를 비난하는 상황에서 갈등이 발생할 수 있다. 이러한 갈등은 중독자가 더 큰 정서적 부담을 느끼게 하고, 결국 중독적 행동을 통해 다시 탈출구를 찾으려는 악순환을 형성한다. 예로, 게임 중독 자녀에 대해 부모의 양육관이 확연히 다를 수 있고 이로 인한 부부 갈등이 자녀에게 죄책감 등을 만들면서 새로운 스트레스 요인으로 탄생하게 된다.

가족 구성원들이 중독자의 행동에 대해 과도한 통제력을 행사하거나, 그들의 행동을 강하게 비난할 때 중독자는 더욱 방어적인 태도를 취하게 된다. 이는 가족과 중독자 사이의 관계를 더 깊은 대립으로 몰아넣고, 중독자가 치료와 변화에 대한 저항감을 느끼게 만든다.

(4) 친구가 중독을 강화하는 역할

가족뿐만 아니라, 중독자의 친구들도 종종 중독을 강화하는 부정적 역할을 할 수 있다. 특히, 친구들 사이에서 중독이 일종의 공유된 경험으로 자리 잡으면, 중독적 행동을 중단하려는 시도는 더욱 어려워진다. 친구들은 중독자가 물질을 계속 사용하거나, 중독적 행동을 반복하도록 장려하는 역할을 할 수 있으며, 이는 중독자가 자신을 둘러싼 환경에서 벗어나는 것을 어렵게 만든다. 예로, 술을 마셔야만 진솔한 대화가 가능한 친구 집단의 경우, 외상 반응을 조절하기 위해 항불안제를 복용하면서도, 항불안제와 술을 함께 마시면 안 된다는 사실을 알고 있음에도 불구하고 항상 술자리에 참석해 과음하게 된다.

나아가 친구가 중독적 행동을 함께하면서 그 행동을 정상화하거나, 사회적으로 용인하는 태도를 보이면, 중독자는 자신의 행동에 대한 죄책감이나 책임감을 덜 느끼게 된다. 절제 관련 상담자의 약속을 어길 수 있는 구실이 된다. 이는 중독자가 중독 상태를 유지하게 만드는 중요한 요소가 된다.

5) 병렬적 접근

PTSD와 알코올 또는 약물 남용의 공존병리는 이미 여러 연구에서 보고되었으며, 이는 매우 흔한 현상이다. 이러한 공존은 두 문제를 병행하여 치료할 필요성을 강하게 시사한다. 앞서 언급한 중독의 진단 기준에 따르면, 트라우마가 먼저 발생한 경우 PTSD나 복합 PTSD는 물질 사용과는 독립적으로 나타날 수 있지만, 실제로는 두 문제가 긴밀하게 연결되어 서로를 악화시키는 경향이 있다. 예로, 많은 전쟁 퇴역 군인들이 사회로 복귀한 후, PTSD와 함께 알코올 중독 문제를 겪기 시작한 사례가 전 세계적으로 많다. 이처럼 우울증, 불안, 외상 후 스트레스 장애 (PTSD)와 같은 정신건강 문제를 겪는 사람들은 중독에 빠질 가능성이 높으며, 이는 심리적 회복 과정에서 중독이 일시적으로 '유일한 친구'처럼 작용하는 경향과도 관련이 있다.

물질과 관련된 정신장애는 일반적으로 해독 후 한 달 이내에 증상이 감소하거나 사라져야 하지만, 만약 해독 이후에도 PTSD와 같은 정신장애의 증상이 지속되거나 악화된다면, 해당 정신장애는 물질과 관련 없는 독립적인 문제로 간주된다.

알코올 해독 치료를 받은 후에도 트라우마 반응이 제대로 관리되지 않으면, 중독 문제는 쉽게 재발하거나 다른 형태의 중독으로 전환될 가능성이 크다. 이는 PTSD 와 중독이 서로를 강화하는 악순환에서 비롯된 것이다.

결론적으로, 외상 사건 후 중독 문제를 겪는 사례들은 대부분 단순한 중독의 해독 치료로 해결되지 않는 복합적 병리체계를 가지고 있다. 트라우마 치유가 병행되지 않는다면, 중독 문제는 다른 형태로 재발하거나 전이될 가능성이 높다. 따라서 PTSD와 중독은 병렬적 접근으로 동시에 다루어야 하며, 중독 문제를 치료하는 동시에 트라우마에 대한 심리적 지원과 치료가 필수적이다. 이런 통합적 접근만이 중독과 트라우마의 부정적 연결 고리를 끊을 수 있다.

📝 복습

심리치료 사례집이나 매스미디어에서 중독과 트라우마를 동시에 겪는 내담자의 사례를 찾아 소개하고, 해당 사례를 통해 느낀 점을 공유해 봅시다.

참고문헌

American Psychiatric Association. (2013). *Diagnostic and statistical manual of mental disorders* (5th ed.). American Psychiatric Publishing.

American Psychiatric Association. (2022). *Diagnostic and statistical manual of mental disorders* (5th ed., text rev.). American Psychiatric Publishing.

Bandura, A. (1977). *Social learning theory*. Prentice-Hall.

Briere, J., & Scott, C. (2014). *Principles of trauma therapy: A guide to symptoms, evaluation, and treatment* (2nd ed.). SAGE Publications.

Callahan, J. (1994). Defining crisis and emergency. *Crisis, 15*(4), 164-171.

Cloninger, C. R. (1987). A systematic method for clinical description and classification of personality variants. *Archives of General Psychiatry, 44*(6), 573-588. https://doi.

org/10.1001/archpsyc.1987.01800180093014

Courtois, C. A., & Ford, J. D. (2009). *Treating complex traumatic stress disorders: An evidence-based guide.* Guilford Press.

Courtois, C. A., & Ford, J. D. (Eds.). (2009). *Treating complex traumatic stress disorders: An evidence-based guide.* Guilford Press.

Eysenck, H. J., & Eysenck, S. B. G. (1975). *Manual of the Eysenck Personality Questionnaire.* Hodder & Stoughton.

Griffiths, M. D. (2005). A "components" model of addiction within a biopsychosocial framework. *Journal of Substance Use, 10*(4), 191-197. https://doi.org/10.1080/14659890500114359

Herman, J. L. (1992). *Trauma and recovery: The aftermath of violence-from domestic abuse to political terror.* Basic Books.

Jellinek, E. M. (1960). *The disease concept of alcoholism.* Hillhouse Press.

Khantzian, E. J. (1997). The self-medication hypothesis of substance use disorders: A reconsideration and recent applications. *Harvard Review of Psychiatry, 4*(5), 231-244. https://doi.org/10.3109/10673229709030550

Miller, N. E., & Dollard, J. (1941). *Social learning and imitation.* Yale University Press.

Ouimette, P. C., Brown, P. J., & Najavits, L. M. (1998). Course and treatment of patients with both substance use and posttraumatic stress disorders. *Addictive behaviors, 23*(6), 785-795.

Ouimette, P. C., Moos, R. H., & Finney, J. W. (2000). Two-year mental health service use and course of remission in patients with substance use and posttraumatic stress disorders. *Journal of Studies on Alcohol, 61*(2), 247-253.

Rothschild, B. (2010). *8 keys to safe trauma recovery: Take-charge strategies to empower your healing.* W. W. Norton & Company.

Schuckit, M. A. (1986). Biological, psychological and environmental predictors of the alcoholism risk: A longitudinal study. *Journal of Studies on Alcohol, 47*(1), 42-52. https://doi.org/10.15288/jsa.1986.47.42

Tedeschi, R. G., & Calhoun, L. G. (1996). The Posttraumatic Growth Inventory: Measuring the positive legacy of trauma. *Journal of Traumatic Stress, 9,* 455-471.

Tedeschi, R. G., & Calhoun, L. G. (2004). Posttraumatic growth: Conceptual foundations and empirical evidence. *Psychological Inquiry, 15*(1), 1-18. https://

doi.org/10.1207/s15327965pli1501_01

Terracciano, A., & Costa, P. T., Jr. (2004). Smoking and the Five-Factor Model of personality. *Addiction, 99*(4), 472–481. https://doi.org/10.1111/j.1360-0443.2004.00687.x

Van der Kolk, B. A. (2014). *The body keeps the score: Brain, mind, and body in the healing of trauma.* Viking.

World Health Organization. (1992). *The ICD-10 classification of mental and behavioural disorders: Clinical descriptions and diagnostic guidelines.* World Health Organization.

World Health Organization. (2019). *International classification of diseases for mortality and morbidity statistics* (11th Revision). World Health Organization. https://icd.who.int/

제2장

보다 구체적으로: 트라우마와 중독

이 장에서는 외상에 반응하여 진화한 뇌 구조의 진화를 이해하고, 뇌에 기반한 외상 반응(trauma response)을 이해하여 정상화에 대한 신경생리학적 이해를 높이고자 한다. 또한 PTSD를 포함한 CPTSD 진단체계를 아우르는 외상 후 증상(Post-Traumatic Symptoms: PTS)을 살펴보고자 한다. 외상과 회복의 맥락에서 심리학과 신경과학의 교차점을 이해하고, 외상 생존자를 치료하는 데 있어 신경과학적 접근이 어떻게 통합될 수 있는지를 살펴보고자 한다.

제4장과 제5장에 걸쳐서, 외상 반응, 즉 한순간의 생존과 관련된 외상 반응(trauma response)이 병리적으로 발달하여 외상 후 증상(Post-Traumatic Symptoms: PTS)으로 변모하여, 중독이라는 공존 병리체계와 합체되는 과정을 이해함으로써, 외상 생존자에 대한 이해와 연민을 발달시키고자 한다. 나아가 PTSD와 중독의 진단체계를 학습하여, 전문성을 높이고자 한다.

1. 트라우마와 뇌는 무슨 관련이 있을까

1) 뉴런

생각할 거리

신경세포를 그려 보세요. 신경세포의 명칭과 역할에 대해서 인터넷, 교과서 등을 활용하여 정보 검색을 해 보세요.

(1) 뉴런의 구조

뉴런(Neurons)은 세포체(cell body), 가지돌기(dendrites), 축삭돌기(axon)로 구성되어 있는데, 이는 뇌와 신경계의 기본 단위이다. 세포체는 핵(nucleus)과 세포질(cytoplasm)을 포함하며, 뉴런에 영양을 공급하고 생장과 물질대사를 조절하는 대사 중심지이다. 가지돌기는 세포체로부터 뻗어 나온 짧은 돌기로, 주로 자극을 받아들이는 역할을 한다. 축삭돌기는 세포체에서 뻗어 나와 다른 뉴런이나 근육에 흥분을 전달한다.

말이집(Myelin sheath)은 슈반 세포(schwann cells)가 축삭돌기를 여러 겹으로 둘러싸 형성되며, 전기신호의 전달을 빠르게 한다. 랑비에 결절(Nodes of Ranvier)은 말이집 사이의 축삭이 노출된 부분으로, 신호 전달을 빠르게 하는 역할을 한다. 말이집이 없는 민말이집 신경(unmyelinated axons)은 신경 전달 속도가 느리다.

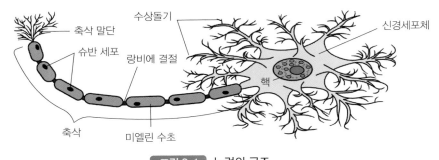

그림 2-1 뉴런의 구조

출처: 민경환 외 공역(2011). 심리학 입문. 시그마프레스, p. 70.

(2) 뉴런의 종류와 소통체계

뉴런은 소통체계의 역할에 따라 감각 뉴런(Sensory neuron), 연합 뉴런(Interneuron), 운동 뉴런(Motor neuron)으로 구분된다. 감각 뉴런은 감각신경을 구성하며, 감각 기관에서 받아들인 자극을 연합 뉴런으로 전달한다. 연합 뉴런은 뇌와 척수를 구성하며, 감각 뉴런으로부터 받은 정보를 종합하고 판단하여 적절한 명령을 내린다. 운동 뉴런은 운동신경을 구성하며, 연합 뉴런의 명령을 팔, 다리 등의 운동 기관으로 전달한다. 이들 뉴런은 서로 소통하여 자극을 처리하고 반응

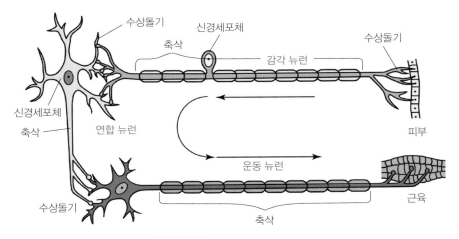

그림 2-2 뉴런의 종류와 역할

출처: 민경환 외 공역(2011). 심리학 입문. 시그마프레스, p. 83.

을 일으키는 역할을 한다.

(3) 트라우마 반응에 따른 신경세포 가소성

신경세포 가소성(Neuronal plasticity)은 뇌의 신경세포들이 경험에 따라 구조적이고 기능적으로 변화할 수 있는 능력을 말한다. 이 가소성은 학습, 기억, 경험에 따른 뇌의 적응 과정에 필수적이다. 신경 가소성에는 두 가지 주요 형태가 있는데, 구조적 가소성(structural plasticity)은 신경세포의 연결 부위인 시냅스의 형성과 재구성을 말한다. 트라우마 반응은 신경세포 간의 새로운 연결이 형성되거나 기존의 연결이 강화되거나 약화에 영향을 미친다. 기능적 가소성(Functional plasticity)은 기존의 신경 회로 내에서의 신경 전달 효율성의 변화를 말한다. 예로, 트라우마 경험은 시냅스에서의 신경전달물질의 방출 능력이 증가하거나 감소하는 조절 기능의 변화를 만들 수 있다.

신경세포 가소성은 또한 외상 경험이 뇌의 특정 부위에서 구조적 및 기능적 변화를 유발할 수 있으며, 이는 트라우마 관련 기억의 형성 및 재경험과 관련이 있다. 이러한 신경세포의 변화는 뇌의 스트레스 경로를 재조정하고, 외상 후 장기적인 심리적 문제의 원인이 된다. 신경 가소성에 대한 이해와 이에 대한 치료적 심리교육은 외상 생존자가 자신을 이해하고 트라우마 반응을 완화하고 일상 복귀를 지원하는 데 주요하다.

2) 신경계

인간의 신경계는 크게 중추신경계(central nerve)와 말초신경계(peripheral nerve)로 이루어져 있다. 중추신경계는 생각과 가정, 행동을 조절하는 뇌(brain)와 말초신경계의 신호를 뇌에 전달하는 척수(spinal cord)로 구성된다. 말초신경계는 온몸에 분포하고 있는 신경계를 지칭하며, 온몸의 정보를 중추신경계에 전달하고 중추신경계의 운동명령을 받아 각 기관에 전달하는 역할을 담당한다.

말초신경계는 다시 체성신경계(Somatic nervous system)와 자율신경계(Autonomic

Nervous System: ANS)로 구성된다. 체성신경계는 온몸의 감각을 중추신경에 전달하는 감각신경계(sensory nervous system)와 중추의 명령을 인체 각 부위에 전달하는 운동신경계(motor nervous system)로 구성된다. 자율신경계는 식물신경계 (vegetative nervous system)라고도 불리며 직접적인 생명유지 기능을 담당한다. 불수의근과 심장근육, 소화기관, 순환기관, 배설기관, 내분비기관 등을 조절한다.

　자율신경계는 여러 신체기관에서 서로 대항작용을 하는 교감신경(sympathetic nerves)과 부교감신경(parasympathetic nerves)으로 구성된다. 교감신경계 (Sympathetic Nervous System: SNS)는 우리 몸이 에너지를 소비하는 강한 활동을 할 수 있도록 한다. 즉, 소화관을 억제하고, 기관지를 이완시켜 더 많은 공기가 들어올 수 있도록 하며, 심장박동수를 증가시킨다. 간에서는 포도당을 혈액 속으로 내보내며, 부신에서는 에피네프린과 노르에피네프린을 분비시킨다. 부교감신경계 (Parasympathetic Nervous System: PNS)는 음식물을 소화시키고 휴식하며 에너지를

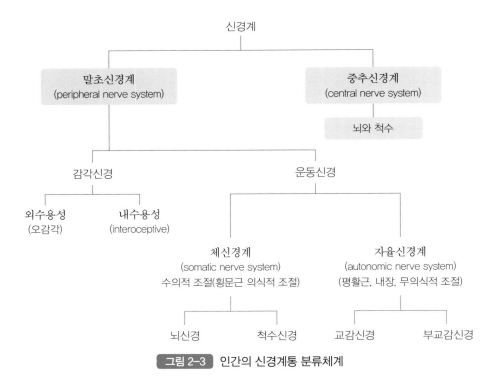

그림 2-3 ▶ 인간의 신경계통 분류체계

얻어 보존하는 활동을 할 수 있도록 한다. 즉, 침샘, 위, 이자 등과 같은 소화기관을 자극하며, 심장 박동수를 감소시키고, 기관지를 수축시켜 호흡률을 떨어뜨린다.

자율신경계는 내분비계와 더불어 심혈관, 호흡, 소화, 비뇨기 및 생식기관, 체온 조절계, 동공 조절 등의 기능을 조절해 신체의 항상성을 유지하게 하는 역할을 한다. 이러한 자율신경계의 조절이 제대로 이루어지지 않는 경우를 자율신경 실조증(autonomic dysfunction)이라고 한다.

3) 부교감신경계(PNS)와 교감신경계(SNS)

부교감신경계는 신경계의 브레이크라고 불리며, 인간이 휴식을 취할 때 활성화된다. 각성/스트레스/위협이 지나간 후, 긴장을 늦추고 재조직화/재생한다. 긴장했던 근육을 이완시키고, 심박과 혈압을 낮춘다. 호흡을 깊고 느리게 만든다. 말초신경계(모세혈관)에 혈류량을 증가시켜서 피부를 따뜻하게 하고 얼굴엔 홍조를 띠게 된다. 면역계가 다시 완전히 기능하도록 재정비를 한다.

이와 반대로, 교감신경계는 신경계의 가속 패달로서 비상 사태와 위협에 대비하여, 신체의 움직임/활동에 관여한다. 외부의 자극에 각성/흥분되거나 신체 활동에 참여할 때 활성화된다. 계획/의도/동기에 행동 에너지를 주고 스트레스/위협에 준비한다. 신체 활동을 증가시키기 위해, 심박/호흡/혈압을 증가시키고, 소화기과 내의 혈액을 근육으로 이동시켜 더 신속하고 강한 움직임을 가능하게 한다. 부상 가능성을 준비하기 위해 피부 표면의 혈액을 끌어내리고(이로 인해, 얼굴이 창백해지고 차가워진다.) 혈관을 축소시킨다. 눈꺼풀을 끌어당기고 눈에 집중을 하면서 동공을 확장시켜서 경계를 강화한다.

트라우마 경험이 자율신경계(Autonomic Nervous System: ANS)에 미치는 영향은 신경생리학적 및 심리적 반응 메커니즘을 통해 광범위하게 발생한다. 트라우마 경험 시 교감신경계는 '싸우거나 도망치거나(fight or flight)' 반응을 활성화시킨다. 이 반응은 심박수와 혈압을 증가시키고 근육에 더 많은 산소와 에너지를 공급하며 호흡을 가속화하여 신체를 위협에 대응할 수 있는 상태로 만든다. 이러한 생

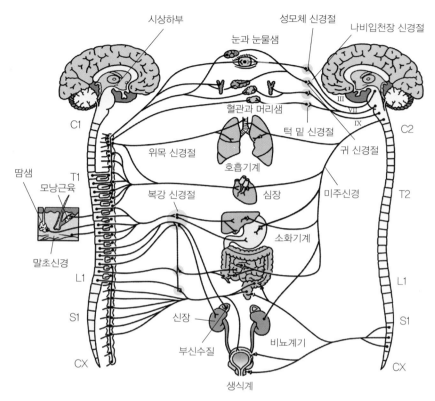

그림 2-4 부교감신경계(PNS) 교감신경계(SNS)

출처: 민경환 외 공역(2011). 심리학 입문. 시그마프레스, p. 82.

리적 변화는 단기적으로는 생존에 필수적이지만, 장기적으로 지속될 경우 신체와 정신건강에 부정적인 영향을 미치게 된다.

　반면, 부교감신경계는 '휴식하고 소화하라'(rest and digest)' 반응을 촉진하여 신체가 스트레스 이후에 회복하고 에너지를 재충전하도록 돕는다. 트라우마가 지속적으로 자극되면 부교감신경계의 기능이 과도하게 억제되거나 활성화되어 정상적인 회복 과정이 방해받는다. 이는 과도한 피로, 소화 문제, 면역 기능 저하 등 다양한 건강 문제로 이어지게 된다.

　트라우마와 자율신경계의 상호작용이 이와 같은 상태로 지속될 경우, 트라우마 경험은 자율신경계의 균형을 교란하여 만성적 스트레스 상태에 갇히게 된다. 이는 트라우마 관련 장애, 특히 외상 후 스트레스 장애(PTSD)의 발달에 기여하게 된다. PTSD 내담자는 일반적으로 교감신경계의 과활성과 부교감신경계의 기능 저하를 경험하며, 이는 지속적인 불안, 경계심, 불면증 등으로 나타난다.

4) 삼중뇌와 사중뇌 가설

뇌의 구조와 기능에 대한 이해를 기반으로 하며, 인간의 행동과 심리적 반응을 설명하려는 시도로써, 두뇌의 본질적인 명령체계에 대한 진화론적 가설이다. 먼저, 삼중뇌(Triune Brain Hypothesis; MacLean, 1967) 가설에 의하면, 인간의 뇌는 진화에 따라 3개의 층—표현하기(인간/신피질), 살아 있음 경험하기(포유류/변연계/구피질), 살아 있기(파충류/뇌간)—으로 구성된다.

뇌의 3구조는 『하나의 뇌, 세 개의 마음』에서 대뇌피질, 변연계, 뇌간으로 구체화되었다(Ogden, 2005; Fisher, 2008). 뇌간(Brainstem)은 '파충류의 뇌(reptilian brain)'로 불리며, 뇌의 가장 오래된 부분으로, 생존을 위한 기본 기능인 자율적 각성과 본능적 반응(예로, 호흡, 심장 박동 조절, 본능적인 행동 패턴)을 담당한다. 주로 뇌간과 소뇌로 구성되며, 감각과 자극을 매개로 소통된다.

변연계(Limbic system)는 '동물의 뇌'로 두 번째로 진화한 부분이다. 편도체, 해마, 시상 하부 등이 포함된다. 이 영역은 감성과 공격, 감정과 신체감각적 기억, 애착·감정을 매개로 소통된다.

대뇌피질(Frontal cortex)은 진화의 가장 마지막 단계로서, '인간의 뇌(neocortex)'라 불린다. 전두엽은 이성과 인격을 관장하며, 규제, 고차원적 사고, 의사 결정과 집, 언어와 분석적 추론으로 기능한다.

삼중뇌 가설은 각 뇌 부분이 독립적으로 진화했고, 때로는 서로 상충하는 경향이 있다고 설명한다. 이는 인간의 행동과 감정 반응에서 종종 발생하는 내적 갈등의 원인을 설명하는 데 사용된다.

사중뇌 가설(Quadrune brain hypothesis)은 삼중뇌 모델을 확장한 것으로, 뇌의 기능적 층을 하나 더 추가하여 더욱 세분화된 인지 및 행동 기능의 이해하려고 했다. 이 가설은 뇌의 기능적 분화를 강조하며, 뇌를 네 가지 영역—본능적 뇌(Reptilian brain), 감정적 뇌(limbic system), 사회적 뇌(social brain), 논리적 뇌(neocortex)—으로 구분한다. 여기에서 사회적 뇌(social brain)는 인간의 사회적 상호작용과 관련된 기능을 담당하며, 공감, 도덕, 규범, 사회적 학습과의 관련을 주장한다.

현대 신경과학에서는 뇌의 각 부분이 훨씬 더 동적으로 상호작용하고 서로 긴밀히 연결되어 있다는 점을 강조하며, 뇌의 복잡성을 완전히 설명하기에는 너무 단순화된 접근이라고 비판받고 있다. 하지만 여전히 삼중뇌 가설/사중뇌 가설은 트라우마 경험 시 각각 뇌의 구조와 기능을 이해하고 뇌가 외상을 어떻게 처리하고 반응하는지에 대한 유용한 틀을 제공한다.

삼중뇌 가설에 따르면, 외상이 발생하면 본능적 뇌(reptilian brain)는 기본적인 생존 메커니즘인 '싸우거나, 도망치거나, 얼어붙기' 반응을 활성화한다. 감정적 뇌(Limbic system)는 트라우마와 관련된 감정과 기억 처리를 담당한다. 트라우마 경험은 편도체(amygdala)를 과활성화시켜 지속적인 불안과 공포를 유발할 수 있으며, 해마(hippocampus)는 이러한 기억의 저장과 검색 과정에서 중요한 역할을 한다.

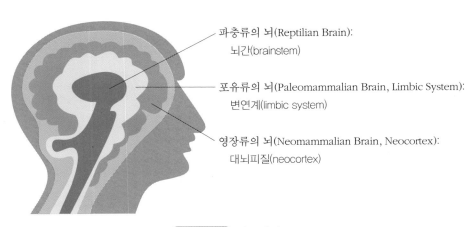

파충류의 뇌(Reptilian Brain):
뇌간(brainstem)

포유류의 뇌(Paleomammalian Brain, Limbic System):
변연계(limbic system)

영장류의 뇌(Neomammalian Brain, Neocortex):
대뇌피질(neocortex)

그림 2-5 삼중뇌의 구조

출처: 강철민 역(2014). 정신치료의 신경과학. 학지사.

논리적 뇌(Neocortex)는 복잡한 인지 처리와 의식적인 반응을 담당하는데, 트라우마는 사고, 판단, 자기조절 능력에 영향을 미치며, 결과적으로 트라우마 경험을 통합하고 해석하는 데 어려움을 초래할 수 있다.

사중뇌 가설에서의 사회적 뇌(social brain)는 외상 생존자가 종종 타인과의 관계에서 신뢰를 구축하고 유지하는 데 어려움을 겪으며, 이는 사회적 고립이나 관계 문제로 이어질 수 있음을 설명한다.

5) 변연계

중간뇌(Mid brain)는 변연계(limbics ystem)와 주위 변연계(paralimbic system)로 분류할 수 있고, 걱정센터로 불리는 전측대상회(anterior cingulate), 감각처리센터를 담당하는 뇌하수체(thalamus), 정성센터로 불리는 편도체(amygdala), 기억 처리 센터로 기능하는 해마(hippocampus)로 구성되어 있다.

이 중에서 외상 관련도가 높은 영역은 변연계, 즉 편도체와 해마가 주요하다. 편도체는 감정 반응체계를 주관하며, 특히 두려움과 공포 반응을 조절한다. 사건에 의식이 끼어들기 전에 어떻게 반응해야 하는지 신속하게 명령을 내린다. 편도체의 기억 영역은 사건의 '사실'이 아닌 '느낌'을 담당한다. 특히, 테러나 공포와 같은 매우 긴장된 감정적인 기억을 처리한다.

트라우마를 경험하면 편도체는 감정적 위협이라고 감지하고 신체의 즉각적인 방어 메커니즘을 활성화시키는 신호를 보낸다. 이는 스트레스 호르몬의 방출을 촉진하고, '싸우거나 도망치거나' 반응을 일으키는 등의 생리적 반응을 유발한다. 편도체는 또한 경험의 감정적 측면을 기억하는 역할을 하며, 이는 종종 강력하고 지속적인 감정적 기억으로 남아 외상 생존자에게 갇혀버린 고통을 제공한다.

반면, 해마는 뇌의 생각을 담당하며 의식적인 사고를 관장하는 피질로 '사실'을 전송한다. 단기기억과 내장 활동에 관한 정보처리를 주관하며, 학습과 기억에 관여하는 영역이다. 사건에서의 시간의 흐름, 시작과 중간, 끝에 대한 기록을 담당하며, 느낌이 아닌 '사실'을 기억하는 기능을 한다. 즉, 해마는 사건이 일어난 시간

그림 2-6   변연계의 구조

과 공간 등의 배경을 처리하고, 시간의 흐름에 따라 관점과 장소에 맞게 사건을 기억에 저장하는 역할을 한다.

트라우마 경험 시 해마는 이러한 정보를 처리하려고 시도하지만, 과도한 스트레스와 지속적인 불안은 해마의 기능을 손상시킨다. 이는 기억의 왜곡이나 조각난 기억의 형태로 나타날 수 있으며, 시간이 지나면서 트라우마 사건의 정확한 세부 사항을 회상 및 진술하는 데 어려움을 겪게 한다.

트라우마 경험 시, 편도체는 강렬한 감정적 반응을 촉발시키며, 해마는 이러한 반응을 맥락과 함께 기록하려고 한다. 그러나 편도체의 과활성화는 해마의 기능을 압도할 수 있어, 트라우마와 관련된 기억이 감정적으로는 강렬하나 사실적 세부 사항은 불완전하거나 왜곡될 수 있다. 이러한 기억의 특성은 외상 후 스트레스 장애(PTSD)와 같은 장애의 발달에 기여할 수 있으며, 개인이 트라우마 사건을 반복적으로 재경험하게 만든다.

중독에 있어, 변연계(limbic system)는 보상과 쾌락, 동기 부여, 감정 조절과 밀접하게 관여한다. 변연계의 주요 구조들은 중독 행동과 감정 반응의 핵심적인 부분을 담당하며, 이는 중독성 물질이나 행동에 대한 욕구와 관련된 신경생물학적 경로를 형성한다.

편도체는 감정 처리의 핵심 역할을 수행하며, 특히 중독과 관련된 감정적 학습과 기억을 형성하는 데 중요하다. 중독성 물질 또는 행동에 대한 초기 긍정적 경험은 편도체에 의해 강화되어 장기적인 갈망과 중독 행동을 유발할 수 있다.

해마는 중독과 관련된 기억의 저장과 검색에 관여한다. 중독성 물질의 사용 경험이 해마에 저장되면, 관련 환경 자극이나 상황이 이후에 같은 행동을 촉발하는 데 중요한 역할을 한다. 해마는 이러한 자극을 기억하고, 그것을 편도체와 다른 뇌 영역으로 전달하여 사용 욕구를 촉발한다.

종격동(Nucleus accumbens) 및 시상 하부(hypothalamus) 영역은 보상 회로의 일부로, 쾌감과 보상에 직접적으로 관여한다. 중독성 물질이나 행동으로 인해 방출되는 도파민과 같은 신경전달물질은 이 영역들을 자극하여 즉각적인 만족감을 제공한다. 이 반응은 중독 행동을 강화하고 반복적인 사용을 유도한다.

중독 발달 과정에서 변연계의 이러한 구조들은 상호 연결되어 복잡한 네트워크를 형성한다. 예로, 편도체에서 생성된 강력한 감정적 기억은 종격동과 시상 하부의 활성화를 유발하여 반복적인 사용을 촉진한다. 이 과정에서 해마는 사용 경험을 지속적으로 업데이트하고, 그 기억들을 재활성화하여 사용 욕구를 높인다.

트라우마와 중독의 공존병리의 경우, 변연계의 감정 처리, 스트레스 반응, 기억 형성 및 회상, 보상과 쾌락 조절 중추의 기능들이 서로 겹치면서 다음과 같은 방식으로 작용할 수 있다.

① 감정적 반응성과 기억

트라우마를 겪은 개인은 편도체가 과민 반응을 보인다. 이는 감정적으로 부담되는 기억들이 쉽게 촉발하고, 이러한 기억들은 강렬한 불안과 공포 반응을 유발한다. 여기에 중독이 발달되는 경우, 특히 알코올이나 마약 같은 물질들을 사용하여 이러한 불편한 감정을 완화하려는 경향이 있다. 이 과정에서 변연계 내의 편도체와 해마는 중독성 물질의 사용과 연관된 '보상' 기억을 강화하여 사용 행동을 반복하도록 동기를 부여한다.

② 보상 시스템의 변화

중독 물질들은 종격동과 같은 변연계의 보상 중심 영역에서 도파민 수준을 인위적으로 증가시킨다. 이는 일시적인 쾌락과 만족감을 유발하지만, 장기적으로는 뇌의 자연 도파민 생산 및 반응 시스템을 변화시키며, 이는 중독성 행동을 지속하게 만든다. 트라우마가 있는 개인에서는 이러한 보상 메커니즘 변화가 트라우마 관련 스트레스와 결합되어(조건형성 학습) 더욱 복잡한 중독 경로를 형성하게 된다. 이는 치료의 경로 역시 복잡하고 더 주관적이 되고 예후가 안 좋아진다는 의미이다.

③ 스트레스와 복구 반응

트라우마 경험은 시상 하부-뇌하수체-부신 축(HPA axis)을 통한 스트레스 호르몬의 과도한 방출을 초래한다. 이 과정은 개인이 스트레스를 경험하는 방식을 변경시키며, 중독 물질을 사용하여 감정적 스트레스를 관리하려는 경향을 강화한다. 중독 물질의 사용은 단기적으로는 HPA 축을 억제하여 스트레스 감소 효과를 제공할 수 있으나, 장기적으로는 더 많은 물질 의존을 유발하고 심리적 불안정을 증가시킨다.

6) 언어중추

해마는 좌반구 전두엽에 위치하면서 말의 발화를 담당하는 브로카 영역(broca's area)과 연결된다. 또 다른 언어중추인 베르니케 영역(wernicke's area)은 뇌의 좌반구에 위치하는 특정 영역으로 청각피질과 시각피질로부터 전달된 언어정보의 해석을 담당한다.

트라우마와 중독의 공존 병리자는 언어적 표현의 어려움이나 응답 지연을 보이기도 하는데, 심리적 스트레스와 뇌의 화학적 변화가 브로카 영역의 기능을 저하시켜 언어 표현 능력에 영향을 주게 된다. 이는 말하기 속도의 감소, 문장 구성의 어려움 또는 말더듬, 대화 중에 자주 발생하는 망설임이나 중단을 초래할 수 있다.

또한, 신경전달물질의 불균형이나 심리적 스트레스로 인해 베르니케 영역의 활성화가 저하되어, 대화의 의미를 파악하는 데 어려움을 겪거나, 오해를 일으킬 수 있다. 나아가 중독 물질의 영향으로 인한 신경계의 손상은 청각 정보의 처리 능력을 저하시킬 수 있으며, 이는 언어 이해 능력에 직접적인 영향을 미치게 된다.

궁극적으로, 트라우마와 중독은 뇌의 신경 생물학적 및 화학적 환경에 영향을

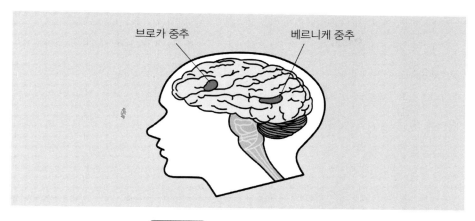

브로카 중추　　　베르니케 중추

그림 2-7 베르니케와 브로카 영역

미처, 언어 중추의 기능을 변화시킴으로써, 의사소통 능력에 장애를 일으키고, 사회적 상호작용 및 직업적 수행에도 영향을 준다. 즉, '말로 표현할 수 없는 공포감'을 만들어 내고, 다른 사람에게 외상 사건을 설명하기 어렵게 함으로써, 오해와 고립, 사회적 지원체제의 상실 등의 2차 외상 사건으로 이어지게도 한다.

2. 트라우마를 겪을 때, 몸의 반응은 어떤 것들이 있을까

1) 일반적응증후군

일반적응증후군(General Adaptation Syndrome: GAS)은 한스 셀리에(Hans Selye)에 의해 우연히 발견된 개념으로, 유기체가 스트레스에 반응하는 일련의 생리적 과정을 설명한다. 이 모델은 스트레스 대응 메커니즘을 세 단계로 구분하여 설명한다.

(1) 경계 단계(Alarm Stage)

이 초기 단계에서는 스트레스 인자에 대한 신체의 즉각적인 반응이 나타난다. 교감신경계가 활성화되어 에피네프린과 코르티솔과 같은 스트레스 호르몬이 분비되며, 이는 심박수와 혈압을 증가시키고 근육의 긴장을 높인다. 결과적으로, 신체는 불안, 두통, 수면 및 식사 습관의 혼란과 같은 다양한 증상을 경험한다. 신체적으로 입안이 헐거나 혀가 헐고, 두통이나 미열, 피로, 식욕부진, 무기력감, 근육통, 관절통 등의 증상을 경험하거나 심신의 저항력이 떨어져서 쉽게 질병에 걸릴 수 있다. 심신이 취약한 상황이기 때문에 외부의 자극에 부적절하거나 미흡한 대응체계로 인해 2차 스트레스 사건에 취약해진다.

(2) 저항 단계(Reaction Stage)

초기의 스트레스 대응에도 불구하고 스트레스가 지속될 때에, 우리 몸은 장기전을 준비하게 된다. 그 결과, 경고 단계의 증후는 사라져서 질환이 나은 것처럼 보이지만 실제로 신체가 만성적·지속적 스트레스 상황에 적응하기 위해 고전 중이다. 신체의 여러 기관과 선에서 호르몬 분비가 증가하고, 감염에 대한 저항력이 낮아지며, 위궤양이나 고혈압 같은 장애가 나타날 수 있다. 심리적으로는 만성적인 불안이나 신경증이 생기기도 한다. 결과적으로 일상생활의 질은 물론 학업/업무 능력까지 떨어질 수 있다.

(3) 소진 단계(Exhaustion Stage)

스트레스에 반응하는 능력을 상실하는 단계로, 질병에 매우 취약하게 된다. 지속적인 신체적·심리적 고갈 상태로 인해, 호르몬 분비가 비정상적으로 이루어진다. 신체 저항력이 상실되고 경계 단계에서 나타났던 여러 증상들이 다시 출현하게 된다. 심장병, 편두통, 위궤양, 고혈압, 알레르기 등 신체적 질환이 초래되며, 심리적으로는 불면증, 불안, 환각, 망상이 나타나기도 한다. 더 이상 회복할 수 없는 단계이기 때문에, 바로 질병으로 진행되거나 심할 경우 사망으로 이어질 수 있다.

외상 후 스트레스 장애 내담자는 만성적으로 자율신경계가 과도하게 활성화된

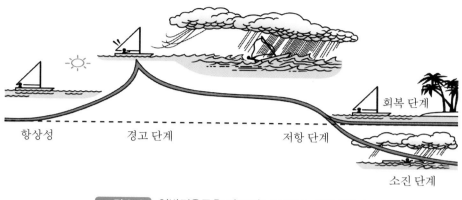

그림 2-8 일반적응증후군(GAS): 스트레스 적응 3단계

항상성   경고 단계   저항 단계   회복 단계   소진 단계

상태로 지내게 되고, 결국 탈진하게 된다. 결과적으로, 불안, 공황, 나약함, 기진맥진함, 근육 경직, 집중력 장애, 수면장애 등의 질환으로 이어질 수 있다.

2) 호르몬/화학적 변화

화학적 스트레스 반응의 메커니즘은 복잡하며, 외부 위협에 대한 신체의 방어 체계 구축에 관여한다. 외부 자극이 위협으로 인지되면 변연계를 통해 시상하부와 교감신경계에 경보가 전달되어 다양한 호르몬이 분비된다. 이 과정에서 코티코트로핀 방출 호르몬(CRP)과 같은 호르몬이 분비되어 싸움-도피 반응을 촉진한다. 교감신경계는 부신을 자극하여 에피네프린, 노르에피네프린, 코티졸을 분비하게 하며, 이 호르몬들은 급격한 신체 변화를 유발하여 생존에 필수적인 반응(싸움-도피 행동과 경고 반응 억제)을 촉진한다. 뇌하수체에서도 부신피질자극호르몬(ACTH)을 분비하여, 부신을 자극하여 스트레스 반응이 신속하게 강력하게 일어나도록 돕는다.

스트레스 호르몬은 해마의 활동을 억제하는 반면에 편도체에는 영향을 주지 않아, 외상 사건은 암묵 기억으로 저장되기 쉽다. 외상 후 스트레스 장애를 겪는 내담자는 일반 인구에 비해 코티졸 수치가 낮게 나타나는 현상이 관찰되며, 이는 우울증과 같은 다른 정신 질환에서도 비슷하다.

화를 내거나 두려워할 때, 교감신경은 부신을 자극하여 아드레날린을 고농도로 혈류에 방출하도록 활성화된다. 이 고농도의 아드레날린은 심박수를 증가시켜 혈액을 근육과 다른 기관으로 보내며, 폐의 작은 기도를 넓혀 산소 흡입을 증가시킨다. 또한, 뇌는 지속적인 경고 상태를 유지시켜, '싸움－도피 반응'을 활성화시킨다.

PTSD 내담자들이 종종 경험하는 '얼어붙은 반응(긴장성 부동)'은 스트레스 상황에서 신체가 반응을 지연시키는 현상으로, 이는 내담자들이 자신의 반응에 대해 부정적으로 생각하게 만든다. 스트레스 상황에서 재빨리 반응하지 못하는 자신을 혐오하는 이유로 사용되기도 한다. 호르몬 유발 화학적 변화에 따른 외상 반응은 일정 시간 동안 지속되며, 이 변화들은 대체로 소변이나 땀 등을 통해 체외로 배출된다. 이러한 지식을 내담자에게 교육함으로써, 그들은 촉발 후 자신의 반응 발생의 이유, 외상 반응 소거에 대한 임시적 통제력 상실 상태를 더 잘 이해하고, 부적절한 혹은 만족스럽지 못한 자신의 대처 방식과 자기 자신에 대해 더 많은 연민을 가질 수 있도록 도울 수 있다.

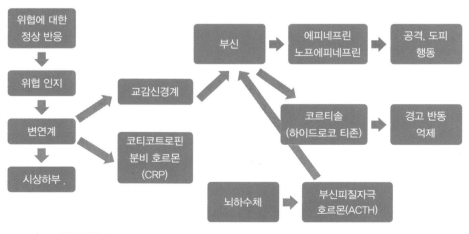

그림 2-9 외상 충격에 따른 시상하부－뇌하수체－부신 축의 변화 흐름도

3) 체신경계

생각할 거리

심각한 스트레스를 받을 때, 자신의 신체에서 나타났던 신호들을 기억하고 이해하고 있는
만큼만 그룹에서 나누고, 정리하여 발표해 주세요.

체신경계는 운동신경계와 감각신경계로 나누어져 있으며, 일상적인 신체 활동
뿐만 아니라 복잡한 조정 작업을 수행한다. 감각신경계는 신체로부터의 자극을
전기적 신호로 변환하여 뇌로 전달함으로써 외부 환경을 인지하게 한다. 반면, 운
동신경계는 뇌로부터의 지시를 받아 신체의 움직임을 조절하는 신호를 근육 등으
로 전달한다.

외상 사건과 관련하여, 체신경계는 해당 경험과 관련된 신체의 자세나 행동을
암묵 기억의 형태로 저장하는 데 관여한다. 이러한 기억은 동일하거나 유사한 자
세, 움직임, 행동이 의도적이거나 우연히 재현될 때 다시 회상될 수 있다. 이 과정
은 특히 외상 후 스트레스 장애(PTSD) 내담자에게서 두드러지며, 과거의 트라우
마 경험을 현재로 불러일으키는 촉발제 역할을 할 수 있다.

신체기반 치료 접근법, 예로 신체 경험(Somatic Experiencing: SE) 또는 감각운동
심리치료(Sensorimotor Psychotherapy: SP)는 외상과 관련된 감정이 감각, 자율신경
계, 체신경계의 상호작용을 통해 대뇌피질에서 해석되는 과정의 결과로 발생한다
고 본다. 따라서 치료법은 몸의 감각을 통해 외상 관련 감정과 반응을 재경험하고
재조정하는 것이다.

플래시백(Flashback)은 해리된 암묵 기억 정보로 구성되며, 상태 의존적 조건화
(State-dependent conditioning)를 통해 유발된다. 이는 특정한 내부 또는 외부 수용
감각 신호에 의해 촉발될 수 있으며, 이러한 신호는 체신경계를 통한 직접적인 행
동 변화뿐만 아니라 자율신경계의 과도한 흥분을 통해서도 표현된다. 플래시백은
종종 강렬하고 혼란스러운 감정적 경험을 동반하며, 이는 내담자가 감정을 심리

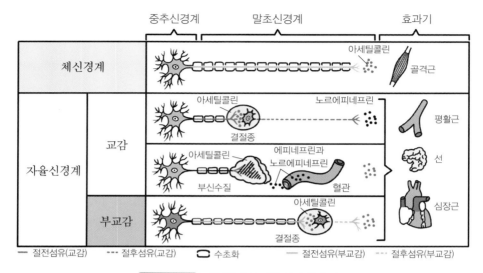

그림 2-10 체신경계와 자율신경계의 비교

A: 체신경계–체성운동신경원의 축삭돌기는 중추신경계로부터 분지되어 신경원의 교대가 없이 직접 효과기에 연접하며, 종말 단추에서는 아세틸콜린이 분비된다. 그 기능은 항상 촉진성이다. B: 자율신경계–중추신경계로부터 기저된 원심성 섬유는 해당 기관으로 가는 도중에 꼭 신경절을 형성하여 신경원을 교대한다. 또한 교감 및 부교감신경의 절후 섬유 말단에서는 각각 다른 전달물질이 분비되어, 하나의 기관에 촉진 혹은 억제적으로 작용한다.

적 불안정이나 고통으로 경험/해석/일반화하게 만든다. 따라서 이러한 신경계의 역동성을 이해하고 적절히 관리하는 것이 트라우마 치료에서 중요한 요소이다.

4) 감각신경계

감각의 형태는 감각 기관에 따라 구분되며, 주요 감각으로는 시각, 청각, 후각, 촉각, 미각이 있다. 이 외에도, 자기수용 감각은 운동 감각과 내부 감각으로 나뉜다. 운동 감각은 신체의 위치와 움직임을 인식하는 능력을 포함하며, 예로 눈을 감고 손가락 끝을 코 끝에 대는 실험을 통해 이를 확인할 수 있다. 내부 감각은 심박수, 호흡, 통증, 체온, 내장감각, 근육 긴장 등과 같은 신체의 내부 상태에 대한 정보를 제공한다. 이러한 감각들을 통해 인간은 자신의 감정 상태에 대한 중요한 피드백을 받게 된다.

그림 2-11 감각의 분류체계

감각 기반의 상태 의존적 기억 처리(State-dependent memory processing)는 외부 자극을 다양한 감각을 통해 받아들이고, 이를 바탕으로 정보를 기억에 저장하는 과정을 말한다. 외상 사건에 대한 감각 기억 역시 이러한 방식으로 암호화되어 외현 기억과 암묵 기억에 저장된다. 외상과 관련된 감각은 대체로 고통과 조건화되어 있어, 많은 외상 생존자들이 감각을 둔감하게 하거나 분리하거나 회피하는 대처 방식을 사용하게 된다. 이러한 대처 방식은 즉각적·임시적으로는 효과적일 수 있으나, 장기적으로 사용될 경우 감각의 둔화라는 부작용이 고착될 수 있다. 따라서 트라우마 치료에서는 외상 생존자가 스스로 신체의 감각을 안전하게 통제감을 가지고 느낄 수 있도록 도와주는 것이 필수적이다.

자기 이해

스트레스 상황에서 자신에게 가장 예민한 감각은 무엇인가요?

5) 싸움-도피 반응

인간은 외부 위협에 직면했을 때 두 가지 주요한 반응 방식, 즉 '빠른 대처(급박한 위협에 대응하는 진화적 효율성을 발휘하는 방식)'와 '일반적 대처'이다. 생존과 직결된 위협 상황에서 가장 두드러지게 나타나는 빠른 대처 반응체계 중 하나는 싸움-도피 반응(fight or flight response)이다. 이 반응은 일반적으로 충격 단계(사건 발생 후 최초 48시간 이내)에서 관찰된다.

미국의 생리학자 월터 캐넌(Walter Cannon, 1932)은 이를 정서적 반응이나 식욕 저하와 같은 신체적 반응을 포함하는 개념으로 처음 명명했다. 캐넌은 싸움-도피 반응을 "동물이 교감신경계를 활용하여 위협에 대응하여 싸울 것인지 혹은 도망칠 것인지를 준비하는 과정"으로 정의했다. 인간의 경우, 심각한 스트레스나 응급 상황이 발생하면 교감신경계가 과도하게 활성화되어 신체적 · 생리학적 반응체계를 구성하게 된다. 즉, 인간의 뇌는 자기보존을 최우선으로 하여 신체의 생존을 위한 자동화된 반응체계를 가동한다.

교감신경계가 위협 상황이란 신호를 받아서 공격, 방어, 도피에 필요한 신체 자원들의 에너지를 동원하여 반응하게 된다. 그 결과, 심장박동을 가속화하고, 입이 바싹 마르며, 손에 땀이 나고, 뱃속이 불편해지며, 근육이 긴장되고, 호흡이 빨라집니다. 현대 사회에서는 이러한 신체적 생존 위협이 과거만큼 일반적이지 않음에도 불구하고, 심리적으로 긴박한 위협 상황이라 지각하게 되면 신체는 여전히 자동적으로 싸움-도피 반응을 활성화한다.

싸움-도피 반응은 극도의 공포 상황이나 위험한 상황에서 사람들이 초인적인 능력을 발휘하는 경우에도 관찰된다. 예로, 전철역에서 아이가 철도에 떨어졌을 때 순식간에 구해내는 힘을 발휘한다. 그러나 어떤 사람들은 압도적인 상황에서 몸이 얼어붙거나 싸우거나 도망칠 의지를 잃는 경우도 있으며, 이는 외상 사건에 대한 심각한 통제력 상실과 무기력감이 일으킨다. 위협을 감지하면, 교감신경계의 활성화가 일시적으로 억제되고 부교감신경계의 활성화가 증가하여 신체를 '얼어붙은(freeze)' 상태로 만든다. 이 상태에서 심박수는 감소하고, 근육은 긴장을 풀

그림 2-12 싸움-도피 또는 마비 반응

며, 호흡은 느려진다. 이는 포식자로부터의 탐지를 피하고, 더 적은 에너지를 소모하며, 상황을 평가하고 적절한 대응을 준비하는 데 도움을 주는 진화적 산물이라 할 수 있다. 얼어붙음 반응은 본능적인 생존 기제로, 특히 피할 수 없거나 피할 시간이 충분하지 않은 상황에서 발동된다. PTSD 내담자들은 이러한 마비 반응을 경험할 수 있으며, 예후는 상대적으로 좋지 않다. 장기적으로 자주 얼어붙음 반응을 경험하는 개인은 지속적인 높은 스트레스 수준을 경험하여 신체적 건강 문제로 이어질 수 있다. 또한 정서적으로 무감각하거나 일상 생활에서 정서적으로 고립되어, 2차 병리를 발달시킬수 있다.

6) 돌봄-도움 반응

인간의 생존 전략으로는 '싸움-도피' 반응 외에도 '돌봄-도움(tend-and-befriend)' 반응이 있다. 이 반응은 종족 보존적 행동, 예로 임신, 수유, 자녀 양육, 사회적 관계 형성, 짝짓기 등과 밀접하게 관련된다. 특히, 싸움-도피 반응이 치명적 결과(예: 사망)를 초래할 수 있는 상황에서, 타인과의 교류를 통해 유대관계를 맺고 서로 돌보고 도움을 주는 호혜적 태도가 위협적인 스트레스에서 생존율을 더 높이는 효율적인 대안일 수 있다.

이 반응의 기초는 애착-보살핌 체계에 뿌리를 두고 있으며, 영아가 스트레스를 받았을 때 나타나는 애착 반응에서도 확인할 수 있다. 스트레스 상황에서의 여성의 돌봄 반응과 도움 반응은 영아의 애착 반응과 유사하게 생리적 조절계에 의해 조절된다. 이러한 체계는 모자 간의 유대 및 영아의 발달에 중요한 역할을 하는 스트레스 관리체계로, 신경생물학적 토대를 제공한다.

포유류에서 주요 호르몬인 옥시토신은 사회적 상호작용을 긍정적으로 이끌어 내며, 짝짓기, 모성애, 성행동, 사회적 애착 형성 등을 조절하는 뇌 부위에 널리 분포되어 있다. 옥시토신은 불안 감소, 이완 및 진정 효과를 통해 교감신경계의 활동을 감소시키고, 사회적 신뢰를 증진시킨다. 연구에 따르면, 옥시토신은 인간에서 사회적 유대 형성, 애착 행동, 생식 행동 등의 사회적 행동(social behavior)과 사회적 기억(social memory)에 중요한 역할을 하는 것으로 알려져 있다.

옥시토신의 효과는 특히 여성에서 더 강하게 나타나는데, 이는 여성 호르몬인 에스트로젠에 의해 옥시토신의 효과가 강화되기 때문이다. 또한, 스트레스 상황에서 남성 호르몬인 안드로젠은 옥시토신 분비를 억제한다. 따라서 위협적인 스트레스하에서 여성은 공격-도피 반응을 억제하고 돌봄-도움 반응을 활성화하는 것이 생존에 더 유리할 수 있다.

이러한 돌봄-도움 반응은 종종 스트레스 상황에서의 집단 내 연대감을 강화하고, 상호 의존적인 사회적 네트워크를 통해 개인 및 집단의 생존 가능성을 높인다. 이 과정에서 옥시토신은 핵심적인 조절자로서, 스트레스를 경험하는 개인이

자기 이해

스트레스 상황에서 자신이 보이는 싸움-도피 또는 마비 반응 or 돌봄-도움 반응을 찾아봅시다.
나 자신은 언제 어떤 경우에, 싸움, 도망, 또는 마비 반응/돌봄-도움 반응이 나오는 것일까요?

사회적 지원을 모색하고 제공하는 데 중요한 역할을 수행한다.

7) 외상 후 증상(PTS)-정서

라자루스(R. S. Lazarus)의 스트레스 반응 모델에 의하면, 갈등(conflict)과 좌절 (frustration)이 위협(threat)으로 인식되었을 때 발생하는 일련의 정서적 반응이 나타난다.

갈등과 좌절은 개인이 내부적 또는 외부적 상황에 대처하는 과정에서 경험할 수 있는 일반적인 감정 상태이다. 갈등은 서로 상반되는 욕구나 목표 사이에서 발생하며, 좌절은 목표 달성이 방해받을 때 느끼는 감정이다. 이를 위협이라고 인지하게 되면, 스트레스 반응이 시작되며, 불안, 두려움, 분노, 우울, 죄책감, 부끄러움과 같은 정서로 발현된다. 외상 사건은 극단적이고 다양한 감정 상태를 불러일으키는데, 이는 종종 외상 생존자가 자신의 감정에 대해 낯설고 통제할 수 없다고 느끼게 한다.

그림 2-13 스트레스에 대한 정서적 반응

출처: Lazarus, R. S. (1974). "Stess", *International Encyclopedia of Social Science* (Ed.), D. L. Sills, Vol. 15. New York: The Macmillan Company and Free Press, p. 378.

자기 이해

스트레스 상황에서 가장 예민하고 강렬한 정서는 무엇인가요?

(1) 두려움

폴 에크만(Paul Ekman, 1992)에 따르면, 인간의 기본적이고 즉각적인 정서로, 상황에 대한 본능적인 반응을 1차 정서(primary emotions)라고 하는데, 이 정서는 문화나 경험에 상관없이 모든 인간에게 공통적으로 나타나며, 진화적으로 중요한 생존 메커니즘과 관련이 있다. 여기에는 기쁨(joy), 슬픔(sadness), 분노(anger), 두려움(fear), 혐오감(disgust), 놀람(surprise)이 있다. 외상 사건은 이러한 즉각적이고 단순한 1차 정서를 강렬하게 촉발한다. 특히, 외상 경험은 동일한 또는 유사한 사건이 우연하게 발생할지도 모른다는 지속적인 두려움을 유발한다. 이러한 두려움은 외상 생존자가 또다시 무기력하게 당할 것이라는 불안감을 증폭시킨다. 특히, 외상 사건 당시 사회적 지지나 적절한 사후 대처를 받지 못했다면, 이번에도 자신을 도울 수 있는 자원이 부재할 것이라는 강박적 두려움으로 이어진다. 이러한 감정은 학교폭력이나 가정 폭력과 같은 상황에서도 관찰되며, 안전한 격리가 중요한 이유는 폭력의 물리적 위협뿐만 아니라, 이로 인한 심리적 공포 때문이다. 폭력은 종종 신체적으로 행사되기보다는 위협을 통해 간접적으로 피해자를 지속적인 두려움 속에 가두는 수단으로 사용된다.

(2) 분노와 공격성

외상 후 발생하는 분노(anger)도 본능적 반응인 1차 정서로 분류된다. 분노와 공격성은 종종 외상 생존자들이 사회적 상황에서 적절한 감정 조절을 실패하게 만든다. 이러한 정서적 불안정은 대인관계에서의 충돌을 유발하고, 사회적 고립을 촉진하여, 2차 외상 사건으로 이어질 수 있다. 건강한 분노 표출의 어려움은 자기존중감을 침해하고 수치심과 혐오감을 유발할 수 있다. 또한, 지속적인 분노는 신체 건강에 부정적인 영향을 미치며, 심혈관 질환의 위험을 증가시키는 것으로 알려져 있다. 특히 아동의 경우, 공격적 행동 모델을 학습할 수 있다. 분노의 일반적인 촉발 요인으로는 좌절, 계획에 대한 방해, 신체적 통증, 높은 온도, 소음 등이 있다.

(3) 죄책감/수치심

2차 정서(Secondary emotions)는 1차 정서에 대한 인지적 처리나 반추에 의해 발생하는 감정이라 분류한다. 즉, 1차 정서를 경험한 후, 그 감정에 대해 생각하거나, 다른 감정과 결합하여 형성된 복합적인 특성을 가진다. 이 정서는 개인의 경험, 사회적 맥락, 문화적 요소에 의해 더 복잡하고 미묘하게 형성된다. 2차 정서는 반응적이며, 종종 추론과 해석이 포함된다. 2차 정서의 종류는 다음과 같다.

- 죄책감(Guilt): 주로 분노나 두려움 같은 1차 정서와 관련됨
- 수치심(Shame): 자신에 대한 부정적인 평가에서 비롯
- 질투(Jealousy): 두려움과 분노의 결합
- 자부심(Pride): 기쁨과 자기 평가가 결합
- 창피함(Embarrassment): 놀람, 두려움, 기쁨 등이 복합적으로 작용
- 실망(Disappointment): 슬픔과 기대감의 결합

죄책감과 수치심은 개인이 사회적 규칙과 도덕적 규범을 유지하려는 자의식적 정서이다. 견딜 만한 수치심은 자신의 단점에 대한 공정한 평가와 자기 개선을 촉진하며, 죄책감은 사과, 속죄와 같은 보상 행동을 동기화하는 데 유용하다. 외상 생존자들이 종종 겪게 되는 '생존자 죄책감(survivor guilt)'은 전쟁, 자연재해, 대규모 재난을 경험한 이들 사이에서 흔히 관찰되며, 자살 유가족은 죽은 이의 죽음을 목격했을 때 특히 더 심각한 죄책감을 경험한다. 이러한 감정은 외상 후 스트레스 장애의 발달 위험을 증가시킬 수 있다.

(4) 불안

불안(Anxiety)은 1차 정서로도 경험될 수 있지만, 대개는 2차 정서로 간주된다. 이 구분은 불안이 단순히 즉각적인 위협에 대한 반응(예: 공포)인지, 아니면 시간이 지나면서 인지적 처리와 관련된 감정인지에 따라 다르다(Barlow, 2002). 1차 정서로서의 불안은 어떤 위협이나 불확실한 상황에 대한 즉각적인 반응이다. 예를

들어, 시험을 앞둔 상황에서 느끼는 즉각적인 불안은 그 순간의 자극에 대한 본능적인 반응이다. 실존치료의 실존적 불안(existential anxiety)이나 정신분석의 현실적 불안(realistic anxiety)처럼, 현실 상황과 사실에 기초한 정상적인 불안이라 볼 수 있다.

반면, 2차 정서로서의 불안은 더 복잡한 형태로써, 미래에 대한 불확실성, 걱정, 특정 상황에 대한 장기적인 인지적 평가와 연결된다(Lazarus, 1991). 이때 불안은 1차 정서인 두려움(fear) 또는 놀람(surprise)과 결합하여 시간이 지남에 따라 축적된 결과물로 나타날 수 있다. 또한, 과거의 경험이나 사회적 상황에 대한 해석과 결합하여 더 복합적인 불안 상태로 발전할 수 있다. 예로, 즉각적 위협에 대한 두려움은 1차 정서로 간주되지만, 그 위협이 사라지지 않고 지속되거나, 그 위협에 대해 자주 생각하거나 걱정할 때 나타나는 감정은 2차 정서인 불안으로 발전할 수 있으며(Gross, 2015), 이는 외상 후 증상의 불안에 가깝다.

외상 생존자들이 사회적 상황에서 자신의 외상 후 증상에 대한 통제 불가능으로 인해 느끼는 불안은 수치심이나 죄책감과 같은 2차 정서와도 밀접하게 연결된다. 예로, 사람들 앞에서 얼어붙는 등의 외상 후 반응이 드러났을 때 느끼는 수치심이 장기적으로 사회적 불안을 유발하여 대인관계 및 일상생활장애로 이어질 수 있다.

외상 생존자들은 미래의 위협에 대비하려 하지만, 구체적인 대응 방안을 모르는 경우가 많다. 이는 과거의 외상 경험에서 기존의 대처 전략이 효과적이지 않았음을 경험했기 때문이다. 심리교육이나 사회적 지원의 부재 속에서 외상 생존자는 막연한 불안과 예측 불가능하며 통제 불가능한 미래의 위협에 대해 깊은 불안감을 느낄 수 있다.

8) 외상 후 증상(PTS)-기억

우리의 뇌는 외상 사건을 어떻게 기억하는가? 외상 경험자 중 다수는 자연치유 회복군으로 충격 단계를 외상 후 후유증 없이 지나가서 회복한다. 이들은 자신에게 무슨 일이 일어났는지 정확히 알고 있으며 이를 안전하게 회상하면서 이야기할 수 있다. 또한 그때의 기억에 감정을 느끼면서도 그 사건이 이미 과거이며, 자신은 현재에 있다는 시간관념도 분명히 유지한다. 즉, 과거-현재의 시간차를 분명히 인식하면서, 안전한 통제감하에 감정과 인지를 표현할 수 있다. 반면에 외상후 스트레스에 시달리는 사람들은 외상 사건을 각각 다르게 기억하며, 외상 기억이 촉발하는 감정을 고통으로 인식하여 이를 회피하거나 억제하는 등 비생산적인 대처법에 고착되게 된다.

이러한 기억 차이를 살펴보기 위해, 인간의 기억 처리 모델을 살펴보자.

[그림 2-14]는 앳킨슨(Atkinson), 시프린(Shiffrin), 앤더슨(Anderson) 등에 의해 개발된 모델을 기반으로 하여 인간의 기억과 정보처리 과정을 설명한다. 여러 감각기관(시각, 청각, 미각, 후각)에서 받은 정보가 초기 입력으로서 뇌로 전달되며, 입력된 정보는 매우 짧은 시간 동안 감각 기억에 저장되어 대부분 소실되나 주의를 받은 정보만 다음 단계로 전달된다. 작업 기억으로 전달된 정보는 의식적인 정

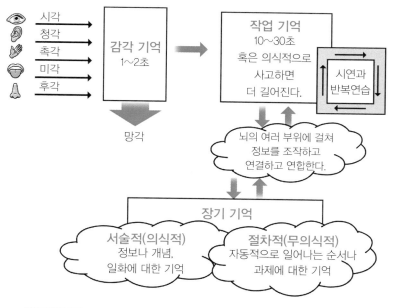

그림 2-14 신경계의 정보처리 구성도(Atkinson, Shiffrin, Anderson)

보처리, 추가적인 인지 작업(분석, 비교, 연관 등)의 과정을 거쳐, 장기 기억 단계로 넘어간다. 장기 기억으로 전달된 정보는 지속적으로 저장되며, 필요에 따라 다시 작업 기억으로 불러와져 더 깊이 있는 처리가 이루어지며, 최종적으로는 행동이나 반응의 형태로 외부에 표출된다.

트라우마와 중독을 가진 내담자에게서 감각 기억은 급작스러운 소리나 특정 냄새가 있을 수 있다. 예로, 자동차의 경적 소리나 특정 알코올 냄새가 순간적으로 감지되었을 때, 이는 과거의 트라우마 사건과 연관된 감정을 즉각적으로 활성화시킬 수 있다.

트라우마와 중독을 겪는 내담자는 작업 기억 단계에서 스트레스 상황에서 필요한 행동을 계획하거나 문제를 해결하는 과정에 많은 간섭을 경험할 수 있다. 예로, 과거의 트라우마 사건을 회상하며 그 경험을 어떻게 해석하고 대응할지를 고민하고 결정하는 과정에서 나타나는 다양한 간섭이 원활한 작업 기억 단계를 방해할 수 있다.

트라우마와 중독 내담자에게 장기 기억은 과거 외상 사건의 세부 사항이나 중독 행위와 관련된 경험들이 포함될 수 있는데, 이러한 기억은 때때로 불안, 우울, 갈망을 촉발시킬 수 있다.

트라우마와 중독을 함께 가진 내담자들은 기억의 정보처리 단계에서 다양한 간섭 현상을 경험하는데, 이는 기억의 형성, 저장, 검색 과정에 부정적인 영향과 여러 심리적 문제를 야기할 수 있다.

(1) 기억의 형성 간섭

트라우마는 뇌의 편도체를 과활성화시켜 과도한 스트레스 호르몬 분비를 촉진하며, 이는 해마의 기능을 저하시킨다. 해마는 새로운 기억의 형성과 장기 기억으로의 전환에 중요한 역할을 하는데, 중독 상태에서의 반복적인 물질 사용은 신경 독성을 유발하여 해마의 기억 형성 능력을 더욱 악화시킨다. 결과적으로, 내담자는 중요한 일상적 정보를 기억하는 데 어려움을 겪을 수 있으며, 이는 생활의 질을 저하시킨다.

(2) 기억의 저장 간섭

중독으로 인한 반복적인 물질 사용은 뇌의 구조적 및 기능적 변화를 초래할 수 있으며, 이는 기억의 저장 과정에 영향을 미친다. 알코올, 예를 들어, 장기간 과도하게 섭취하면 신경세포를 손상시켜 장기 기억의 저장 능력이 저하될 수 있다. 또한, 트라우마 경험은 감정적 기억(emotional memory)이 너무 강렬하게 저장되어 일상생활에서 불안이나 공포를 자주 경험하게 할 수 있다.

(3) 기억의 검색 간섭

트라우마와 중독은 기억 검색 과정에도 심각한 간섭을 일으킬 수 있다. 트라우마로 인한 PTSD 내담자는 과거의 트라우마 사건을 자주, 갑작스럽게 떠올릴 수 있으며, 이는 현재 생활에 부적절하게 간섭한다. 중독은 중독 물질 사용과 관련된 기억들을 쉽게 불러오는 반면, 중요하지 않은 다른 기억들은 접근하기 어렵게 한다. 이는 중독 물질을 찾고 사용하는 행동을 강화시킨다.

(4) 기억 처리의 차이

[그림 2-15]는 스콰이어(Squire)의 장기 기억의 하위 구조 모델로, 크게 두 부분—서술 기억(Explicit Memory)과 암묵 기억(Implicit Memory)—으로 나눈다.

외상 사건을 처리하는 경우, 서술 기억과 암묵 기억을 다른 정보처리 과정을 거친다. 서술 기억은 의식적인 처리 과정을 통해 형성되며, 사건의 사실적·언어적·인지적 측면을 포함한다. 이 기억은 해마에서 주로 처리되며, 외상 후 플래시백이나 심한 스트레스 상황에서 억제될 수 있다. 잘 처리된 서술 기억은 트라우마 사건을 경험한 사람이 사건의 세부 사항을 명확하게 기억하고 안전하게 회상하며 이야기할 수 있게 해 준다.

반면, 암묵 기억은 무의식적인 정보처리 과정을 거쳐, 주로 정서적·신체적·감각적 및 자동적 정보를 다룬다. 이 과정은 변연계, 특히 편도체에서 활성화되

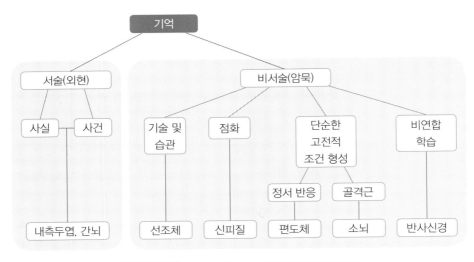

그림 2-15 포유류의 장기 기억체계에 대한 분류

출처: Squire, L. R. (2004). Memory systems of the brain: a brief history and current perspective. *Neurobiology of learning and memory, 82*(3), 171-177.

며, 외상 사건이나 플래시백을 경험할 때 주로 활성화된다. 암묵 기억은 언어적 소통으로는 잘 전달되지 않으며, 이로 인해 외상 생존자가 외상 사건의 감정적 충격을 다루는 데 어려움을 겪게 만든다.

외상 후 스트레스 장애(PTSD)를 겪는 사람들은 외상 기억이 감정을 고통으로 인식하게 하여, 이를 회피하거나 억제하는 비생산적인 대처 방법(예: 중독)을 사용하게 된다. 이는 외상 사건의 회복 과정에서 부정적인 영향을 미치며, 외상 생존자가 자신의 감정에 대해 통제할 수 없다고 느끼게 만든다.

자기 이해

스트레스 상황에서 자신이 기억하는 상황의 정확도는 어떠한가요? 어떤 것들이 잘 기억나고, 어떤 것들은 잘 기억나지 않나요?

(글이나 그림으로 표현해도 됩니다.)

9) 외상 후 증상(PTS)-의미체계

괴물과 싸우는 사람은 그 싸움 속에서 스스로 괴물이 되지 않도록 조심해야 한다.

우리가 그 심연을 오랫동안 들여다본다면,

심연 또한 우리를 들여다보게 될 것이다.

Wer mit Ungeheuern kampft, mag zusehn,

daß er nicht dabei zum Ungeheuer wird.

Und wenn du lange in einen Abgrund blickst,

blickt der Abgrund auch in dich hinein.

―프리드리히 니체 『선악의 저편』

외상 생존자는 자아 인식, 인간관계, 심리적 안정성에 광범위한 영향력을 경험한다. 이러한 영향은 외상 생존자의 생각과 행동에 깊은 변화를 일으키며, 종종 자신들의 기본적인 가치와 세계관을 재평가하게 된다.

인간은 전쟁, 아동 학대, 학교 폭력, 재난 등과 같은 괴물과 싸움을 계속 하고 있지만, 정작 인간이 싸우고 있는 것은 신인지도 모르겠다. 인간은 왜 이러한 괴물들과 계속 싸워야 하는지, 외상 생존자들은 그 해답을 품은 심연이 궁금해지고 현실에서는 신, 자기, 타인, 세계에 대한 기존의 의미체계가 혼란스러워지거나 한 번의 손짓에 산산조각이 나버림을 경험하게 된다.

(1) 자아 인식의 변화

외상 생존자들은 자신들이 겪은 사건을 통해, 자신들의 정체성과 자기 가치에 대해 근본적인 의문을 갖게 된다. 종종 '나는 더럽혀졌다'나 '이전의 나는 이미 죽고 없다'와 같은 강렬한 부정적 자아 이미지를 내면화한다. 이러한 신념은 자신에 대한 이해와 자기존중감을 근본적으로 변화시키며, 회복의 장애가 된다.

(2) 인간관계의 변화

'사람은 믿을 수 없다' 또는 '미래는 존재하지 않는다'와 같은 비합리적 신념은 외상 생존자가 타인과의 관계를 맺는 방식에 깊은 영향을 미친다. 이러한 신념은 다른 사람들과의 긍정적인 상호작용을 방해하며, 고립감을 증가시킨다.

(3) 자기 통제감의 상실

'내가 할 수 있는 건(자율성) 아무것도 없다'처럼, 트라우마는 개인이 자신의 삶을 통제할 수 있다는 믿음을 심각하게 손상시킨다. 자기 통제력의 상실은 무력감과 절망감으로 이어지며, 이는 정신적·감정적 건강에 부정적인 영향을 준다. 외상 후 상담은 이러한 무력감을 극복하고 자기효능감을 회복하는 데 중점을 둔다.

자기 이해

스트레스 상황에서 자신이 self talk하는 의미체계의 변화는 무엇인가요?

복습

외상 충격 상황에서 몸에서 일어나는 외상 반응을 정리해 봅시다. 정리한 내용으로 자신의 짝꿍에게 설명해 보세요.

---

3. PTSD란 무엇인가

예습

PTSD의 개념과 특징에 대해 이해하고 있는 만큼만 그룹에서 나누고, 정리하여 발표해 주세요.

1) PTSD란

외상 사건 발생 직후에 나타나는 신체적·심리적 초기 응급 반응(trauma response)의 형태를 지나, 장기간에 걸쳐 광범위한 증상체계들이 이어지게 되면, 그 외상 후 증상(Post-Traumatic Symptoms: PTS) 체계를 하나의 병리로 진단할 수 있다.

주로, 심리적 장애의 발현 시기와 지속 기간에 따라 외상 후 스트레스 관련 진단을 구분한다. 급성 스트레스 반응(Acute stress reaction)은 외상적 사건에 대한 인간의 정상적인 반응으로 간주되며, 이는 일시적인 현상으로 보아 짧은 기간 내에 자연적으로 완화될 수 있다. 그래서, 충격적 사건에 대한 정상적 반응이라고 보기도 한다.

급성 스트레스 장애(Acute Stress Disorder: ASD)는 사건 발생 후 4주 이내에 회복되는 경우로, 멍함, 공포, 불안, 회피 반응, 과잉 반응, 우울감과 같은 증상이 자연스럽게 치유되거나 심리치료를 통해 해결될 수 있다.

외상 후 스트레스 장애(PTSD)는 생명을 위협하는 신체적 또는 정신적 충격을 경험한 후, 그 후유증으로 심리적 장애가 1개월 이상 지속되고 일상생활에 심각한

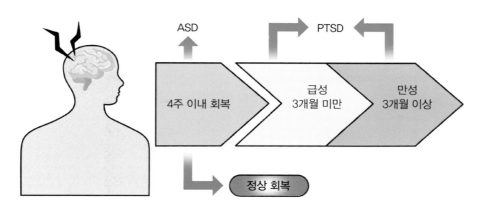

▶ ASD: 급성 스트레스 장애(Acute Stress Disorder)
▶ PTSD: 외상 후 스트레스 장애(Post-Traumatic Stress Disorder)

그림 2-16 외상 후 스트레스 장애의 진단

출처: 보건복지부 대한의학회.

장애를 일으킬 때 진단된다.

2) PTSD의 진단

(1) DSM에 기초한 PTSD

DSM(Diagnostic and Statistical Manual of Mental Disorders, 정신질환 진단 및 통계 편람)은 미국정신의학협회(American Psychiatric Association: APA)에서 발행한 정신질환 진단 및 통계 매뉴얼로서, 현재 정신질환 진단에 있어 가장 널리 활용되는 진

표 2-1 **PTSD의 진단체계**

구분	불안장애(DSM-IV-TR)	트라우마와 스트레스인 관련 장애 (Trauma and Stressor Related Disorders) (DSM-5-TR)
하위 분류	범불안장애 (Generalized Anxiety Disorder: GAD) 특정공포증(Specific Phobia) 공황장애(Panic Disorder) 사회공포증(Social Phobia) 강박장애 (Obsessive-Compulsive Disorder: OCD) **외상 후 스트레스 장애** **(Post-Traumatic Stress Disorder: PTSD)** 급성 스트레스 장애(Acute Stress Disorder) 분리불안장애(Separation Anxiety Disorder) 불안장애 NOS(Not Otherwise Specified)	**외상 후 스트레스 장애** **(Post-Traumatic Stress Disorder: PTSD)** 급성 스트레스 장애(Acute Stress Disorder) 반응성 애착장애 (Reactive Attachment Disorder) 탈억제 사회관여장애 (Disinhibited Social Engagement Disorder) 적응장애(Adjustment Disorders)
증상	침습(Intrusive Recollection) 과각성(Hyperarousal) 회피/둔감(Avoidance and Numbing)	침습(Intrusion Symptoms) 회피(Avoidance) 인지와 기분의 부정적 변화 (Negative Alterations in Cognitions and Mood) 각성과 반응의 심한 변화 (Alterations in Arousal and Reactivity)

출처: 권준수 외 공역(2023). DSM-5-TR 정신질환의 진단 및 통계 편람(제5판 수정판). 학지사.

단체계 중의 하나이며 현재 DSM-5-TR(2022)이 활용되고 있다.

이전 DSM-IV-TR에서는 PTSD를 불안장애의 하위 유형으로 분류하였으나, DSM-5에서는 이를 불안장애에서 독립시켜 외상 및 스트레스 관련 장애(Trauma and Stressor Related Disorders)라는 별도의 범주로 분류한다.

DSM-5-TR에 따르면, PTSD는 충격적인 외상 사건이나 스트레스 사건을 경험한 후 나타나는 부적응 증상으로 정의된다. PTSD는 다른 정신장애와 공병률이 매우 높으며, 특히 약 50%의 경우에서 주요우울장애와 공존한다. PTSD의 치료로는 약물치료와 인지행동치료가 주로 활용되며, 특히 포아(Foa)에 의해 개발된 지속적 노출 치료(prolonged exposure)가 전통적인 치료 기법으로 사용되고 있다.

DSM-5-TR에 의하면 외상 후 스트레스 장애의 진단 기준은 다음과 같다.

---

1. 실제적인 것이든 위협을 당한 것이든 죽음, 심각한 상해 또는 성적인 폭력을 다음 중 1가지 이상의 방식으로 경험한다.
   - 외상 사건을 직접 경험하는 것
   - 외상 사건이 다른 사람에게 일어나는 것을 직접 목격하는 것
   - 외상 사건이 가까운 가족이나 친구에게 일어났음을 알게 되는 것
   - 외상 사건의 혐오스러운 세부 내용에 반복적으로 또는 극단적으로 노출되는 것(전자매체, TV, 영화, 사진을 통한 것이 아님)

2. 외상 사건과 관련된 침투 증상이 다음 중 1가지 이상 나타난다.
   - 외상 사건에 대한 고통스러운 기억이 반복적이고 침투적인 경험
   - 외상 사건과 관련된 고통스러운 꿈의 반복적 경험
   - 외상 사건이 실제로 일어난 것처럼 느끼고 행동하는 해리 반응(예: 플래시백)
   - 외상 사건과 유사하거나 그러한 사건을 상징하는 내적 또는 외적 단서에 노출될 때마다 강렬한 심리적 고통의 경험
   - 외상 사건을 상징하거나 그와 유사한 내적 또는 외적 단서에 대한 심각한 생리적 반응

3. 외상 사건과 관련된 자극 회피가 다음 중 1가지 이상의 방식으로 지속적으로 나타난다. 이러한 변화는 외상 사건이 일어난 후에 시작된다.
   - 외상 사건과 밀접히 관련된 고통스러운 기억, 생각, 감정을 회피하거나 회피하려는 노력
   - 외상 사건과 밀접히 관련된 고통스러운 기억, 생각, 감정을 유발하는 외적인 단서들(사람, 장소, 대화, 활동, 대상, 상황)을 회피하거나 회피하려는 노력

4. 외상 사건에 대한 인지와 감정의 부정적 변화가 다음 중 2가지 이상 나타난다. 이러한 변화는 외상 사건이 일어난 후에 시작되거나 악화될 수 있다.
   − 외상 사건의 중요한 측면을 기억하지 못한다.
   − 자신, 타인, 세상에 대한 과장된 부정적 신념이나 기대를 지속적으로 지닌다.
   − 외상 사건의 원인이나 결과에 대한 왜곡된 인지를 지니며, 이러한 인지로 인해 자신이나 타인을 책망한다.
   − 부정적인 정서 상태(예: 공포, 분노, 죄책감이나 수치심)를 지속적으로 나타낸다.
   − 중요한 활동에 대한 관심이나 참여가 현저하게 감소한다.
   − 다른 사람에 대해서 거리감이나 소외감을 느낀다.
   − 긍정 정서(예: 행복감, 만족, 사랑의 감정)를 지속적으로 느끼지 못한다.

5. 외상 사건과 관련하여 각성과 반응성의 현저한 변화가 다음 중 2가지 이상 나타난다. 이러한 변화는 외상 사건이 일어난 후에 시작되거나 악화될 수 있다.
   − (자극이 없는 상태이거나 사소한 자극에도) 짜증스러운 행동이나 분노 폭발
   − 무모하거나 자기파괴적인 행동
   − 과도한 경계
   − 과도한 놀람 반응
   − 집중의 곤란
   − 수면 장해

6. 위에 제시된(2, 3, 4, 5의 기준을 모두 충족시키는) 장해가 1개월 이상 나타난다.
7. 이러한 장해로 인해서 심각한 고통이 유발되거나 사회적 · 직업적 또는 중요한 기능에 현저한 손상이 나타난다.
8. 이러한 장해는 약물이나 신체적 질병에 의한 것이 아니어야 한다.
9. 위의 진단 기준은 성인, 청소년, 만 6세 이상의 아동에게만 적용한다.

(2) ICD에 기초한 PTSD

ICD(International Classification of Diseases)는 세계보건기구(WHO)에서 발행한 질병 분류 시스템이다. ICD의 최신 버전인 ICD−11(2019)의 PTSD 진단 기준은 다음과 같다.

① 외상 사건 경험: 개인이 생명을 위협하거나 신체적 무결성에 심각한 위협을

초래할 수 있는 하나 이상의 사건을 직접 경험하거나 목격했음.

② 재경험 증상: 외상적 사건을 반복적으로 불쾌하게 회상하거나 재경험하는 증상. 이는 종종 불쾌한 회상, 악몽 또는 플래시백 형태로 나타남.

③ 회피 증상: 외상 사건과 관련된 생각, 기억, 활동, 장소, 사람들에 대한 지속적인 회피.

④ 위협에 대한 지각적 감도 증가: 외상 사건 이후 지속적으로 강화된 경계 상태 또는 민감성. 외상과 관련된 자극에 대한 과민 반응을 말함.

⑤ 기능적 손상: 이러한 증상들로 인해 사회적·직업적, 기타 중요한 기능 영역에서 상당한 장애가 발생함.

ICD−11의 PTSD 진단 기준은 DSM−5−TR와 비교하여 좀 더 간소화된 접근을 제공한다. 예로, ICD−11에서는 감정의 마비(emotional numbing)나 부정적인 인지 변화(negative alterations in cognition)는 필수적인 진단 요소는 아니다. 이는 PTSD 의 핵심 증상에 집중하고, 진단의 명확성을 높이고 내담자의 상태를 더 빠르고 정확하게 평가하며 국제적으로 적용하기 쉽도록 만들기 위함인데, 실제로 한국 주재 외국계 기업을 지원하는 해외 의료보험회사에서는 ICD 진단 코드를 요구하는 경우가 많다. 증거기반 실무(Evidence-based practice)에 더 유용한 진단체계라 할 수 있다.

3) 복합 외상

주디스 허먼(Judith Herman)은 1992년에 복합 외상(Post-Traumatic Stress Disorder: Complex PTSD)이라는 개념을 도입하면서, 성폭행 피해자들이 경험하는 외상 반응을 단일 장애의 범주로 분류하기보다는 연속적인 상태로 이해하는 것이 더 적합하다고 제안했다. 복합 PTSD는 특히 Type II 외상 사건과 같이 장기간에 걸쳐 반복적으로 발생하고 친밀관계 및 애착 관계에서 경험된 외상을 포함한다. DSM−5−TR에서는 복합 외상을 독립된 진단으로 명시하지 않는 반면, ICD−11에서는 복합 외상을 PTSD와 별개의 진단 범주로 구분한다.

ICD-11의 복합 외상 진단

6B41 Complex post traumatic stress disorder

복합 외상 후 스트레스 장애(복합 PTSD)는 극도로 위협적이거나 끔찍한 사건(들), 예를 들어, 고문, 노예, 대량 학살, 장기간의 가정 폭력, 반복적인 아동기 성학대/신체적 학대처럼 일반적으로 탈출이 어렵거나 불가능하다고 여겨지는 사건에 장기간 또는 반복적으로 노출된 후 발생할 수 있는 장애이다. 복합 외상 진단을 위해서, 외상 후 스트레스 장애의 모든 진단 요건이 충족되어야 한다.

여기에 더해, ① 정동 조절 문제, ② 외상 사건과 관련된 수치심, 죄책감 또는 실패감과 함께 자신을 축소, 패배 또는 무가치하다고 믿는 것, ③ 타인과 친밀감을 느끼고 관계 유지하는 데 어려움을 심각하고 지속적으로 경험하는 것이 필요하다. 이러한 증상은 개인, 가족, 사회, 교육, 직업 또는 기타 중요한 기능 영역에서 심각한 장애를 유발한다.

복합 외상을 겪은 사람은 특히 무기력감(helplessness), 무능감(powerlessness), 통제 상실감과 같은 만성적인 증상을 보이며, '나는 예전의 내가 아니다'라는 심각한 자기 인식의 변화를 경험한다. 사회적 격리와 소외감은 이들이 일상생활에서 겪는 주요 문제 중 하나이다.

또한, 중독이나 성격장애와 같은 공병률도 높다. 예로, 많은 연구가 경계선 성격장애와 아동기 학대 사이의 연관성을 증명해 왔다. 아동기 학대를 어린 시절에 겪었을수록, 학대의 내용이 심각할수록, 성인기에 경계선 성격장애로 발달할 가능성이 높다. 이는 아동기 학대가 정서적 불안정성, 대인관계의 불안정성, 그리고 자기 이미지의 왜곡을 초래하여 경계선 성격장애 발달에 기여할 수 있음을 시사한다.

나아가 정서 조절 기능의 손실, 자기파괴적이거나 충동적인 행동, 해리 증상, 섭식장애, 다양한 신체화 증상을 호소하는 경우가 많다. 복합 외상 증상으로 인한 일상생활 장애는 무능력, 부끄러움, 좌절 또는 절망의 감정을 증폭시켜, 회복을 더 묘연하게 만든다.

복합 외상자는 자신이 영구적으로 손상되었다는 깊은 감정적 고통을 경험한다. 이는 일생 동안 지속되는 심리적 상처로 나타나며, 자신이 가지고 있던 신념과 세계관에 대한 신뢰의 소실로 이어진다. 감정적 손상은 적개심, 사회생활에 대한 거부감, 지속적인 위협의 감정 등 다양한 형태로 발현된다. 이러한 심리적 부담은 타인과의 관계를 복잡하게 만들고, 개인의 성격 특성까지 변화시키는 경우가 많다.

심리적으로 불안정한 상태에서 작은 실수나 실망을 겪을 때, 복합 외상 생존자는 타인의 역할을 급작스럽게 재평가하게 된다. 이는 상호작용 중 소통의 실패나 오해가 발생했을 때 과민 반응을 보이는 것으로 나타나며, 이로 인해 상대방에 대한 신뢰가 쉽게 깨지게 된다. 결과적으로, 복합 외상 생존자는 타인을 신뢰하는 데 필요한 시간을 갖지 못하고, 끊임없이 타인의 진정성을 시험한다. 대부분의 사람들은 복합 외상 생존자가 가진 가혹한 시험을 통과하지 못하고, 결국 외상 생존자는 관계를 회피하게 되어 고립된다.

이러한 고립은 외부 상황이 바뀐 후에도, 복합 외상 내담자의 삶에 깊은 영향을 미친다. 이 고립은 단지 사회적 상호 작용을 피하는 것에 그치지 않고, 자기 자신과의 관계에도 영향을 준다. 생존자는 종종 자신의 내부 세계에서도 안정된 자아상을 유지하기 어려워, 자기 자신에 대한 인식조차 변화하게 된다.

4) PTSD와 CPTSD의 증상

PTSD와 CPTSD는 외상 후 나타나는 병리적 반응(symptoms)으로, 외상 사건이 개인의 뇌, 신체 및 마음에 미치는 영향에 기인한다. DSM-5-TR와 주디스 허먼의 제안에 따라 각각의 증상체계를 구분하여 설명하고자 한다.

⑴ 침습
PTSD의 핵심 진단 준거는 '침습적(intrusive)' 사고로, 이는 외상 사건의 강제적인 재경험(re-experiencing)을 통해 나타난다. 카디너(Abram Kardiner)는 침습을 '외상에의 고착(fixation on the trauma)'이라 했다. 침습 증상은 플래시백(Flashback), 강렬한 일상 방해적인 회상 등의 형태로 발생하며, 특정 이미지, 냄새, 소리 또는 감정 등에 의해 촉발된다. 이러한 촉발제들(trigger)은 종종 숨겨져 있어 안전하다고 여겨지는 환경에서조차 불안과 긴장을 증가시킨다. 지나간 외상 사건은 현재 일어나고 있는 것처럼 느끼거나 행동하며, 이것이 끊임없이 일상에서 반복된다. 낮시간 동안 긴장과 억제된 불안은 악몽의 형태로 나타나서, 수면의 질과 나아가 삶의 질을 심각하게 떨어뜨린다. 증상은 또한 신체적으로 편도체와 교감신경계의 활성화를 초래하여 생리적 반응(예: 몸이 떨리거나 호흡의 어려움)을 유발하며, 비현실감이나 이인화 느낌이나 마비(numbing) 현상을 경험할 수 있다.

반복적 회상은 외상의 한 장면, 감각, 생각 등의 형태로 나타난다. 때로 복합 외상 생존자는 위험에 직면해야 했던 상황의 결과를 바꾸고 싶은 환상을 품고 외상의 순간을 재연(reenactment)하기도 한다. 재연은 의식적으로 선택한 행동일지라도 의지와는 무관한 듯 보이며, 강제적 특성이 존재한다. 프로이트는 외상 경험의 이러한 반복적인 침투를 일컬어 '반복 강박(repetition compulsion)'이라고 하였다. 정신분석학자인 폴 러셀(Paul C. Russell)은 외상의 인지적 경험보다는 정서적 경험이 반복 강박의 추동력이라고 설명한다. 그는 반복 강박이 외상 순간의 압도적인 느낌을 다시 체험하고 통제감을 유지하는 시나리오를 다시 써보고자는 시도라고 설명한다.

(2) 회피

회피(Avoidance)는 외상 후 스트레스 장애(PTSD)의 중요한 진단 준거 중 하나로, 외상 기억 자체가 고통으로 조건화되어 처리되기 때문에 발생한다. 외상 생존자들은 종종 트라우마를 촉발할 수 있는 단서나 상황을 의도적으로 또는 무의식적으로 피하려 한다. 이러한 회피는 대부분 무의식적으로 이루어지며, 외상 기억을 촉발할 수 있는 상황에서 관련된 생각, 감정, 신체감각을 회피하게 된다. 이는 해리(dissociation) 경험을 유발할 수 있으며, 사건의 중요 부분을 기억하지 못하거나, 타인들과 동떨어진 느낌을 경험하거나, 사랑이나 행복과 같은 긍정적인 감정을 느끼지 못하는 현상으로 나타난다.

조지 오웰(George Orwell)은 이러한 현상을 '이중사고(doublethink)'라고 정의했으며, 이는 외상 생존자가 자신의 심리적 안정을 유지하기 위해 자신의 실제 경험과 감정을 동시에 인정하면서도 부정하는 심리적 방어 메커니즘을 말한다. 회피 증상의 결과로 외상 생존자는 주요 활동에 대한 흥미나 참여가 감소하며, 전반적으로 무감각한 일상생활을 이어가게 된다. 이러한 회피 행동은 더 심각한 공존병리로 발전할 수 있으며, 현실 도피와 자극 추구의 한 형태로 물질 중독/행위 중독 등이 포함된다.

(3) 인지와 기분의 부정적 변화(Negative Changes in cognition and mood)

외상 후 스트레스 장애(PTSD)에서 나타나는 인지와 기분의 부정적 변화는 자신을 안전하게 지키고 있었다고 믿었던 자기/타인/세상에 대한 기본적인 신념의 붕괴로 인해 초래된다. 인간은 인지 부조화(cognitive dissonance)로 인한 심리적 긴장감에 고통과 불편을 느낀다. 따라서 자신이 현재 가지고 있던 지식체계가 설명하지 못하는 외상 사건/외상 후 현상을 이해하려는 인지적 노력이 자신/타인/세상을 향한 비난과 병리적 증상으로 변질될 수 있다. 불신과 부정적 인식/정서로 탈바꿈되면서 자기대화(self talk)와 자동적 사고의 형태로 일상을 지배하게 된다.

① 자신에 대한 부정적 인식

PTSD 내담자는 자신이 더 이상 안전하지 않으며, 자신의 미래에 대해 극도로 비관적인 시각을 갖게 된다. 이는 "나는 괜찮지 않아", "나쁜 일은 계속 일어날 거야", "난 분명 죄를 지었을 거야"와 같은 자기대화 형태로 나타나며, 자신의 삶에 대한 통제력 상실감을 느끼게 한다. 이러한 생각들은 자신에 대한 자존감을 저하시키고, 자기파괴적인 행동으로 이어질 수 있다.

② 타인에 대한 부정적 인식

PTSD 내담자는 타인을 신뢰하지 못하게 되며, "세상에 믿을 사람이 아무도 없어", "누구도 나를 이해하지 못해. 이런 일을 겪어보지 않았는데, 네가 어떻게 나를 이해해. 너는 나를 절대 몰라."와 같은 생각을 하게 된다. 이러한 인식은 사회적 고립을 촉진하고, 타인과의 건강한 관계 형성을 방해한다.

③ 세상에 대한 부정적 인식

PTSD 내담자는 세상을 불공평하고 위험하며 통제할 수 없는 곳으로 인식하게 된다. "세상은 불공평해", "세상은 위험해", "신은 존재하지 않아"와 같은 생각들은 자신이 경험한 외상과 연결되어, 외부 세계에 대한 근본적인 불신과 냉소주의를 낳는다.

④ 기분

외상 후 스트레스 장애(PTSD)에서 기분과 감정의 변화는 신체적 감각 정보의 처리 방식에 깊은 영향을 받는다. 외상 생존자들은 종종 고통스러운 외상 기억이 촉발될 가능성을 회피하기 위해, 신체에서 발생하는 감각 정보를 누락하거나 이를 적절히 활용하지 못하는 신경생리학적 방식이 고착된다. 이러한 과정은 외상 생존자들이 일상 활동에 대한 흥미와 참여를 감소시키며, 대인관계에 대한 무관심과 거리감을 증가시킨다. 더 나아가, 긍정적인 정서들(예: 행복, 사랑, 만족감)에 대한 둔감화가 진행되고, 부적 정서들(예: 죄책감, 수치심, 분노, 두려움, 공포)은 역조건화될 기회가 감소함에 따라 점점 더 고착화(fixation)되고 자동적 반응화가 가속화된다.

외상 생존자들 중 특히 학대를 받은 이들은 사건을 바로잡거나 복수하는 상상을 반복하는 것이 일반적이다. 하지만, 이런 에피소드 때문에 자신에 대한 수치감이나 죄책감이 심화되고, 이는 다시 분노 조절 실패로 이어지게 된다. 이는 단순히 갈등 해결 기술, 언어적 기술, 사회적 기술의 부족이 원인일 수 있지만, 분노 조절의 실패는 외상 생존자 자신이 '악(bad)하다'는 신념을 강화하는 자기비난의 증거로 활용된다. 이러한 자기비난은 정서 조절 실패를 더욱 악화시키며, 역기능적 순환을 반복하게 만든다.

외상 생존자들은 짜증이나 분노와 같은 정서 조절의 어려움을 겪으며, 이러한 부적 정서는 소리와 같은 촉발제에 의해 쉽게 활성화될 수 있다. 쉽게 짜증을 내거나 화를 내는 것에서부터 소리 지르기, 신체적 폭력 행사, 물건 던지기 등의 충동적 행동으로 이어질 수 있다. 이러한 행동은 외상 경험자의 일상생활뿐만 아니라 그들의 사회적 관계에도 심각한 영향을 미친다.

(4) 과각성

과각성(Hyper-arousal)은 외상 생존자들이 잠재적인 위험에 대비하여 지속적으로 높은 경계 상태를 유지하는 것을 말한다. 이러한 상태는 외상 사건이 언제든 재발할 수 있다는 두려움에서 비롯되며, 내담자들은 생존을 위해 자신을 지속적으로 보호하려는 행동을 보이게 된다.

① 과도한 경계

외상 생존자들은 '늘 망보고 있는' 상태, 즉 과도한 경계(hyper-vigilance)를 통해 언제 어디서든 위험을 감지하여 절박하게 침습과 재경험을 피하고자 한다. 과도한 경계는 일상생활을 지배하며, 항상 외상의 끝난 과거(aftermath)가 아니라 언제나 외상 중(in the math) 현재라고 느끼며, 세상은 더 이상 안전한 장소나 안전한 시간은 존재하지 않는다고 인식한다.

② 강박적 행동

이러한 지속적인 불안감은 친밀한 관계에서의 과도한 보호나 통제 행위로 이어질 수 있다. 예를 들어, 외상 생존자는 매일 외출 전에 가스 밸브 확인과 문단속을 20번씩 정해진 방식에 따라 의식처럼 반복하는 등의 강박적 확인 의식(checking rituals)을 개발할 수 있다. 이러한 행동은 심리적 안정을 찾기 위한 시도이지만, 일상생활에 큰 부담을 주고 정상적인 사회적 기능을 저해한다.

③ 과도한 놀람 반응

과도한 경계 상태는 또한 예기치 않은 소리, 등장, 혹은 신체적 접촉에 대한 반응을 과민하게 만든다. 이로 인해 외상 생존자는 소음이나 갑작스러운 움직임에도 크게 놀라는 등의 과도한 반응을 보일 수 있다.

④ 수면 장애

낮시간 동안의 과도한 경계는 호르몬 분비 증가와 연결되어 수면 문제를 초래한다. 높은 스트레스 수준은 쉽게 잠들지 못하게 하거나 밤중에 자주 깨어나는 수면 장애를 유발할 수 있다. 잠들기 위해서, 종종 술 등의 물질을 활용하는데, 이것이 중독장애로 연결되기도 한다.

(5) 주의 집중 및 기억의 문제

침습 기억과 지속적인 과도한 경계(hyper-vigilance)는 개인의 에너지를 대량 소모하며, 이로 인해 생산적인 일상 활동을 수행하는 데 필요한 정신적·신체적 여력이 크게 감소한다. 지속적인 불안과 긴장으로 인해 주의력이 분산되면, 정보를 처리하고 기억하는 데 필요한 집중력을 저하시키며, 이는 학업 성적 감소나 직장에서의 생산성 저하로 이어진다. 또한, 대인관계에서의 어려움도 빈번하게 발생하며, 이는 사회적 상호작용에서의 의사소통 장애와 오해의 증가로 이어질 수 있다.

아동의 경우, 이러한 증상은 때때로 주의력 결핍/과잉행동장애(ADHD)로 오인될 수 있다. 아동이 학교에서 집중을 하지 못하거나 충동적인 행동을 보일 때, 이는 외상 경험으로 인한 스트레스 반응의 일환일 수 있으며, ADHD와 유사한 양상을 보일 수 있다.

(6) 자기파괴적 행동

자기파괴적 행동은 외상의 강렬한 재경험과 그로 인한 정서적 고통을 피하려는 시도에서 비롯된다. 외상 생존자들은 재경험의 회피를 일상의 주된 목적으로 삼게 되며, 이러한 과정에서 삶의 공간이 점차 축소되고 대인관계도 감소한다. 이는 삶에 대한 자포자기, 좌절감, 절망감을 유발하며, 이러한 감정은 극단적인 자기파괴적 행동으로 이어질 수 있다. 이 경우, 경계선 성격장애로 진단받을 수 있다.

삶에 대한 자포자기/좌절감과 무망감은 자살/자해와 같은 자기파괴적 행동이나 폭력적 친밀 관계로부터의 탈출을 좌절시키고, 청소년들에게는 쉽게 일탈 행동을 선택하게 한다.

외상으로 인한 고통이나 무감각을 해소하기 위해, 임시적으로 선택한 비자살적 자해(non-suicidal self-harm)나 접근성이 높은 게임 등에 중독적으로 빠져들 수도 있다. 외상 생존자들은 쾌락이 아니라 생존(자기보존 방식)을 위해, 자기파괴적 대응책을 쓰나 장기적으로는 결국 자신을 파괴한다는 것을 인지하면서도 이를 끊어 내지 못하는 자신에게 혐오감 등 부적 정서를 가지게 된다. 이는 또다시 자기파괴적 행동을 찾게 하여, 악순환이 지속된다. 결과적으로, 외상 생존자는 사회적 관계를 회피하게 되고, 이는 그들의 고립을 더욱 심화시키는 요인이 된다.

(7) 해리적 경험

해리(Dissociation)는 외상 후 스트레스 장애(PTSD)에서 자주 관찰되는 복잡한 심리적 방어 기제이다. 이는 외상적 경험에 대응하기 위해 개인의 의식이 분리되어 자신이나 주변 환경에 대한 인식이 왜곡되는 현상을 말한다. 복합외상의 경우, 해리성 정체감 장애로 진단될 수도 있다.

지그문트 프로이트는 아동기 성학대 경험의 위장된 표현을 히스테리아 증상이라고 명명하고, 이는 외상 경험의 재현이나 억압된 기억의 표현으로 나타난다고 설명했다. 피에르 자네(Pierre Janet)는 해리 현상을 외상에 대한 정상적인 방어 과정으로 보았다. 해리란 '정신적인 떠남(going away)'이라고 묘사하면서, 심리적 고통으로부터 자신을 보호하기 위한 의식의 분리 현상으로 해석했다.

해리와 연관된 얼어붙음(freeze) 반응은 스트레스나 위험 상황에서 보이는 일종의 생리적 및 심리적 반응이다. 싸움-도피 반응이 외부 위협에 직접적으로 대응하는 데 비해, 얼어붙음 반응은 자신을 위험으로부터 보호하기 위한 일시적인 회피 기제로 작동한다. 이 반응은 특히 극도의 스트레스 또는 외상 상황에서 개인이 느끼는 고통과 위험을 최소화하기 위해 자동적으로 발동된다.

심리적으로 얼어붙음 반응은 해리의 한 형태로 간주되는데, 위험 상황에서 개인은 자신의 감정적·신체적 존재를 일시적으로 '끄는' 방식으로 반응하기 때문이다. 이는 외상적 사건으로부터의 심리적 거리를 만들어 정신적 충격과 트라우마를 최소화하려는 것이다.

외상 사건의 강도/반복 유무/나이 등이 해리의 증상체계에 영향을 미친다. 어린 나이에 외상을 겪을수록, 해리가 발생될 확률이 높다. 학대를 받지만 동시에 생존을 간절히 원하는 아이는 다양한 심리적 방어에 의존하면서, 양분된 세계를 살아간다. 해리라는 자기방어 기제는 자신에게 벌어지는 학대를 부정, 축소, 합리화, 주지화하는 데 유용하며, 견딜 수 없는 현실을 버텨내는 힘이 된다. 그 결과, 아이는 정신을 변형, 분열시키는 해리성 심리장애를 발달시키게 된다.

PTSD 진단체계에서는 해리적 특성을 가진 2가지 증상이 포함되어 있는데, 이인화(depersonalization)와 비현실감(derealizaiton)이다.

이인화는 마치 몸과 마음이 분리된 느낌을 말한다. 꿈 속 같고 자기 몸이 비현실적으로 느껴지고 시간이 천천히 흘러가는 듯한 느낌을 받는다. 비현실감은 나를 둘러싼 것들이 비현실적으로 느껴지는 것을 말한다. 환경이 비현실적이거나 꿈같이 느껴지며 감각이나 거리감이 왜곡되게 느껴진다.

외상 사건의 구체적 사실을 논리적으로 연결감 있게 기억하는 것이 어려울 수 있다. 심한 경우, 해리성 기억상실(dissociative amnesia)로 발전될 수도 있다. 해리적 특성을 가진 기억상실증에는 '해리성 기억상실'과 '해리성 둔주(fugue)'가 있다. 해리성 기억상실은 이미 기억에 저장되어 있는 중요한 정보를 갑자기 회상하지 못하는 장애이다. 대개 스트레스가 심했거나 상처가 컸던 사건을 망각한다. 치매와 달리 일반적 지식은 잘 유지되고 있어 생활에 지장은 없으나, 갑자기 발병하고 주로 급격히 회복하는 특징이 있다. 해리성 둔주는 개인이 자신의 정체성을 잃고 장소를 떠나 새로운 정체성을 가지고 살아가는 극단적인 형태의 해리 현상을 일컫는다.

(8) 공존병리

공존병리(Co-morbidity)는 개인이 두 가지 이상의 정신건강장애를 동시에 경험하는 현상을 말한다. 아동기 학대가 성인기의 정신건강에 미치는 영향은 다양한 연구에서 다루어져 왔다. 특히, 특정 정신건강장애와의 연관성은 더욱 뚜렷하게 나타난다.

① 알코올 중독: 아동기 학대를 경험한 사람들 중 52%가 알코올 중독을 겪고 있으며, 특히 남성의 비율이 높다. 이는 학대 경험이 남성들에게 알코올 의존의 위험성을 높인다는 것을 시사한다.

② 약물 중독: 약물 중독은 학대 생존자들 중 30%에서 보고되었다. 이는 알코올뿐만 아니라 다른 물질 사용에 대한 의존성도 높다는 것을 보여 준다.

③ 인터넷 중독: 아동기 학대와 인터넷 중독의 연관성에 대한 구체적인 연구 결과는 명시되지 않았지만, 정서적 회피와 대처 메커니즘으로 인터넷 사용이 과도하게 이용될 가능성이 제시되었다.

④ 사회불안장애: 아동기 학대를 경험한 사람들 중 28%가 사회불안장애를 겪고 있으며, 이는 학대 경험이 타인과의 관계 형성 및 유지에 있어 불안과 두려움을 증대시킨다는 것을 의미한다.

⑤ 우울증: 학대 생존자들 중 50%가 우울증을 경험하며, 특히 여성의 비율이 높다. 이는 여성들이 학대 경험 이후 정서적 고통을 더 심하게 겪는 경향이 있음을 나타낸다.

⑥ 경계선 성격장애: 많은 연구가 경계선 성격장애와 아동기 학대 사이의 연관성을 증명해 왔다. 아동기 학대를 어린 시절에 겪었을수록, 기간이 길수록, 학대의 내용이 심각할수록, 성인기에 경계선 성격장애를 발달할 가능성이 높다. 이는 아동기 학대가 정서적 불안정성, 대인관계의 불안정성, 자기 이미지의 왜곡을 초래하여 경계선 성격장애 발달에 기여할 수 있음을 시사한다.

지속된 속박은 모든 종류의 인간관계를 방해하며 외상의 변증법을 증폭시킨다. 생존자는 강렬한 애착과 겁에 질린 회피의 양극단 사이에서 동요한다.

그녀는 구조자로 보이는 사람에게 절박하게 매달리고, 가해자나 공범자로 짐작되는 사람에게서는 갑작스럽게 도망치고, 동맹자로 보이는 이에게는 헌신적인 태도를 보이고, 무관심한 방관자로 보이는 이에게는 분노와 경멸을 드러낸다.

-『트라우마: 가정 폭력에서 정치적 테러까지』(1997)에서 발췌 -

아동기 학대를 겪은 성인 여성과 남성이 각각 다른 정신건강 문제를 경험하는 경향이 있다. 성인 여성에서는 주로 우울증과 알코올 중독 진단이 많이 보고된다. 아동기 학대 경험은 여성에게 깊은 정서적 · 심리적 상처를 남기며, 이는 우울증 발병률을 높이는 주된 요인 중 하나이다. 또한, 이러한 정서적 고통을 완화하고자 알코올에 의존하게 되는 경향이 자주 관찰된다. 알코올은 단기적으로 감정을 마비시키고 문제로부터의 일시적 탈출을 제공하지만, 장기적으로는 더 많은 정신적, 건강상의 문제를 유발하게 된다.

남성에서는 알코올 중독과 폭력성 관련 장애가 빈번히 진단된다. 아동기 학대는 특히 남성에게 정서적 억압과 분노의 감정을 일으킬 수 있으며, 이러한 감정은 종종 알코올 의존으로 이어진다. 알코올은 감정 조절 실패를 촉진시키며, 이는 폭력적 행동으로 이어질 수 있다. 이런 행동 패턴은 남성이 겪는 학대의 후유증을 대인관계와 사회적 상호작용에 반영하며, 이는 다시 폭력성을 증폭시킬 수 있다.

클로아트르, 미란다, 스토벌-매클러프 및 한(Cloitre, Miranda, Stovall-McClough, & Han, 2005)의 연구는 아동기 학대 생존자들이 성인기에 겪는 다양한 심리적 문제들에 대한 체계적인 조사를 실시하였다. 연구 참여자 98명(N = 98)은 대인관계 문제, PTSD, 정서 조절 문제의 순으로 보고하였으며, 이는 외상 생존자가 상담센터를 방문할 때 PTSD가 주 호소문제가 아닐 수 있다는 것을 함의한다. PTSD 핵심 증상뿐만 아니라, 대인관계와 정서 조절로 더 고통받을 수 있다는 시각을 제공한다.

(9) 그 외

① 섭식장애

아동기 학대는 종종 성인기의 섭식장애와 연결된다. 폭식증이나 신경성 식욕 부진과 같은 섭식장애는 스트레스와 정서적 고통을 섭식 행위로 해결하려는 시도에서 발생한다. 섭식장애는 종종 강박적인 식사 행동과 자기 몸에 대한 왜곡된 인식을 수반하며, 이는 정신적 스트레스를 증가시키고 다른 정신건강 문제로 이어질 수 있다.

② 무기력과 좌절감

지속적인 학대 경험은 개인에게 만성적인 무기력감과 좌절감을 안겨 준다. 이러한 감정은 자신의 능력을 저하시키고, 목표 달성 능력에 대한 의구심을 키운다. 결과적으로 전반적인 삶의 질이 저하되며, 이는 학업, 직장, 사회생활 등 다양한 영역에서의 기능 저하로 나타난다. 무기력감과 좌절은 개인이 자신의 능력을 발휘하고 긍정적인 생활을 영위하는 데 필수적인 자기효능감을 손상시킬 수 있다.

③ 역기능적 대인관계

아동기 학대는 성인기에서의 건강한 대인관계 형성을 방해한다. 가정, 학교, 직장 등에서 역기능적 관계가 발생할 수 있는데, 이는 학대 경험으로 인한 신뢰 부족, 과도한 경계심, 감정적 불안정 등으로 인해 발생한다. 역기능적 대인관계는 학대받은 개인이 타인과 긍정적이고 의미 있는 관계를 형성하는 데 필요한 사회적 기술과 자신감을 개발하는 것을 어렵게 만든다. 이로 인해, 직장이나 사회생활에서의 효과적인 참여를 방해하며, 개인의 사회적 네트워크와 지원 시스템 구축에 부정적인 영향을 미친다. 궁극적으로 사회적 고립을 증가시키고, 이는 정서적 고통과 심리적 문제를 심화시킬 수 있다.

④ 신체적 영향

아동기 학대는 단순히 정신적인 영향을 넘어서 심각한 신체적 영향을 미치기도 한다. 연구들은 신체화 장애, 자가면역 질환의 발병, 수명 단축과 같은 결과들을 연관 지어 보고한다. 첫째, 학대 경험은 종종 신체질환으로 나타날 수 있다. 스트레스 호르몬의 지속적인 과분비는 심혈관계에 부담을 주어 고혈압, 중풍, 뇌질환 등 다양한 신체 질환의 위험을 증가시킬 수 있다. 둘째, 만성적인 스트레스와 신체의 지속적인 염증 반응은 면역계의 기능장애와 관련될 수 있다. 이는 신체가 자신의 조직을 공격하는 자가면역 반응을 촉발할 수 있으며, 결과적으로 류마티스 관절염, 루푸스와 같은 자가면역 질환을 발병하게 할 수 있다. 셋째, 지속적인 스트레스와 학대 경험으로 인한 정신적·신체적 건강 문제는 결국 수명을 단축시킬 수 있다. 스트레스 관련 신체 장애와 정신건강 문제는 전반적인 건강 상태를 악화시켜, 다양한 질병의 발병 위험을 증가시키고, 결과적으로 기대 수명을 감소시킨다.

5) PTSD의 발생 취약성

외상 후 스트레스 장애(PTSD)의 발생 취약성은 다양한 요인들에 의해 결정되며, 이는 사건의 특성뿐만 아니라 개인적·사회적 요소들을 포함한다. 사건의 특성을 먼저 살펴보면, 외상 사건의 충격 정도가 클수록(심각성), 외상이 반복적으로 또는 장기간 발생하는 경우(반복성/지속성), 외상 사건이 개인에게 물리적으로 근접하여 발생한 경우(물리적 근접성), 그 영향은 더욱 강하게 나타납니다.

두 번째, 개인적 특성을 보면, 개인이 사건에서 직접적인 피해를 겪었을 때, 외상 당시 경험한 감정적 반응의 강도가 높을수록, 외상 경험 중 느낀 통제감의 결여감이 높을수록 PTSD 발병 위험이 높아진다. 연구에 따르면, 여성은 남성보다 PTSD에 더 취약하며, 어린 나이에 외상을 경험한 경우, 이전에 충격적인 사건을 경험한 이력이 있는 경우, 본인 또는 가족의 정신건강 문제 이력이 있는 경우, PTSD 발병률이 증가한다.

　세 번째, 사회적 특성의 측면에서, 외상 후 충분한 지지와 도움을 받지 못한 경우, 가족이나 친구로부터의 충분한 지지가 부족한 경우, 일상에서 받는 지속적인 스트레스가 많을수록, 낮은 교육 수준의 경우, PTSD 발병 위험이 증가한다.

4. 중독의 진단체계

1) DSM-5-TR(정신질환의 진단 및 통계 편람-제5판)

　DSM-5-TR는 물질 관련 장애(Substance-related disorders)라는 카테고리 안에 물질 사용 장애(substance use disorders)와 물질 유도성 장애(substance induced disorders)를 포함하여 약물 사용과 관련된 다양한 정신적·행동적 문제를 정의한다.

(1) 물질 사용 장애

　물질 사용 장애는 특정 물질(예: 알코올, 마약, 니코틴 등)을 반복적으로 사용하면서 그로 인해 개인의 일상생활이나 사회적·직업적 기능에 문제가 생기는 경우를 말한다. DSM-5-TR는 물질 사용 장애를 경증, 중등도, 중증으로 나누며, 사용 빈도, 강도, 결과에 따라 진단 기준을 세우고 있다.

(2) 물질 유도성 장애

　물질 유도성 장애는 물질을 사용한 결과로 나타나는 다양한 정신적·신체적 문제를 말한다. 여기에는 물질 중독(Intoxication)과 물질 금단(Withdrawal)이 포함된다.

　물질 중독은 약물 사용 후 신체적·심리적 상태가 비정상적으로 변화하는 상태를 말한다. 예를 들어, 술에 취했을 때 나타나는 인지 및 행동의 변화가 이에 해당한다. 클럽에서 타인이 몰래 준 마약에 취해서 응급실에 실려 갔을 때, 물질 중독 진단을 받을 수 있다. 물질 금단은 물질 사용을 중단했을 때 나타나는 다양한 신체적·심리적 증상이다. 예를 들어, 알코올 금단은 불안, 떨림, 발작 등을 유발할 수 있다.

DSM-5-TR는 이러한 장애들이 중독 상태뿐만 아니라, 물질 사용을 멈춘 후에도 오랫동안 지속될 수 있다고 설명한다. 이는 중독이나 금단 상태에서 발생한 뇌의 변화가 영구적일 수 있거나, 회복까지 오랜 시간이 걸릴 수 있기 때문이다. 또한, 금단이 끝난 이후에도 그 물질에 대한 심리적 의존이나 갈망이 계속 남아 있을 수 있다. 따라서 DSM-5-TR는 물질 관련 장애를 단순히 물질을 사용하는 동안에만 나타나는 문제가 아니라, 금단 후에도 지속적으로 영향을 미칠 수 있는 만성적이고 복합적인 문제로 보고 있다.

(3) 도박 장애

DSM-5-TR에서 행위중독으로 분류된 유일한 진단 범주이다. 도박 장애(Gambling Disorder)는 DSM-5-TR에서 중독 관련 중독장애(Substance-Related and Addictive Disorders) 범주 아래에서 위치하며, 물질 사용 장애와 유사한 기준을 사용한다: 도박에 몰두함, 만족을 위해 더 큰 돈을 걸어야 하는 상황, 도박을 줄이거나 멈추려는 반복적인 시도가 실패함, 도박을 줄이거나 중단할 때 불안하거나 초조해짐, 문제를 해소하기 위해 도박을 함(불안, 죄책감 등에서 벗어나기 위해 도박을 시도), 도박으로 인해 인간관계, 직업 또는 교육 기회에 부정적인 영향을 받음, 도박에서 손실을 본 후 잃은 돈을 되찾기 위해 다시 도박을 시도함(이른바 '따기 위해'), 도박 문제를 감추기 위해 거짓말을 함, 도박으로 인해 재정적 문제를 해결하기 위해 다른 사람에게 의존함. 위의 증상들 중 최소 4가지 이상이 12개월 이상 지속되는 경우 도박 장애로 진단한다.

DSM-5-TR에서는 도박 장애 외의 행위 중독에 대해 명확한 진단 기준이 없다. 다만 인터넷 게임 장애(internet gaming disorder)는 추가 연구가 필요한 진단(condition for further study)으로 포함되어 있다. 그 외의 행위 중독[예: 쇼핑 중독, 음식 중독(food addiction) 등]은 DSM-5-TR에서 공식적으로 다루지 않으며, 주로 물질 사용 장애와 관련된 진단 기준이 주요하다.

2) ICD-11(국제질병분류-제11판)

ICD-11은 세계보건기구(WHO)가 개발한 국제 표준 진단체계로, 중독과 관련
된 진단 역시 포함되어 있다. ICD-11은 물질 사용 장애와 행위 중독으로 중독을
다루며, 특히 DSM-5-TR와 비교해 행동 중독에 대한 정의와 진단 기준이 발전한
것이 특징이다. ICD-11에서 중독 진단체계는 물질과 관련된 중독 및 특정 행동
과 관련된 중독을 두 가지 주요 범주로 나눈다.

(1) 물질 사용 장애

ICD-11은 다양한 물질(약물)에 대한 사용 장애를 포괄하며, 이는 다음과 같은
물질군으로 구분된다: 알코올, 오피오이드, 카나비노이드(대마), 코카인, 암페타
민류 및 기타 자극제, 니코틴, 진정제/수면제, 휘발성 물질.

물질 사용 장애(Substance Use Disorders)는 다음과 같은 3가지 핵심 기준에 따라
진단한다: 물질 사용에 대한 강한 욕구, 사용 조절의 실패, 해로운 결과에도 불구
하고 사용 지속.

(2) 행위 중독

ICD-11에서는 물질과 관계없이 특정 행동에 대한 중독도 명시적으로 다룬다.
가장 대표적인 예는 게임 장애(gaming disorder)이다. 게임장애는 비디오 게임이나
디지털 게임에 대한 중독적인 사용을 말한다. DSM-5와 달리 ICD-11은 게임 중
독을 정식 진단 범주로 포함한다.

게임 장애의 진단 기준은 다음과 같다: 게임에 대한 통제력 상실, 게임에 대한
우선순위가 다른 생활 활동보다 높아짐, 부정적 결과가 나타나도 지속적으로 게
임을 하는 경우.

5. PTSD와 중독의 공통 신경생리체계

PTSD와 중독의 공통 신경생리체계를 정리하자면, 신경계, 호르몬 변화, 뇌 구조 및 신경 반응이 복잡하게 상호작용하여 나타난다. PTSD와 중독 현상은 신체의 스트레스 반응과 관련된 핵심 구조들이 밀접하게 연관되어 있으며, 다음과 같은 요소들을 통해 설명할 수 있다.

1) 뉴런과 신경계

PTSD와 중독은 모두 뉴런의 기능적 변화에 영향을 미친다. PTSD는 외상 기억을 처리하는 뉴런 네트워크에 변화를 일으키고, 중독은 보상 회로에 영향을 미쳐 도파민 분비를 조절하는 신경 전달 경로를 왜곡시킨다.

2) 부교감신경계(PNS)와 교감신경계(SNS)

두 장애는 교감신경계(SNS)와 부교감신경계(PNS)의 균형을 깨뜨린다. PTSD 내담자는 교감신경계의 과도한 활성화(싸움-도피 반응)로 인해 과도한 각성과 불안, 공포를 경험한다. 반면, 중독은 부교감신경계의 억제와 교감신경계의 지속적인 활성화를 통해 쾌락을 얻는 방식으로 작동하며, 장기적으로는 스트레스에 대한 민감도가 증가하게 된다.

3) 삼중뇌 이론

PTSD와 중독은 삼중뇌 모델에서 변연계와 뇌간에 주로 영향을 미친다. 변연계는 감정과 기억을 처리하는 중요한 역할을 하며, 해마와 편도체가 주로 관련된다. PTSD는 외상 기억이 해마와 편도체에 비정상적인 방식(즉, 통합되지 않는)으로 저장되면서, 촉발될 때마다 과도하게 활성화된다. 중독 역시 변연계의 도파민 분비와 연관되며, 특히 보상 회로가 활성화된다.

4) 변연계

변연계는 감정과 기억 처리에 핵심적인 역할을 하며, PTSD와 중독에서 둘 다 중요한 역할을 한다. PTSD에서는 외상 기억과 관련된 감정이 처리되지 못하고 변연계에 남아 있는 경우가 많다. 중독에서는 쾌락을 느끼는 도파민 시스템이 이 부분에서 작동하며, 결국 같은 보상에 대한 욕구를 지속적으로 자극하게 된다.

5) 언어중추

PTSD와 중독 모두 언어중추에 영향을 미친다. PTSD 내담자는 외상 기억을 언어로 적절히 표현하지 못하거나 기억을 말로 정리하는 데 어려움을 겪으며, 중독 또한 감정 표현의 어려움과 억제된 상태를 동반할 수 있다.

6) 일반적응증후군(GAS)

일반적응증후군의 이론으로 보면, PTSD와 중독 모두 스트레스에 대한 부적응적 반응으로 이해될 수 있다. PTSD는 외상 후 스트레스가 체계적으로 적응되지 않고 몸에 남아 지속적인 스트레스 반응을 일으킨다. PTSD에서는 경고 반응(alarm reaction stage)이 매우 과도하거나 장기간 지속될 수 있다. 외상 경험이 뇌에 강하게 각인되기 때문에, 작은 자극에도 교감신경계가 반복적으로 과도하게 활성화될 수 있다. 중독에서는, 초기 경고 반응으로 인한 스트레스가 신경계에 부담을 주며, 이를 완화하기 위해 약물 또는 중독 행위에 의존하게 된다. 이때 중독 물질이나 행위는 일시적으로 스트레스 경감을 유도하는 역할을 하게 된다.

PTSD 내담자는 저항 단계(resistance stage)에서 만성적인 스트레스 상태에 빠지며, 신체는 교감신경계의 과도한 활성화에 저항하면서도 지속적인 긴장과 불안 속에 갇히게 된다. 이는 정상적인 스트레스 반응이 제대로 종료되지 않고, 신체가 과도하게 긴장된 상태를 유지하게 만든다. 중독에서 저항 단계는 신체가 중독 물질 또는 행위에 적응하기 위해 보상 회로를 계속해서 자극받는 상태이다. 중독 물질의 사용이 점차 늘어나면서, 신경계는 더 많은 자극을 필요로 하게 되고, 이에 따라 더 큰 양의 물질을 필요로 하게 된다.

PTSD에서는 장기간의 스트레스 반응으로 인해 신체적·정신적으로 소진 (exhaustion stage) 상태에 도달한다. 이러한 소진 상태는 심리적 탈진, 수면 문제, 면역력 저하, 우울증 등으로 이어질 수 있다. 또한 외상 후 증상이 반복적으로 재경험되며, 신체와 정신은 이 상태에 고착될 수 있다. 중독에서도 소진 단계에 이르면, 신체와 뇌는 더 이상 중독 물질에 반응하지 못하거나, 중독 행위에 대한 반응이 둔화된다. 이로 인해 더 큰 양의 물질을 필요로 하거나, 중독 행위에서 오는 보상감을 거의 느끼지 못하게 된다. 장기적인 신체적 소진, 대사 문제, 정신적 쇠약 등이 동반된다.

요약하면, PTSD는 경고 반응이 계속해서 재발함으로써 신체가 정상적인 적응을 하지 못하고 고통스러운 소진 상태로 이어지는 반면, 중독은 초기 스트레스 해소 메커니즘이 결국에는 신체를 더욱 소진시키고 왜곡된 신경 반응 체계를 강화하는 방식으로 작동하게 된다.

7) 호르몬 및 화학적 변화

PTSD와 중독은 코르티솔과 같은 스트레스 호르몬의 불균형을 일으킨다. PTSD 내담자는 만성적으로 코르티솔 수준이 높은 상태에 있을 수 있으며, 중독 상태에서도 도파민, 세로토닌 등 화학적 신경전달물질의 균형이 깨진다.

8) 체신경계 및 감각신경계

PTSD 환자는 외상 기억에 의해 신체감각이 매우 민감해지며, 외부 자극에 과도하게 반응할 수 있다. 중독은 체신경계를 자극하여 보상체계를 활성화시키며, 지속적인 자극에 대한 필요성을 유발하게 된다.

9) 생존 반응(싸움-도피 반응, 돌봄-도움 반응)

PTSD는 과도한 싸움-도피 반응을 유발한다. 중독의 경우 초기에는 불안이나 스트레스에 대한 일종의 도피 전략으로 사용되지만, 장기적으로는 스트레스 반응을 더욱 악화시키는 경향이 있다.

돌봄-도움 반응도 인간이 스트레스를 경험할 때 타인과의 연결을 통해 안전을 찾는 본능적인 반응이다. PTSD 내담자들은 이 반응을 정상적으로 수행하지 못하고, 중독 내담자들은 중독된 물질에 의존하여 대인관계의 정서적 지지를 대체하는 경향이 있다.

10) 외상 후 증상

PTSD는 외상 후에 감정 조절의 어려움, 정서적 마비, 과민성을 유발하며, 기억에도 왜곡을 일으킨다. 중독 또한 감정 처리의 문제와 기억 왜곡을 동반하며, 보상 회로의 기억체계가 왜곡된다. 나아가 PTSD는 개인의 삶의 의미체계에 큰 변화를 일으키며, 중독 역시 쾌락을 추구하는 의미체계를 형성하여 장기적인 사회적·개인적 의미를 왜곡한다.

참고문헌

강철민 역(2014). 정신치료의 신경과학. 서울: 학지사.

권준수 외 공역(2023). DSM-5-TR 정신질환의 진단 및 통계 편람(제5판 수정판). 서울: 학지사.

민경환 외 공역(2011). 심리학 입문. 서울: 시그마프레스.

Barlow, D. H. (2002). *Anxiety and its disorders: The nature and treatment of anxiety and panic* (2nd ed.). Guilford Press.

Brewin, C. R., Dalgleish, T., & Joseph, S. (1996). A dual representation theory of posttraumatic stress disorder. *Psychological Review, 103*(4), 670.

Danese, A., & McEwen, B. S. (2012). Adverse Childhood Experiences, Allostasis, Allostatic Load, and Age-Related Disease. *Physiology & Behavior, 106*(1), 29-39.

Ekman, P. (1992). An argument for basic emotions. *Cognition and Emotion, 6*(3-4), 169-200.

Felitti, V. J., Anda, R. F., Nordenberg, D., et al. (1998). Relationship of Childhood Abuse and Household Dysfunction to Many of the Leading Causes of Death in Adults: The Adverse Childhood Experiences(ACE) Study. *American Journal of Preventive Medicine, 14*(4), 245-258.

Gross, J. J. (2015). *Emotion regulation: Current status and future prospects. Psychological Inquiry, 26*(1), 1-26.

Heim, C., & Nemeroff, C. B. (2001). The Role of Childhood Trauma in the Neurobiology of Mood and Anxiety Disorders: Preclinical and Clinical Studies. *Biological Psychiatry, 49*(12), 1023-1039.

Lazarus, R. S. (1991). *Emotion and adaptation.* Oxford University Press.

LeDoux, J. (2007). The amygdala. *Current Biology, 17*(20), R868-R874.

McGaugh, J. L. (2004). The amygdala modulates the consolidation of memories of emotionally arousing experiences. *Annual Review of Neuroscience, 27*, 1-28.

Phelps, E. A., & LeDoux, J. E. (2005). Contributions of the amygdala to emotion processing: from animal models to human behavior. *Neuron, 48*(2), 175-187.

Roozendaal, B., McEwen, B. S., & Chattarji, S. (2009). Stress, memory and the amygdala. *Nature Reviews Neuroscience, 10*(6), 423-433.

Widom, C. S., DuMont, K., & Czaja, S. J. (2007). A Prospective Investigation of Major Depressive Disorder and Comorbidity in Abused and Neglected Children Grown Up. *Archives of General Psychiatry, 64*(1), 49–56.

제3장

트라우마와 중독상담의 전략

이 장에서는 트라우마와 중독상담의 효과적인 접근 방법과 실질적인 전략을 탐구한다. 심리적 외상과 중독은 서로 밀접하게 연결되어 있으며, 이를 다루기 위해서는 이론적 근거와 치료적 개입을 통합적으로 이해할 필요가 있다. 이 장에서는 상담자가 활용할 수 있는 다양한 이론적 접근을 검토하고, 트라우마와 중독의 복합적 상호작용을 이해하기 위한 실천적 지침을 제공한다. 첫째, 트라우마와 중독을 설명하는 주요 심리학적 모델과 이론을 살펴본다. 이론적 기반은 상담자가 내담자의 고유한 문제를 평가하고 개입 전략을 수립하는 데 필수적인 토대를 제공한다. 둘째, 트라우마와 중독상담의 심리치료 기법을 살펴본다. 마지막으로, 트라우마 상담의 치료 요인에 대해 논의한다. 이 장은 상담자들이 트라우마와 중독이라는 복잡한 문제를 더 잘 이해하고, 효과적인 개입 전략을 세울 수 있도록 돕기 위한 나침판의 역할을 한다.

1. 적용 가능한 이론적 접근은 무엇일까

1) 외상 경험에 대한 이해: 자극과 반응

[그림 3-1]은 이반세비치 등(Ivancevich et al., 1980)의 연구로, 외부 환경에서 스트레스가 개인에게 어떻게 영향을 미치는지를 설명한다. 외부 환경에서 발생하는 스트레스와 자극이 개인에게 전달되면, 긴장이 유발된다. 인간의 몸은 외부 자극에 '자극-반응체계'를 갖추고 있다. 스트레스에 대응해 개인이 반응하는 것은 신경생리학적으로 매우 정상이다.

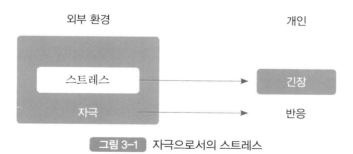

그림 3-1 자극으로서의 스트레스

출처: Ivancevich, J. M., & Matteson, M. T. (1980). Optimizing human resources: a case for preventive health and stress management. *Organizational Dynamics, 9*(2), 6.

2) 신경생리학적 관점에서 본 트라우마와 중독

신경생리학적 관점에서 트라우마와 중독은 뇌의 특정 구조와 기능과 관련된다.

특히, 변연계의 역할과 트라우마 기억의 처리 과정은 PTSD 증상을 이해하는 데 중요한 요소이다.

(1) 변연계와 PTSD

변연계는 감정 처리, 기억 형성, 스트레스 반응을 조절하는 뇌의 핵심 영역이다. PTSD 내담자에서 변연계의 기능 이상은 트라우마 기억의 비정상적인 처리와 관련이 있다. 서울대학교 유인균 교수 연구팀의 연구에 따르면, PTSD 내담자들은 변연계가 비활성화되어 위험 감지(detecting)를 거부하는 경향이 있다. 이 결과에 대한 해석으로, 공포와 불안을 처리하는 편도체가 과활성화되어, PTSD 내담자는 작은 자극에도 과도한 공포 반응을 보일 수 있다. 그러나 특정 상황에서 편도체의 반응이 무뎌지거나 비활성화될 경우, 위험 신호를 감지하지 못해 적절한 반응을 하지 못할 수 있다. 또 다른 해석은 기억의 형성과 맥락적 처리에 중요한 역할을 하는 해마가 종종 위축되어, 트라우마 기억이 비정상적으로 저장되고 처리된다. 이는 트라우마 기억이 현재 경험과 분리되지 않고 지속적으로 재경험되는 플래시백과 같은 증상을 유발할 수 있다.

(2) 트라우마 기억의 처리: 상징적 기억과 개념적 기억

트라우마는 기억의 형태와 처리 과정에 깊은 영향을 미친다. 이는 트라우마 기억을 상징적 기억에서 개념적 기억으로 전환하는 과정으로 설명될 수 있다.

상징적 기억(Symbolic memory)은 감정적 · 감각적 요소가 강하게 연관된 기억으로, 명확한 서술 없이 감정과 이미지를 통해 저장된다. 트라우마 경험은 종종 상징적 기억으로 저장되어, 구체적인 사건보다는 그로 인한 감정적 충격과 신체적 반응이 중심이 된다. 반면, 개념적 기억(conceptual memory)은 논리적이고 서술 가능한 형태의 기억으로, 사건의 맥락과 의미를 포함한다.

트라우마 치료의 중요한 목표는 상징적 기억을 개념적 기억으로 전환하는 것이다. 이는 트라우마 경험을 구체적이고 논리적인 이야기로 재구성함으로써, 감정적 강도를 줄이고 기억을 통합하는 과정이다.

(3) 신경생리학적 관점에서의 트라우마 치료

신경생리학적 관점에서 트라우마 치료는 변연계의 과활성화 또는 비활성화 상태를 조절하고, 트라우마 기억의 통합을 촉진하는 데 중점을 둔다. 이를 위해, 심리적 안정화 기법(심호흡, 이완 기법, 마음챙김 등)을 통해 신경계의 안정화를 촉진하고, 감정적 반응을 조절한다. 또한, 반복된 노출(exposure therapy)을 통해 트라우마 기억의 감정적 강도를 줄이고, 이를 개념적 기억으로 통합한다. 이는 편도체의 과도한 활성화를 줄이고, 해마의 기능을 강화하는 데 도움이 된다. 트라우마 경험에 대한 왜곡된 인식을 수정하고, 이를 현실적이고 논리적인 서술로 재구성하는 인지 재구조화(cognitive restructuring) 기법을 활용할 수 있다.

신경생리학적 관점에서 트라우마는 변연계의 기능 이상과 관련이 깊다. 특히, 편도체와 해마의 역할이 중요하다. 트라우마는 상징적 기억으로 저장되어 감정적 충격을 반복적으로 재경험하게 만든다. 효과적인 치료는 상징적 기억을 개념적 기억으로 전환하여 감정적 강도를 줄이고 기억을 통합하는 것을 목표로 한다.

(4) 약물치료

이중 진단 내담자의 경우 하나의 문제만을 초점하여 치료하는 것이 아니라, 통합적 접근을 통해 두 가지 문제를 동시에 관리하고 개선해 나가야 한다. 약물들은 서로 다른 작용 메커니즘을 가지며, 내담자의 구체적인 증상과 개인적 요구에 따라 적절히 조합하여 사용해야 한다. 따라서 상담자가 사례관리의 차원에서 복약 지도를 하는 것이 심리치료에도 도움이 된다. 중독치료를 위한 약물들은 중추신경계에 영향을 주어, 오피오이드의 효과에 관여하거나 글루타메이트 및 GABA 신경전달에 영향을 미쳐 알코올 금단 증상을 완화하고 장기적인 금주를 돕는다. 트라우마 관련 증상 조절을 위한 약물은 주로 도파민, 세로토닌, 노르에피네프린의 재흡수를 억제하여 이 두 신경전달물질의 농도를 증가시키는 방식으로 기능한다. 이를 통해, PTSD와 연관된 우울증 및 불안 증상을 완화하는 데 도움을 줄 수 있다.

3) 정신분석/정신역동 관점에서 본 트라우마와 중독

정신분석/정신역동 이론은 외상 후 스트레스 장애를 개인의 내면에 존재하는 해결되지 못한 심리적 갈등이 외상적 사건에 의해 재활성화되는 과정으로 해석한다. 현재의 외상 경험은 아동기의 미해결 외상을 재현하며, 이로 인해 심리적 퇴행을 유발할 수 있다고 본다. 따라서 현재 겪는 외상은 과거 갈등의 상징적 표현으로 간주된다(Freud, 1920).

정신분석/정신역동적 관점에서 보면, 트라우마는 단순한 외부 사건의 충격으로 끝나는 것이 아니라, 개인의 깊은 내면적 세계와 오래 지속된 심리적 갈등의 복합적 상호작용의 결과로 볼 수 있다. 이를 통해 트라우마는 개인의 심리적 구조와 기능에 깊은 영향을 미치는, 내면적인 심리적 동인과 외부 사건 간의 상호작용이라 할 수 있다.

정신분석/정신역동적 관점에서 트라우마의 주요 특징과 그 작용 메커니즘을 다음과 같이 설명할 수 있다.

① 무의식적 갈등의 재활성화: 트라우마는 종종 이전에 해결되지 못한 무의식적 갈등을 재활성화시킨다. 이는 어린 시절에 형성된 심리적 상처나 억압된 기억들이 현재의 외상 사건에 의해 다시 떠오르면서 나타난다. 이러한 재활성화는 개인이 과거의 고통스러운 경험을 반복적으로 떠올리게 하고, 그에 따른 정서적 반응을 유발한다.

② 퇴행 현상: 트라우마 경험은 개인을 심리적 발달의 이전 단계로 퇴행시킬 수 있다. 이는 개인이 성숙한 방식으로 스트레스에 대처하기 어려워지고, 어린 시절의 대처 기제나 방어 기제를 다시 사용하는 것을 의미한다. 예를 들어, 회피, 부인, 또는 분노와 같은 원초적 방어 기제가 활성화될 수 있다.

③ 상징적 재현: 정신역동적 입장에서, 트라우마는 종종 상징적으로 재현된다. 이는 현재의 외상 경험이 과거의 해결되지 않은 갈등과 상처를 상징적으로 드러내는 방식으로 나타난다는 것이다. 예를 들어, 특정 상황에서 과도한 불

안이나 공포를 느끼는 것은 어린 시절의 외상 경험과 연결될 수 있다.

④ 방어 기제의 작용: 트라우마는 다양한 방어 기제를 촉발한다. 이러한 방어 기제는 개인이 트라우마로 인한 정서적 고통을 완화하려는 무의식적 시도로, 부인, 억압, 전치, 합리화 등이 포함된다. 이러한 기제들은 일시적으로 고통을 경감시킬 수 있지만, 장기적으로는 심리적 건강에 부정적인 영향을 미칠 수 있다.

⑤ 내면세계의 재구성: 트라우마는 개인의 내면세계와 자기개념을 재구성하게 만든다. 이는 자아존중감의 손상, 자기비난, 만성적인 불안 및 우울 등의 형태로 나타날 수 있다. 개인은 자신의 가치를 부정하거나, 세상을 위험하고 불안한 곳으로 인식하게 될 수 있다.

⑥ 외부 지지와 관계의 중요성: 정신역동적 관점에서는 트라우마 회복에 있어 외부의 지지와 인간관계가 중요하게 여겨진다. 안전하고 신뢰할 수 있는 대인관계는 개인이 트라우마 경험을 처리하고, 새로운 의미를 부여하는 데 중요한 역할을 한다. 이는 치료적 관계에서도 중요한 요소로 작용한다.

건강한 발달 단계에서 아이는 의존할 만큼 믿음직한 양육자의 내적 표상을 형성하게 된다. 고통스러운 순간에 양육자에 대한 정신적인 표상을 떠올리면서, 확고한 자율성이 확립되는 것이다.

학대받은 아이는 내적인 안전감을 키우지 못했기 때문에 위안과 위로를 찾기 위해 외적인 자원에 의존하는 면이 다른 아이들에 비해 커진다. 학대받은 아이는 확고한 독립성을 발달시키지 못하면서 절박하고 무분별하게, 의존할 만한 누군가를 계속 찾으려 한다. 낯선 사람에 대한 빠른 애착 형성은 학대받은 아이들에게서 반복적으로 나타나는 현상이다. 그리하여 역설적이게도 아이는 자신을 학대하는 바로 그 부모에게 집요하게 매달린다.

−『트라우마: 가정 폭력에서 정치적 테러까지』(1992)에서 발췌−

(1) 죽음의 본능인 타나토스

프로이트의 정신분석 이론에서 죽음의 본능(타나토스, Thanatos)은 자기파괴적이거나 공격적인 충동이다. 이 본능은 생명 본능(에로스, Eros)과 상반되는 개념으로, 내적인 충동을 통해 개인의 에너지를 사멸과 파괴로 향하게 한다. 트라우마와 죽음의 본능 사이의 연관성은 주로 자기파괴적 행동이나 무의식적으로 위험을 감수하는 행위에서 자연스럽게 나타난다. 트라우마 경험은 죽음의 본능을 재활성화시키는데, 종종 무의식적으로 자신을 해치는 방향으로 행동할 수 있다. 예로, 외상 생존자는 종종 자기파괴적인 행위나 고위험 활동에 이끌리는데, 이는 자신의 고통을 완화하려는 동기에서 시작되나 궁극적으로 자기 자신에게 해를 끼치는 결과로 이어진다.

삶에 대한 확신이 없어지면, 햄릿뿐만 아니라 모든 인간에게 죽음은 타협 가능한 선택안으로 떠오르기도 한다. 프로이트가 말했듯이, 인간은 삶의 본능만큼 죽음의 충동을 가진 존재라고 했으니 말이다. 외상 생존자가 자기파괴적 행동을 하는 것은 이상(abnormal)할 일만은 아니다.

(2) 심리성적 발달 단계 이론에서 보는 트라우마

프로이트의 심리성적 발달 이론은 인간의 심리적 발달이 특정한 단계들을 거치며 이루어진다고 설명한다. 각 단계는 특정한 신체 부위에 초점이 맞춰져 있으며, 이 과정에서 발생하는 갈등과 그 해결이 개인의 성격 형성에 큰 영향을 미친다고 본다. 이러한 단계에서 발생하는 트라우마는 발달에 중대한 영향을 미치며, 각 단계에 특유한 방식으로 나타난다.

① 구강기(Oral Stage, 0~1세): 입과 관련된 활동(빨기, 물기 등)을 통해 쾌락을 얻는 시기이다. 이 시기에 충분한 만족을 얻지 못하거나 과도하게 충족되면, 성인이 되어 구강적 행동(중독적 사용/행동, 과식 등)에 집착할 가능성이 높다. 이 단계에서의 실패는 기본적인 신뢰감 형성에 실패로 이어지고 불안, 의존성, 신뢰 문제를 유발할 수 있다.

② 항문기(Anal Stage, 1~3세): 배변 훈련과 관련된 활동을 통해 쾌락을 얻는 시기이다. 과도하게 엄격하거나 강압적인 배변 훈련은 성인이 되어 완벽주의, 고집스러움, 인색함 등의 성격 특성을 초래할 수 있다. 반대로, 너무 관대한 훈련은 성인이 되어 무질서함, 낭비벽 등의 성격 특성을 초래할 수 있다.

③ 남근기(Phallic Stage, 3~6세): 성적 정체성과 관련된 쾌락을 얻으며, 오이디푸스 콤플렉스와 엘렉트라 콤플렉스가 발생하는 시기이다. 이 시기에 발생하는 성적 갈등과 트라우마는 성인기의 성적 정체성 혼란과 성역할 갈등을 초래할 수 있다. 부모와의 갈등에서 오는 죄책감이나 불안은 성인이 되어 자아존중감 문제와 관련된 심리적 문제를 유발할 수 있다.

④ 잠복기(Latency Stage, 6~12세): 성적 충동이 잠재되며, 사회적 및 학문적 기술 습득에 집중하는 시기이다. 이 시기에 사회적 상호작용의 결핍이나 학교생활에서의 트라우마는 성인이 되어 사회적 기술 부족과 대인관계 문제를 유발할 수 있다. 학문적 실패나 부정적인 학교 경험은 학습에 대한 부정적인 태도와 낮은 자기효능감을 초래할 수 있다.

⑤ 생식기(Genital Stage, 12세 이후): 성적 에너지가 성숙한 성적 관계로 나타나며, 이성과의 성숙한 관계를 형성한다. 이전 단계에서 해결되지 않은 갈등과 트라우마는 성인기의 성적 관계와 친밀감 형성에 문제를 일으킬 수 있다. 성적 트라우마는 정서적 성숙과 독립성을 저해하여 건강한 성인 관계 형성에 어려움을 겪게 할 수 있다.

프로이트의 심리성적 발달 단계 이론은 각 발달 단계에서의 경험과 갈등이 개인의 성격과 심리적 건강에 깊은 영향을 미친다고 설명한다(Freud, 1905, 1953). 각 단계에서 발생하는 트라우마는 그 시기의 특성에 따라 독특한 방식으로 나타나며, 이를 적절히 해결하지 못할 경우 성인이 되어 다양한 정신건강 문제로 발전할 수 있다.

(3) 방어 기제 이론에서 보는 트라우마

방어 기제(Defense mechanisms)는 정신분석학에서 개인이 불안, 스트레스, 내적 갈등 등을 무의식적으로 관리하기 위해 사용하는 심리적 전략들을 의미한다. 트라우마 상황에서는 이러한 방어 기제들이 더욱 강력하게 작동하며, 다양한 형태로 나타날 수 있다.

① 억압(Repression): 불쾌하거나 고통스러운 기억, 감정, 충동 등을 무의식 속에 밀어넣어 의식적으로 기억하지 못하게 하는 과정을 말한다. 트라우마 경험을 억압함으로써 즉각적인 고통을 피할 수 있지만, 억압된 기억과 감정은 무의식 속에서 여전히 영향을 미치며 불안, 악몽, 플래시백 등의 형태로 재현될 수 있다.

② 부인(Denial): 고통스러운 현실을 인정하지 않고 부정함으로써 불안을 회피하는 기제를 말한다. 트라우마의 현실을 부정함으로써 즉각적인 정서적 충격을 줄일 수 있지만, 장기적으로는 현실 왜곡과 부적응적 행동 패턴을 초래할 수 있다.

③ 투사(Projection): 자신이 받아들이기 어려운 감정이나 충동을 다른 사람에게 돌리는 기제를 말한다. 트라우마로 인한 분노, 불안, 두려움 등을 타인에게 투사함으로써 대인관계에서 갈등을 일으킬 수 있으며, 이는 사회적 고립과 대인관계 문제를 악화시킨다.

④ 전위(Displacement): 원래의 대상에게 표출하기 어려운 감정이나 충동을 덜 위협적인 다른 대상으로 돌리는 기제를 말한다. 트라우마로 인한 분노나 불안을 안전한 대상으로 돌림으로써 일시적인 안정을 얻을 수 있지만, 이는 종종 부적절한 대상에 대한 과잉 반응이나 공격적 행동으로 나타나서 2차 외상 사건/심리장애로 이어질 수 있다.

⑤ 퇴행(Regressions): 스트레스 상황에서 이전 발달 단계로 돌아가 어린 시절의 행동을 보이는 기제로 정의한다. 예로, 외상 경험이 촉발될 때마다, 성숙한 대처 방식을 잃고 어린 시절의 행동으로 돌아가 불안을 피하려 하지만, 이는

성인기의 적응 문제를 일으킬 수 있다.

⑥ 합리화(Rationalization): 불편한 감정이나 행동을 논리적이고 합리적으로 보이게 설명하여 불안을 줄이는 기제로 정의한다. 외상 경험을 합리화함으로써 고통스러운 감정을 회피하려 하지만, 이는 진정한 감정 처리와 치유를 방해한다.

⑦ 동일시(Identification): 다른 사람의 특성을 자신에게 내면화하여 불안을 줄이는 기제를 말한다. 외상 가해자와 동일시함으로써 고통을 줄이려 할 수 있지만, 이는 가해자와 유사한 행동 패턴을 발달시킬 수 있다. 예로, 학교 폭력 피해자가 가해자로 성장하는 것이 드문 일이 아니다.

⑧ 상환(Undoing): 불쾌한 감정이나 행동을 보상하려는 행동(ritual)을 통해 불안을 줄이는 기제로 정의한다. 트라우마로 인한 죄책감을 무마하려는 행동을 함으로써 일시적인 안정을 얻을 수 있지만, 이는 지속적인 심리적 갈등을 해결하지 못한다.

생각할 거리

각 방어 기제의 극단적인 결과물은 어떤 심리장애로 이어질 수 있을지 생각해 봅시다.

(4) 역전이 이론에서 보는 트라우마

전이(Transference)와 역전이(countertransference)는 정신분석학에서 중요한 개념으로, 치료 관계에서 발생하는 정서적 반응을 설명한다(Freud, 1912). 특히, 트라우마 치료에서 전이와 역전이의 이해는 내담자와 치료자 사이의 역동을 깊이 있게 이해하고 작업 동맹을 통한 효과적인 치료를 제공하는 데 필수적이다.

① 전이(Transference): 내담자가 과거의 중요한 인물(주로 부모나 초기 양육자)에게 가졌던 감정, 태도, 기대 등을 무의식적으로 치료자에게 투사하는 현상이다. 내담자는 치료자에게 자신의 과거 트라우마 경험과 관련된 감정을 안전

하게 재현된 관계를 통해 투사할 수 있다. 예로, 가해자에 대한 분노, 불신, 두려움 등이 치료자에게 향할 수 있다. 외상 생존자는 치료자에게 강한 의존감을 느끼거나, 반대로 불신과 경계심을 가질 수 있다. 이는 주로 과거의 트라우마 관계에서 유래한 반응이다. 또한, 치료자를 이상화하거나 평가절하할 수 있다. 이는 과거 중요한 인물을 이상화하거나 실망했던 경험을 재현하는 것으로 볼 수 있다.

② 역전이(Countertransference): 치료자가 자신의 과거 경험이나 감정을 내담자에게 투사하는 현상으로, 상담자가 내담자의 상호작용에서 느끼는 강렬한 감정 반응을 느끼게 된다. 내담자의 고통을 보면서 치료자는 강한 보호 욕구를 느낄 수 있다. 이는 치료자의 과거 경험에서 비롯된 감정일 수 있다. 나아가, 과도한 동정과 연민을 느끼면, 상담 과정에서 객관성을 유지하는 데 어려움을 초래할 수 있다. 또한, 내담자의 이야기에 과도하게 감정적으로 반응하여 회피하거나 분노를 느낄 수 있다. 이는 치료자의 무의식적인 방어 기제의 작용일 수 있다.

전이와 역전이는 트라우마 치료에서 중요한 치료적 도구로서, 내담자의 무의식적 갈등을 이해하고 해결하는 데 도움을 준다. 예로, 내담자가 치료자에게 느끼는 분노가 실제로는 과거 가해자에 대한 분노일 수 있다. 또한, 안전하고 신뢰로운 장면에서 전이를 통해 내담자가 자신의 감정을 표현하고 다룰 수 있도록 도울 수 있다. 자기 성찰과 슈퍼비전(supervision)을 통해 역전이를 관찰하고 관리하여, 역전이를 통해 느끼는 감정을 인식하고, 이를 치료 과정에서 객관적으로 다루어야 한다.

(5) 내면 가족 체계(IFS) 이론에서의 트라우마

내면 가족 체계(Internal Family Systems: IFS) 이론은 슈워츠(Richard C. Schwartz)가 개발한 모델(1995)로, 인간의 내면세계를 여러 하위 인격 또는 '부분들'로 구성된 가족 시스템으로 본다. IFS 치료는 이러한 다양한 파트들을 이해하고 조화시키는 것을 목표로 한다. 치료사는 내담자가 자신의 내면 세계와 소통하도록 돕고,

상처받은 파트를 치유하여 전체적인 통합을 이루도록 지원한다. 우선, 상처받은 파트(exiles)는 트라우마 경험으로 인해 억압된 부분들로, 깊은 고통, 두려움, 수치심을 담고 있다. 이 부분들은 과거의 외상 경험으로 인해 내면 깊숙이 숨겨지며, 다른 파트들이 이 상처를 드러내지 않도록 보호한다. 관리자(Managers) 파트는 상처받은 파트가 활성화되지 않도록 일상 생활을 통제하고 관리한다. 예로, 완벽주의, 과도한 계획 세우기, 다른 사람의 요구에 지나치게 맞추기 등의 행동을 통해 고통을 피하려 한다. 소방관(Firefighters) 파트는 상처받은 파트가 표면에 드러날 때 이를 억제하거나 진정시키기 위해 즉각적인 행동을 취한다. 이는 종종 중독, 폭식, 충동적 행동 등으로 나타난다.

(6) 공존병리 가정의 자녀

공존병리(Co-occurring disorders) 가정의 자녀는 부모가 정신건강 문제와 중독 문제를 동시에 겪는 가정에서 성장한 아이들을 말한다. 부모의 상황은 자녀에게 아동기 트라우마를 야기할 수 있다. 부모의 일관성 없는 행동과 예측 불가능한 환경은 아이에게 혼란과 불안정성이라는 지속적인 스트레스를 유발한다. 자녀는 종종 부모를 돌보거나 가정을 유지하는 역할을 떠맡는 역할 혼란을 경험하게 된다. 이를 부모화(parentification)로 하며, 부모화된 자녀는 자신의 감정과 욕구를 억제하거나 인식하고 표현하는 데 어려움을 겪으며, 이는 성인기에 자아정체성 문제로 이어질 수 있다.

(7) 중독 가정의 자녀

중독 가정의 자녀는 부모가 알코올이나 약물 중독을 겪는 가정에서 자란 아이들을 말한다. 중독 가정에서 자란 아이들은 정서적·신체적 돌봄이 부족하거나 방임된 아동 학대의 환경에서 성장하게 되며, 이는 다양한 발달상의 문제를 초래한다(Ackerman, 1987). 이러한 환경에서 가장 두드러지는 트라우마의 특성은 비밀(secrecy)과 부정(denial)이다. 중독 가정에서는 문제를 숨기고 부정하는 문화가 형성되는데, 자녀들은 종종 가정 내의 문제를 외부에 드러내지 않기 위해 고군분

투하며, 이는 자신이 경험하는 진실과 감정을 억압하게 만든다. 자녀들의 고군분투는 역기능적 가족 역할(dysfunctional family roles)에 고착된다. 대체로 첫째 아이는 가족의 명성을 지키기 위해 과도하게 성취하려고 노력하는 영웅(hero)역할을 맡게 된다. 가정의 문제를 대표하여 비난을 받는 역할은 희생양(scapegoat)이라 하며, 주로 청소년상담센터에서 만나지는 내담자들이 희생양일 수 있다. 잃어버린 아이(lost child)의 역할은 가족의 갈등 상황에서 주목받지 않기 위해 자신을 숨기는 자녀가 맡게 되고 은둔형 외톨이나 매우 순한 아이의 형태로 나타난다, 주로 막내나 여자아이가 가정의 긴장을 완화하기 위해 유머나 장난을 통해 분위기를 밝게 만드는 마스코트(mascot) 역할을 취하게 된다. 자신의 감정과 전혀 상관없이 타인의 감정에만 초점을 두고 거절하지 못하는 '남의 비위만을 맞추는 사람(people pleaser)'으로 성장할 수 있다.

(8) 정신역동 이론에 기초한 트라우마 상담

자아(Ego)가 관심을 두는 현실적 안전을 공통 주제/목표로 설정하여 자아와 치료동맹을 맺고 자아를 강화하면서 원초아와 초자아와의 건강한 관계를 유지할 수 있도록 돕는다. 자유연상을 통해, 억압한 트라우마 이야기를 안전한 상담 장면에서 노출될 수 있도록 한다. 적절한 해석과 훈습 통해 내담자 자신의 내적 갈등과 반응 양식을 이해하고 변화를 시도하도록 돕는다.

(9) 정신역동 상담이론과 중독 행동

정신역동 상담이론에서 중독 행동은 인간의 기본적인 본능인 고통을 회피하고 쾌락을 추구하는 심리적 메커니즘을 반영한다. 인간은 자신의 행동을 통해 쾌락을 얻거나 불쾌감을 피하려는 경향이 있는데, 중독은 이러한 경향의 일부로, 외부 세계로부터의 독립을 촉진하고, 불쾌한 감정이나 상황으로부터 벗어나려는 효과적인 방법이기도 하다. 중독 행위는 단순히 신체적인 의존을 넘어서, 감정적 및 심리적인 욕구를 충족시키는 역할을 한다. 예로, 중독성 물질이나 행위는 개인이 현실의 스트레스나 트라우마로부터 일시적인 탈출을 제공하며, 이는 즉각적인 쾌감이나 안도감을 느끼게 한다. 이러한 쾌감은 종종 중독 행위를 반복하도록 유도하며, 점차적으로 더 큰 심리적 · 정서적 문제를 초래할 수 있다. 따라서 정신역동 상담은 중독자가 자신의 행동을 이해하고, 이에 대한 심리적 이유를 인식하는 것을 도움으로써, 자신의 중독 행위 뒤에 숨겨진 감정과 충동을 해석하고 이해하여, 보다 건강하고 적응적인 방식으로 삶을 관리하도록 유도하는 과정이다.

4) 인본주의 이론(인간중심치료와 실존치료) 관점에서 본 트라우마와 중독

인간중심치료와 실존치료는 개인의 경험과 존재의 의미에 중점을 두고, 트라우마의 심리적 기원을 설명한다. 인간중심치료는 개인의 주관적 경험과 자기개념의 불일치를 통해, 실존치료는 존재의 근본적인 문제와 갈등을 통해 트라우마를 이해한다.

(1) 인간중심치료

칼 로저스(Carl Rogers)의 인간중심치료(내담자 중심 치료)는 개인의 성장과 자기실현을 추구함에 있어 장애물로 작용하는 트라우마에 초점을 맞춘다. 인간중심치료는 개인의 주관적 경험과 내면의 세계를 중요하게 여기며, 특히 조건부 긍정적 존중(conditional positive regard)과 자기개념(self-concept)의 불일치(incongruence)를 통해 트라우마의 심리적 기원을 설명한다. 로저스는 인간이 타인, 특히 중요한 타인(예: 부모, 교사)으로부터 받는 긍정적인 존중이 종종 조건부로 제공됨을 지적한다. 이러한 조건부 존중은 "너는 항상 최고여야 한다"와 같은 당위적 자기(ought self) 기대를 통해 개인이 자신을 무가치하게 느끼도록 할 수 있다. "나는 엄마를 울게 하는 나쁜 아이가 되면 안 돼"라는 자기개념의 발달은 개인이 자신의 감정과 욕구를 억압하게 만들고 심리적 갈등 및 불안을 유발한다.

또한, 개인의 실제 경험과 자신이 가진 자기개념 사이의 불일치는 트라우마를 유발할 수 있다. 강하고 독립적이라고 생각하는 개인이 트라우마를 경험한 후 약함과 무력감을 느낀다면, 이러한 불일치는 심각한 심리적 충격을 초래하며 자아 통합을 방해하고 심리적 고통을 야기한다.

인간중심치료는 외부 환경의 스트레스 요인, 억압적 관계, 부정적 경험 등이 개인의 내면 성장과 자기실현을 방해하며, 결과적으로 트라우마를 유발할 수 있음을 강조한다. 따라서 트라우마 치료 과정에서는 트라우마 사건을 품은 자기 삶의 조건을 명료하게 받아들이고 실제 자기(actual self) 인식을 증진시키고 자기 수용을 통해 심리적 불일치와 외부 스트레스로부터의 회복을 목표로 한다. 이는 트라우마 경험을 가진 개인이 자신의 내면적 갈등을 해결하고, 완전한 자기실현을 향해 나아가도록 지원하는 데 중점을 둔다. 단순히 내담자와 함께 있어 주는 것만으로 내담자는 자신의 감정을 품어 안는(contain/holding) 경험을 할 수 있게 되고, 이 기법은 다른 어떤 상담 및 심리치료 방법보다도 내담자에게 위협감이 덜하다. 트라우마 상담의 상담자료나 상담자의 이론적 지향과는 별개로, 트라우마 상담의 전달 방식은 압도적인 감정을 품는(contain/holding) 경험할 수 있도록 상담자가 버텨주고, 그 경험이 재외상화가 되지 않도록 하는 것이 매우 중요하다.

(2) 실존치료

20세기 전후 실존철학의 사상들에 기반을 두고 발전하였다. 특히, 빅터 프랭클(Viktor Frankl), 롤로 메이(Rollo May), 어빈 얄롬(Irvin Yalom) 등의 사상가들에 의해 발전된 실존치료는 인간 존재의 근본적인 문제들(자유, 죽음, 고독, 의미)을 탐구하며, 트라우마를 이러한 실존적 갈등의 결과로 본다. 먼저, 실존치료는 인간이 근본적으로 불안한 존재임을 강조한다. 인간은 자신의 존재, 죽음, 자유, 고독 등의 문제에 직면하면서 실존적 불안(existential anxiety)을 경험한다. 실존적 불안 자체는 정상적 불안일 수 있으나, 트라우마가 실존적 불안을 극대화시키는 사건으로 작용할 수 있다. 예로, 생명의 위협을 받는 트라우마 경험은 죽음에 대한 공포와 존재의 무상함을 직면하게 만들어 극도의 불안을 유발할 수 있다.

빅터 프랭클의 의미치료(logotherapy)는 트라우마가 개인의 삶의 의미를 파괴할 때 발생한다고 본다. 트라우마 경험은 개인에게 삶의 목적과 의미를 앗아가며, 자유로운 선택권이 박탈된 경험을 주고, 현재를 살 수 없게 한다. 이로 인해, 깊은 절망과 우울로 이어질 수 있다. 결국 다른 존재와 함께하는—존재(being-with-one-another)가 되지 못하고 고립으로 이어질 수 있다. 의미 상실(Loss of meaning)은 개인의 정신적 회복력을 약화시키고, 심리적 고통을 증가시킨다.

실존치료에서는 자유와 책임의 문제도 트라우마의 중요한 원인으로 본다. 인간은 자유로운 존재이지만, 동시에 자신의 선택에 대한 책임을 져야 한다. 트라우마는 개인이 이러한 책임을 다할 수 없다고 느낄 때 발생할 수 있다. 예로, 세월호 사건 당시 더 많은 사람을 구하지 못했다고 생각한 잠수부원은 자신을 비난하며 생존자 죄책감(survivor guilt)을 경험할 수 있다.

실존치료는 인간이 본질적으로 고독한 존재이며, 타인과의 연결이 단절될 때 심리적 고통이 발생한다고 본다. 트라우마는 이러한 고독과 소외감을 증대시키며, 개인을 더욱 깊은 절망으로 몰아넣을 수 있다. 비록 인간은 한계 속에 있지만 동시에 자기가 무엇이 될지 선택할 수 있는 전인적 능력이 있으며 결정한 선택의 의미를 파악하고, 그에 따라 행동할 수 있다는 점에 초점을 둔다.

5) 학습 이론의 관점에서 본 트라우마와 중독

1970년대, 행동주의적 치료자들은 강간 피해자들과 베트남 참전 용사들을 대상으로 연구한 후 관찰한 증상들을 학습 이론(learning theory), 특히 파블로프 조건화(classical conditioning)와 조작적 조건화(operant conditioning)로 설명했다. 모러(Mowrer)의 2요인 이론(two-factor theory)은 이러한 트라우마 증상의 발생과 유지를 설명하는 데 유용한 틀을 제공한다. 파블로프 조건화는 외상적 경험과 비슷한 자극에 반응하는 스트레스와 두려움을 설명하고 조작적 조건화는 외상과 관련된 자극이 없더라도 나타나는 외상 후 스트레스 장애의 회피와 두려움의 유지를 설명한다.

외상(무조건 자극, Unconditioned Stimulus: US)과 관련 없는 자극(중성 자극, Neutral stimulus: NS)이 외상적 경험 시 느꼈던 두려움(무조건 반응, Unconditioned Response:

UR)과 연합하면 외상과 관련 없는 자극을 두려워하도록 학습된다. 예로, 특정한 장소나 소리 등이 트라우마 경험 시의 공포(Unconditioned Response: UR)와 조건화될 수 있다. 정리하면, 외상 사건(US)이 발생할 때 느꼈던 두려움(UR)은 외상과 관련 없는 자극(CS)과 연합하게 된다. 결과적으로, 원래는 중립적인 자극이 조건화된 자극(CS)이 변화되어, 트라우마 경험 시 느꼈던 두려움(CR)을 유발하게 된다. 예로, 전쟁 소음(US)을 경험한 참전 용사가 일상적인 폭죽 소리(CS)를 듣고 전쟁 시 느꼈던 두려움(UR → CR)을 느끼는 것이 이에 해당한다.

학습자는 이 조건 자극(Conditioned Stimulus: CS)으로부터 도피하거나 회피(avoidance behavior)함으로써 두려움을 없애는 효과를 본다. 조작적 조건화의 원리에 따르면, 두려움을 유발하는 조건 자극(CS)으로부터 도피하거나 회피함으로써 즉각적인 안도감을 얻게 되는데, 이로 인해 회피 행동이 강화된다. 그러나 이러한 강화는 두려움을 유지하고 심화시키는 결과를 낳는다. 예로, 대인 폭력을 겪은 후 사람이 공공 장소를 피하는 행동은 단기적으로 불안을 줄여 주지만, 장기적으로는 사회적 고립과 불안 증상을 악화시킨다. 즉, 단기간 동안에는 조건 형성된 공포를 감소시켜 주지만, 장기적으로는 외상 후 스트레스 장애 증상이 유지된다. 이러한 일시적 · 즉각적 긍정적 효과가, 회피 행동이 물질이나 행위 중독이 될 경우, 중독에 갇히게 하는 이유가 되기도 한다.

학습 이론은 트라우마의 발생과 유지, 잇따른 중독 발생에 중요한 통찰을 제공하지만, 몇 가지 한계점도 존재한다. 학습 이론은 PTSD의 중요한 증상인 재경험(예: 플래시백, 악몽)에 대한 설명력이 약하다. 또한, 학습 이론은 주로 외부 자극과 행동의 연관성에 초점을 맞추기 때문에, 개인의 내면적 요인(예: 감정, 인지, 신념 등)을 충분히 살피지 못한다.

이러한 한계에도 불구하고, 학습 이론은 트라우마 치료에서 회피 행동의 중단과 조건 자극에 대한 새로운 학습을 통해 증상을 완화하는 데 중요한 기초를 제공한다.

6) 인지행동주의의 관점에서 본 트라우마와 중독

인지행동치료(Cognitive Behavioral Therapy: CBT)는 트라우마와 중독의 발생을 인지적 프로세스와 연결하여 설명한다. 이 이론은 문제적 증상이 인간의 인지적 반응에서 비롯된다고 보며, 개인의 삶에 대한 비타당한 개인적 이론이나 신념체계가 부적응적인 행동 양식과 정서 반응을 조장하고 유지하는 데 기여한다고 설명한다.

인간의 행동과 정서는 그들의 인지적 측면, 즉 사고와 신념에 의해 크게 영향을 받는다. 특히, 경험적 타당성이 부족하거나 실제와 동떨어진 개인적인 삶의 이론을 고집하는 것은 선택적 지각을 통해 이러한 비합리적 신념을 유지하려는 경향을 강화시킨다. 이는 결국 부적응적인 행동과 정서 반응을 만들어 내고 이를 유지하게 된다.

중독 행동은 특정 선행 자극에 대한 개인의 신념과 지나치게 긍정적이거나 낙관적인 생각, 인지 왜곡에 깊이 뿌리를 두고 있다. 이러한 인지적 요소는 중독 문제를 지속시키는 주요 요인으로 작용하며, 중독 행동을 통해 외상 반응(예: 불쾌하고 우울한 내면의 정서 상태)을 변화시키려는 시도로 나타난다.

다음은 외상 사건에서 시작하여, 강화와 알코올 의존 발달의 예시이다.

외상 생존자는 외상 경험과 관련된 소리나 이미지 등이 나타날 때마다 강렬한 불안이나 두려움을 경험한다. 이러한 스트레스 상황에 대한 개인의 인지적 평가가 감정의 강도와 유형을 결정짓는데, 부적응적인 신념이나 생각은 알코올 사용으로 이어지게 된다. 외상 생존자는 종종 단기적으로 감정을 완화시키는 방법으로 알코올을 선택하게 된다. "술을 마시면 기분이 나아질 것이다" 처음에는 알코올이 불안감을 감소시키고 잠시 동안 문제에서 벗어날 수 있는 수단으로 작용한다. 이 과정에서 개인은 알코올이 감정 조절의 도구로서 작용할 수 있다는 것을 학습한다.

알코올 사용이 스트레스나 불안감 감소와 같은 즉각적인 긍정적 결과를 제공함에 따라, 이러한 행동은 강화된다. "술을 마시니까, 기분이 좋고 살아 있는 것 같다!" 시간이 지남에 따라, 이러한 반응은 점차 고착되어 외상 후 스트레스 반응과 매우 밀접하게 연결되며, 결국 알코올 의존으로 이어진다. "알코올 없이는 불안을 견딜 수 없다" 이때부터, 장기적으로 알코올 사용은 외상 생존자의 일상생활에 부정적인 영향을 미치기 시작한다. 사회적 관계, 직업적 성과 및 신체 건강에 문제가 발생할 수 있으며, 이는 추가적인 스트레스 요인으로 작용하여 알코올 사용을 더욱 강화시킨다. "술이 있어야만 잠을 잘 수 있고 내일 일을 잘할 수 있다"

(1) 에런 벡의 이론

에런 벡(Aaron Beck)은 트라우마와 중독의 발생 원인을 인지적 처리의 역할을 중심으로, 자동적 사고, 인지도식, 추론 과정 속의 체계적 오류를 통해 설명한다. 벡은 어떤 자극에 대한 첫 반응이 자동적 사고로 발현되며, 자동적 사고가 그 사람의 정서적 및 행동적 반응을 결정짓는 중요한 요소로 작용한다고 본다.

인지도식은 개인이 사건을 인식하고 반응하는 방식을 구조화하는 인지적 틀로 정의하는데, 특히 역기능적 인지도식은 개인의 일상생활과 정서적 안정을 방해하는 인지적 취약성으로 작용하며, 이는 트라우마 및 중독 행동의 발달에 기여한다.

벡은 개인이 접하는 다양한 정보 중에서 자신의 인지도식과 일치하는 정보에만 주목하는 선택적 주의(selective attention)를 기울인다고 본다. 이 과정에서 발생하는 잘못된 정보처리는 임의 추론(Arbitrary reasoning), 과대·과소 평가(overestimation and underestimation), 선택적 추상화(selective abstraction), 개인화(personalisation), 이분법적 사고(dichotomous thinking), 과잉 일반화(overgeneralisation) 등과 같은 체계적 오류를 포함한다. '추론 과정 속 체계적 오류'는 트라우마와 중독 행동의 지속 및 악화를 유발하며, 이를 수정하는 것이 중요 치료작업이 된다.

(2) 트라우마와 인지적 왜곡

트라우마 경험은 개인의 인지 구조에 깊은 영향을 미쳐, 부정적 사고 패턴(인지적 왜곡)을 형성할 수 있다. 우선, 특정 트라우마 경험을 통해 얻은 부정적 결론을 다른 상황에도 일반화하는 과일반화(overgeneralization)가 있다. 예로 "나는 항상 위험에 처해 있다" 또한 상황을 극단적으로 보는 흑백 사고(all-or-nothing thinking)도 많다. 예로, "모든 사람은 나를 배신한다"와 같은 최악의 시나리오를 예상하는 재앙화(catastrophizing)도 많이 발견된다. 예로, "이 일이 다시 일어나면 나는 절대 회복할 수 없다"와 같은 자신과 무관한 사건을 자신의 잘못으로 돌리는 개인화(personalization)도 외상 생존자에게 자주 발견된다. 예로, "내가 더 강했어야 했는데" 이러한 왜곡은 개인의 감정과 행동에 부정적인 영향을 미친다.

도박 중독의 경우, 비합리적 신념 목록에는 무선성에 대한 잘못된 지각에 해당하는 생각 및 신념, 해석 편향, 통제에 대한 착각, 조절이 불가능하다는 믿음 등이 있다.

(3) 주요 CBT 기법

CBT는 트라우마로 인한 인지적 왜곡과 부적응적 행동을 수정하기 위해 다양한 기법이 발달되어 있다. 트라우마로 인해 발생한 부정적 사고를 인식하고, 이를 도전하며, 보다 현실적이고 긍정적인 사고로 대체하는 인지 재구성(cognitive restructuring)은 매우 유효하다. 예로, "모든 사람이 나를 배신하지는 않는다. 몇몇 사람은 신뢰할 수 있다" 또한 트라우마와 관련된 상황이나 기억에 점진적으로 노출시켜 불안 반응을 줄이는 노출치료(Exposure Therapy)는 PTSD의 증거기반 기법으로 탁월한 효과성을 보인다. 노출치료는 실제 상황에의 노출이나 상상 노출, 가상 현실 등을 통해 이루어진다. 예로, 안전한 환경에서 트라우마 사건을 상상하며 점차 그에 대한 불안을 감소시킨다. 신체적 긴장을 완화시키고, 신체적 긴장이 심리적 스트레스와 어떻게 연결되는지를 인식하게 하는 점진적 근육 이완(progressive muscle relaxation)도 거의 모든 PTSD 내담자에게 도움이 된다. 심호흡, 이완 기법 등을 통해 자율신경계를 안정시켜 생리적 반응(예로, 과각성, 플래시백)을 완화한다.

제1세대(행동치료)는 행동수정에 중점을 두고, 제2세대(CBT)는 인지를 재구성하는 데 집중했다면, 제3세대는 생각과 감정을 바꾸는 대신 그것들을 수용하고, 맥락 속에서 반응을 조절하는 것에 중점을 둔다. 3세대 인지행동치료는 마음챙김 (mindfulness), 명상, 수용을 활용하고 있는데, 이는 현재 순간에 집중하며, 트라우마로 인한 부정적 감정과 생각을 판단하지 않고 관찰하는 형태이다. 예로, 현재 순간에 집중하면서, 떠오르는 생각과 감정을 있는 그대로 관찰한다. 외상으로 인해 둔감화된 감각을 인식하는 데도 도움이 된다. 제3세대 인지행동치료에는 수용전념치료(ACT), 변증법적 행동치료(DBT), 마음챙김에 근거한 스트레스 완화 (MBSR), 마음챙김 기반 인지치료(MBCT) 등이 포함된다.

7) 기억 이론의 관점에서 본 트라우마와 중독

기억 이론에서 트라우마는 인코딩, 저장, 검색 과정에서 발생하는 문제로 설명되며, 특히 암묵적 기억으로 분리되어 저장되는 경향이 있다. 이러한 분리된 기억은 현재의 의식에 침투하여 PTSD와 같은 증상을 유발할 수 있다. 따라서 트라우마 치료에서는 이러한 기억을 통합하고 감정적 강도를 줄이는 것이 핵심이다.

(1) 정보처리 이론

랑(Lang)의 정보처리 이론(information processing theory)에 기반하여 포아 등 (Foa, Steketee, & Rothbaum, 1989)이 전개한 이론이다. 이 이론의 핵심적인 전제는 우리 기억에 외상적인 사건이 저장되는 특별한 방법이 있는데, 적절한 방법으로 이 기억들이 처리되지 않을 때 PTSD가 발병한다는 것이다. 이 이론은 우리의 기억 시스템 속의 외상 사건에 대한 정보들이 통합되어야 함을 강조한다. 그러나 기억 시스템 속의 두려움 체계(fear network, fear structure)가 회피 행동을 일으키면서 외상 사건에 대한 정보들의 통합을 방해한다. 정보처리 이론에 의하면 안전한 환경에서 지속적으로 외상적 기억에 노출되면 두려움의 재습관화가 이루어지고 결국은 두려움 체계(fear structure)에도 변화가 일어난다고 한다.

정보처리 이론은 기억이 인코딩, 저장, 인출의 과정을 거치며, 각 과정에서 트라우마가 어떻게 영향을 미치는지를 설명한다. 외상적 사건이 일어날 때, 그 사건은 기억으로 인코딩(encoding)된다. 이 과정에서 사건의 강도와 감정적 충격이 크면, 정상적인 인코딩 과정을 방해하여 기억이 왜곡되거나 불완전하게 저장될 수 있다. 인코딩된 기억은 단기 기억과 장기 기억으로 저장(storage)된다. 트라우마는 특히 감정적 요소가 강하게 연관된 기억이기 때문에, 이 기억은 종종 명확하게 조직되지 못하고 분절된 형태로 저장된다. 저장된 기억은 필요할 때 인출(retrieval)된다. 트라우마 기억은 종종 비자발적이고 강렬한 형태로 재경험되며, 이는 PTSD의 주요 증상 중 하나이다.

(2) 서술 기억 vs. 암묵 기억

기억은 크게 서술 기억(명시적 기억)과 암묵기억(절차적 기억)으로 구분한다. 서술기억(Explicit memory)은 사건, 사실, 개념 등 명시적으로 기억할 수 있는 정보를 말하며, 의식적으로 접근하고 기술할 수 있는 기억이다. 암묵 기억(Implicit memory)은 의식적으로 접근할 수 없는 기억으로, 자동적으로 수행되는 행동, 기술, 정서적 반응 등을 포함하며, 절차적 기억(procedural memory)이라고도 불린다.

트라우마 경험은 종종 암묵적 기억으로 존재하며 종종 분리된(dissociated) 형태로 저장되어 의식적 처리와 통합되지 않는다. 이는 기억이 명확하게 조직되지 않고, 단편적이고 감정적으로 강렬한 상태로 남아 있음을 의미한다. 이러한 분리된 기억(dissociated memory)은 의식적으로 접근하지 못하지만, 특정 자극에 의해 무의식적으로 활성화되어 현재의 의식에 침투할 수 있다. 그 결과, PTSD의 주요 증상인 플래시백, 악몽, 과각성 등의 형태로 나타난다.

(3) 트라우마 치료에서 기억 통합의 중요성

기억 통합(Memory integration)은 트라우마 치료의 핵심이다. 분리된 암묵적 기억을 서술기억과 통합하여, 감정적으로 중립화하고 일상생활에 미치는 영향을 줄이는 것이 필요하다. 먼저, 심호흡, 이완 기법, 마음챙김 등 심리적 안정화 기법을 심리교육하여, 감정적 반응을 조절하고 트라우마 기억이 활성화되는 상황에서 평정심을 유지하도록 돕는다. 트라우마 경험을 구체적으로 서술하고 재구성함으로써, 기억을 명확하게 조직하고 통합된 서술 기억으로 전환한다. 안전한 상담 장면하에, 트라우마 기억을 반복적으로 직면하게 함으로써, 기억의 감정적 강도를 줄이고, 이를 통합된 기억으로 전환한다. 이는 편도체의 과도한 활성화를 억제하고, 기억을 재처리하여 안정된 상태로 만든다.

8) 사회인지 이론의 관점에서 본 트라우마와 중독

사회인지 이론(Social-cognitive theory)은 정보처리 이론에서 영향을 받았지만 외상적 사고가 신념체계에 미치는 영향에 주목한다. 이 이론은 호로비츠(Horowitz)의 의견을 넓혀 완성되었으며, 그는 PTSD 연구의 선구자라 할 수 있다. 그는 외상 사건에서 사람들의 첫 번째 반응은 놀라는 것이고, 그다음으로는 외상 사건에 대한 새로운 정보를 본인이 이미 가지고 있던 지식과 정보들에 적용하려고 노력하는 것이라고 주장했다. 이때 사람들은 적용할 수 없는 수많은 정보들에 의해 과부하될 수 있다. 이때 심리적인 방어 기제로 외상 사건에 대한 정보들을 회피하려고 하는 것이라 설명한다.

사회인지 이론에서 감정적 표현은 외상적 기억들이 완벽하게 통합되고 처리되기 위해 필요하다. 이때 외상적 사건과 관련하여 잘못된 믿음이 생기고 그것이 일반화된다면 그 믿음은 자기 자신에 대한 믿음과 세계관까지 뻗어 나가고 재경험으로 인해 이차적인 정서들(예: 자존감, 안정감, 믿음, 통제감)까지 사라진다.

다른 사회인지 이론가들은 '산산이 조각난 신념(theory of shattered assumptions)'에 초점을 맞추었다. 구성주의 이론(Constructivist theory)은 새로운 경험에 대한 의미 부여가 기존에 가지고 있던 세계에 대한 모델에 의해 이루어진다고 했다. 또 다른 학자들은 특별하게 긍정적이거나 부정적인 기존 신념이 좀 더 심한 PTSD를 야기할 수 있다고 생각했다. 관련하여 야노프−불먼(Janoff-Bulman, 1989)은 '이 세상은 공정하다'라는 세상이 의미 있다는 믿음, '외상 사건은 나에게 일어나지 않을 것이다'라는 안정감, '나는 외상 사건을 겪지 않을 만큼 소중한 사람이다'라는 자존감이 외상 사건으로 인해 무너지고 혼란을 야기하여 외상 후 스트레스 장애를 유발한다고 주장했다.

9) 게슈탈트의 관점에서 본 트라우마와 중독

게슈탈트 이론은 트라우마와 중독을 자아의 통합 문제로 설명하며, 감정적 및 심리적 처리를 중시한다. 트라우마는 미완성된 상황으로 남아 감정적 충격을 지속시키고, 중독은 자아의 통합성과 감정 처리의 실패로 나타난다. 치료적 접근은 이러한 문제를 해결하기 위해 현재의 경험과 감정에 집중하고, 자아의 통합을 돕는 것을 목표로 한다.

게슈탈트 이론에 의하면, 트라우마는 '미해결 과제(unfinished business)'로 남아 감정적 충격을 동반한 사건이 적절히 처리되지 않고, 개인의 현재 행동과 정서에 지속적으로 영향을 미친 결과라고 말한다. 궁극적으로, 트라우마 경험은 자아의 통합성을 방해하며, 개인의 자기 인식과 기능에 방해한다.

게슈탈트 치료는 현재의 경험과 감정에 집중하며, 과거의 트라우마가 현재의 감정적 반응에 어떻게 영향을 미치는지를 탐색한다. 이를 통해, 이러한 감정을 현재의 상황과 통합하여 더 건강한 방식으로 처리하도록 한다.

이때, 중독은 감정을 회피하거나 처리하지 않는 방법으로 사용된다. 미해결 과제는 중독적인 행동을 통해 이를 보상하려 할 수 있다. 중독은 더욱더 자아의 통합적 기능을 방해하여, 자아의 부분이 특정 물질이나 행동에 의존하게 되어, 그 의존성이 자아의 다른 부분과의 균형을 깨뜨리게 된다. 게슈탈트 치료는 미해결 과제를 해결하고, 감정을 직접 경험하고 통합하여 중독의 패턴을 변화시키도록 한다.

10) 신체기반 이론에서 본 트라우마와 중독

게슈탈트 치료법은 전통적으로 하향식(top-down) 접근 방식을 사용하는 것으로 분류된다. 주로 인지적·정서적·인식적 차원에서 변화를 추구하며, 주로 대화와 자기 인식, 감정 탐색을 통해 치료적 개입을 진행하기 때문이다. 비록 게슈탈트 치료법에서도 신체를 활용한 기법이 있지만, 전체적인 치료적 개입의 방향성은 하향식으로 보았다.

반면, 신경생리학적 치료기제를 활용하는 치료법 중에서는 신체적 감각이나 생리적 반응을 기반으로 하는 상향식(bottom-up) 접근 방식을 사용하는 경우가 많다. 이러한 접근 방식은 신체적 경험을 통해 치료적 변화를 유도한다. 신체적 경험과 생리적 반응을 중점적으로 다루는 신체기반 치료기법으로는 신체 경험(Somatic Experiencing: SE), 감각운동 심리치료(Sensorymotor Psychotherapy: SP), 무용치료, 휄덴크라이스(Feldenkrais method) 등이 있다.

SE와 SP는 신체적 감각과 운동의 신경생리학적 반응을 중심으로 트라우마를 이해하고 치료하는 접근법이다. 두 이론은 트라우마가 신체에 저장되고, 이를 인식하고 방출하는 과정을 통해 치유할 수 있다고 설명한다. 이러한 접근법은 신체와 감정, 인지를 통합하여 트라우마의 심리적·신체적 영향을 완화하는 데 중점을 둔다.

(1) 신체 경험(Somatic Experiencing: SE)

러빈(Peter A. Levine)이 개발한 SE는 신체의 감각적 경험을 통해 트라우마를 치료하는 접근법이다. 트라우마 경험은 신경계를 과도하게 활성화시켜 지속적인 스트레스 반응을 유발하여, '싸움-도피-동결(fight-flight-freeze)' 반응을 촉진하며 긴장된 신체 상태를 유지하게 만든다. 이에, 신체는 즉각적인 반응을 억제하거나 동결 상태에 빠질 수 있다(신체적 감각의 억압). SE는 이 억압된 감각적 경험은 신체에 저장되어, 이후 비슷한 상황에서 트라우마 반응을 유발한다고 주장한다. 트라우마 경험 후 신경계가 균형을 회복하지 못하면, 해결되지 않은 생리적 반응이 신체에 남아 트라우마 증상을 유발한다. 이는 긴장, 불안, 과각성 등의 형태로 나타난다고 본다. 그 증거로, 동물들은 위협 상황이 끝난 후 신체적 반응을 방출하여 균형을 회복하나 인간은 이러한 자연스러운 방출을 억제하거나 방해받을 수 있으며, 이는 트라우마 증상을 지속시키는 원인이 된다고 시한다. 따라서 SE는 외상 생존자가 신체적 감각을 인식하고 억압된 감각을 안전하게 방출하는 치료적 접근을 취한다. 이를 통해 신경계의 균형을 회복하고, 트라우마 증상을 완화한다. SE는 트라우마 기억을 직접적으로 재경험하는 것(예: 노출치료 등)이 아니라, 신체적 감각을 통해 점진적으로 접근하여 안전한 환경에서 트라우마를 처리하는 방식을 취한다.

(2) 감각운동 심리치료(Sensorimotor Psychotherapy: SP)

오그던(Pat Ogden)이 개발한 SP는 신체와 감정, 인지를 통합하여 트라우마를 치료하는 접근법이다. 이 접근법은 트라우마가 신체에 어떻게 저장되고, 이를 통합하여 치유하는 과정을 다음과 같이 설명한다.

SP에 의하면, 트라우마는 신체에 기억으로 저장되며, 이는 비의식적으로 신체적 반응을 유발할 수 있다. 트라우마 기억은 종종 감정적 경험과 결합되어, 특정 자극에 의해 활성화된다. 트라우마 경험 후 신체적 반응과 감정이 분리될 수 있으며, 이는 신체적 긴장과 감정적 마비를 유발할 수 있다. 이러한 분리는 트라우마 증상을 지속시키는 주요 원인 중 하나이다. 트라우마 상황에서 신체적 반응이 억압되거나 표현되지 못하면, 신체에 트라우마가 저장되고 이후 비슷한 상황에서 다시 나타날 수 있다. 따라서 SP에는 내담자가 자신의 신체적 감각을 인식하고, 이를 통해 감정과 인지를 통합하도록 돕는다. 이는 트라우마 기억을 재처리하고, 신경계의 균형을 회복하는 치료 목표를 둔다. 나아가 SP는 신체적 감각, 감정, 인지를 통합하는 것에도 관심을 둔다.

신체적 감각과 정서적 경험의 상호작용을 통해 감정 조절과 트라우마 회복을 도모하는 SE와 SP는 트라우마의 최초 반응은 심리적 요인보다는 신체적 반응으로부터 시작됨을 강조한다. 예로, 가정 폭력을 목격한 아이는 변연계와 교감신경계의 과다 활성화로 인해 시각이 경직되고, 얼굴과 몸의 근육이 긴장하며, 행동이 정지되는 반응을 보인다. 또한, 교통사고와 같은 외부 충격을 경험할 경우, 우리는 눈앞의 장면에 고착되고 소리에 둔감해지며, 신체가 외부 충격에 따라 반응하게 된다. 이 과정에서 신체는 경험을 기억하고, 이는 장기적인 심리적 영향으로 이어질 수 있다고 주장한다.

그래서, SE와 SP는 신체기반 정서 조절을 강조하는데, 움직임, 그림, 목소리, 글쓰기 등 다양한 표현 예술의 상징적 언어를 활용하여 감정과 신체적 경험을 탐색하고, 신체감각을 인식하고 감정적 경험을 이해함으로써 트라우마와 감정을 조절한다.

신체감각의 언어는 '신체 내적 감각(felt sense)'이라고 하며, 치료적 접근에서는 터치와 소리를 통해 신체와의 연결을 강화하고, 신체적 감각을 다시 경험하며 조절한다. 또한 특정한 움직임이나 동작을 통해 과각성을 조절하고 신체의 긴장을 완화시키는 움직임 의식(movement ritual)을 활용한다.

> 학대 환경에 처한 아이들은 공격의 경고를 탐지하는 뛰어난 능력을 발달시킨다. 이들은 학대자의 내적 상태에 즉각적으로 조율되어 있으며, 가해자의 얼굴 표정, 목소리, 몸짓의 미세한 변화에서 분노, 성적 흥분, 중독, 해리와 같은 신호를 인식하는 방법을 배운다. 이러한 비언어적 의사소통은 매우 자동화되어 있어 대부분 의식적인 자각을 넘어 발생한다. 아동 피해자는 위험 신호를 명명하거나 확인하지 않은 채로 반응하는 것을 학습한다.
>
> −『트라우마: 가정 폭력에서 정치적 테러까지』(1992)에서 발췌−

11) 다중미주신경 이론에서 본 트라우마의 발생 원인

다중미주신경 이론(Polyvagal theory)는 신경과학자 포지스(Stephen Porges)에 의해 개발된 이론으로, 자율신경계의 구조와 기능을 재해석하고, 특히 트라우마와 스트레스 반응을 설명하는 데 중점을 둔다. 이 이론은 자율신경계가 단일한 작동 메커니즘을 가지고 있다는 기존 관점에서 벗어나, 세 가지 주요 신경 경로가 서로 다른 생리적 및 행동적 반응을 조절한다고 주장한다.

다중미주신경 이론은 트라우마가 자율신경계에 미치는 영향을 설명하는 강력한 이론적 틀을 제공한다. 이 이론은 트라우마가 신경계의 과도한 반응을 유발하여 신체적·정신적 증상을 초래한다는 것을 강조한다. 따라서 트라우마 치료는 자율신경계의 균형을 회복하고, 안전과 사회적 상호작용을 증진하는 데 중점을 두어야 한다고 주장한다.

(1) 다중미주신경 이론의 핵심 구성 요소

다중미주신경 이론은 자율신경계를 세 가지 주요 신경 경로로 나눈다.

① 배측 미주신경 복합체(Dorsal Vagal Complex: DVC): 이 경로는 주로 생존 위협에 대한 반응으로 활성화되며, 동결(freeze), 무기력, 감정적 마비와 관련이 있다. 이는 포유류 이전의 고전적인 방어 메커니즘으로, 위협이 너무 커서 도피나 싸움이 불가능할 때 작동한다.

② 심박미주신경 복합체(Ventral Vagal Complex: VVC): 이 경로는 사회적 상호작용, 소통, 안전감을 담당하며, 얼굴 근육, 목, 후두 등을 조절하여 사회적 신호와

표 3-1 다중미주신경 이론의 계통발생학적 단계

신경 경로	주요 기능	생리적 반응	진화적 단계	행동적 특징
배측 미주신경 복합체(Dorsal Vagal Complex: DVC)	동결(freeze) 반응과 무기력 상태 조절	대사율 감소, 심박수 저하, 소화 기능 억제	파충류와 같은 하등 동물	무기력, 감정적 마비, 해리(dissociation)
교감신경계 (Sympathetic Nervous System: SNS)	싸움-도피 (fight or flight) 반응 조절	아드레날린과 코르티솔 분비 증가, 심박수와 혈압 상승, 근육 긴장	초기 척추동물	도망가거나 싸우는 행동, 높은 각성 상태 유지
심박미주신경 복합체(Ventral Vagal Complex: VVC)	사회적 상호작용과 안정 상태 조절	심박수 조절, 안면근육과 후두 조절, 소화 기능 활성화	고등 포유류	안정된 사회적 상호작용, 친밀감 형성, 감정 조절 및 평온한 상태 유지

출처: Porges, S. W. (2007). The polyvagal perspective. *Biological Psychology*, 74(2), 116-143.

관련된 반응을 유발한다. 이는 포유류가 진화하면서 발달한 시스템으로, 안정적이고 안전한 상태를 유지하게 한다.

③ 교감신경계(Sympathetic Nervous System: SNS): 이 경로는 싸움-도피 반응(fight or flight response)과 관련이 있으며, 위협이나 스트레스에 대한 즉각적인 반응을 조절한다. 이는 아드레날린과 코르티솔 분비를 촉진하여 신체를 긴장시키고 빠르게 대응할 준비를 하게 한다.

(2) 트라우마와 다중미주신경 이론

트라우마는 자율신경계의 기능을 크게 변화시키며, 특히 배측 미주신경 복합체와 교감신경계의 비정상적인 활성화와 관련이 있다. 다중미주신경 이론에 따르면, 트라우마는 다음과 같은 메커니즘을 통해 발생한다.

① 배측 미주신경 복합체의 과활성화: 트라우마 경험이 너무 강렬하거나 반복되면, 신경계는 생존을 위해 동결 상태를 선택할 수 있다. 이는 무기력, 감정적 마비, 해리(dissociation) 등과 같은 증상으로 나타난다. 배측 미주신경 복합체가 과활성화되면, 신체는 에너지 절약 모드로 전환되어 생존에 필요한 최소한의 기능만을 유지한다.

② 교감신경계의 과활성화: 트라우마는 또한 교감신경계를 과도하게 활성화시켜 지속적인 불안, 과각성, 과민 반응을 유발할 수 있다. 이는 싸움-도피 반응이 과도하게 활성화되어 신체가 끊임없이 긴장 상태에 놓이게 한다. 교감신경계의 과활성화는 심박수 증가, 혈압 상승, 소화 기능 저하 등을 초래할 수 있으며, 이는 장기적으로 신체적·정신적 건강에 부정적인 영향을 미친다.

③ 심박미주신경 복합체의 저활성화: 트라우마 경험은 안전과 사회적 상호작용을 담당하는 심박미주신경 복합체의 기능을 억제할 수 있다. 이는 사회적 고립, 대인관계 문제, 신뢰 부족 등을 유발한다. 심박미주신경 복합체가 제대로 작동하지 않으면, 개인은 사회적 단서와 신호를 적절히 해석하고 반응하는 능력을 상실하게 된다.

다중미주신경 이론에 기반한 트라우마 치료는 자율신경계의 균형을 회복하고, 심박미주신경 복합체를 활성화하여 안전감을 회복하는 데 중점을 둔다. 이를 위해, 심호흡, 이완 기법, 마음챙김 명상 등을 통해 자율신경계를 안정시키고, 배측 미주신경 복합체의 과활성화를 억제하는 안정화 기법(stabilization techniques)을 사용한다. 또한 안전한 사회적 상호작용을 강화하여, 심박미주신경 복합체를 활성화한다. 이는 신뢰할 수 있는 사람들과의 긍정적인 관계 형성을 통해 이루어진다. 점진적 노출 요법(Gradual exposure therapy)도 활용하는데, 교감신경계가 적응하여 과도한 반응을 줄이고, 배측 미주신경 복합체의 과활성화를 억제하려는 목적이다.

2. 트라우마와 중독상담을 어떻게 하는가

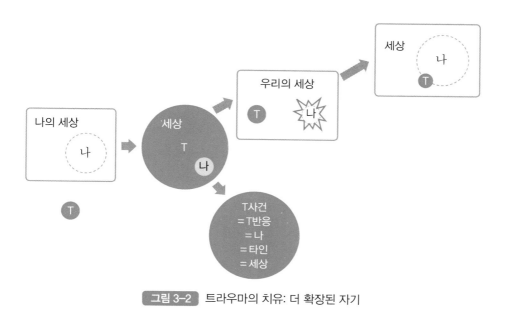

그림 3-2 트라우마의 치유: 더 확장된 자기

[그림 3-2]는 트라우마 사건이 개인의 내적 세계에 어떤 영향을 미치고, 그로

인해 개인이 어떻게 외부 세계와 상호작용하게 되는지를 설명한다.

첫 번째 사각형은 개인의 내적 세계를 나타낸다. 여기서 '나'는 자기 자신과 관련된 주관적 경험과 생각을 의미하며, 세상과 적절하고 융통성 있는 소통을 한다. 트라우마 사건(T)은 나의 세상과 별개에 존재하며, 나의 인지 너머에만 존재한다.

두 번째 단계에서 T사건: 원형의 'T'은 '나'와 '나의 세상'을 삼켜버린 트라우마를 상징한다. 개인의 심리적 경계는 모호해지고 어떤 방식으로 몸과 마음을 움직여야 하는지 모르는 상황이 펼쳐진다. 이로 인해, 다양한 트라우마 반응이 생산된다. PTSD 등으로 발전하게 될 경우, 트라우마 사건과 트라우마 반응, 나/타인/세상이 모두 트라우마 사건과 동일한 개념으로 변질될 수 있다.

세 번째, 적절한 상담심리치료와 사회 지원이 적용되면, 트라우마 사건에서 점차 분리되는 나를 찾아가는 지난하고 고통스러운 과정을 경험할 수 있다.

네 번째, '나'는 마침내 나만의 새로운 경계와 공간을 재정립한다. 경계는 융통성 있고 적절하며, 공간은 트라우마 사건을 나의 자그마한 일부로 품을 수 있을 만큼 확장되어 있다. 나는 다시 세상의 일원임을 알 수 있다.

1) 미국심리학회(APA) 선정 PTSD 심리치료법

미국심리학회(APA)의 Division 12, 임상심리학회(Society of Clinical Psychology, https://div12.org/treatments/)에는 정기적으로 심리장애 치료법에 대한 연구 결과를 기반으로 평가한 내용을 웹 사이트에 공지한다. 현재는 챔블리스와 홀론(Chambless & Hollon, 1998) 또는 톨린(Tolin, 2015)의 준거에 따라 평가된 내역이고, 이를 참조하여, 트라우마와 중독 관련 효과적인 치료기법을 정리하였다.

우선, PTSD에는 9가지 심리치료법에 대한 평가가 게시되어 있다.

우선, 2개 모두 기준에서 평가가 보고된 기법은 2개인데, 안전기반치료(Seeking Safety for PTSD with Substance Use Disorder)는 강력한 증거기반치료(Strong Research Support)로 나왔고, 스트레스 면역 훈련(Stress Inoculation Training)은 중간 수준(Status; Modest Research Support)로 평가되어 있다.

2015 기준(Tolin et al., 권고안)에서는 재평가 보류 중(Treatment pending re-evaluation)이나 1998 준거(Chambless et al., EST)에서, 지속적 노출치료(Prolonged Exposure Therapy)와 인지처리치료(Cognitive Processing Therapy)는 강력한 증거기반치료기법(strong)으로 평가받았다.

중간(Modest)의 평가를 받은 치료기법은 가속해결요법(Accelerated Resolution Therapy)과 맘 파워(Mom Power: Promoting Resilience in Mothers & Families)이다.

업데이트 보류 중(Update pending)으로 표시된 기법은 2개인데, 안구 운동 둔감화 및 재처리(Eye Movement Desensitization and Reprocessing: EMDR), 현재중심치료(Present-Centered Therapy)이다.

마지막으로 잠재적으로 유해할 수 있다(No Research Support/Treatment is Potentially Harmful)는 평가를 받은 기법은 심리적 디브리핑(Psychological Debriefing)이다.

인지행동치료(cognitive behavior therapy: CBT)는 오래 역사만큼 치료법에 있어 그 안정성과 효과를 입증받고 있고, 현재까지도 증거기반치료로 탁월성을 드러낸다.

① 안전기반치료(Seeking Safety): 트라우마/PTSD 및 약물 남용으로부터 안전을 확보할 수 있도록 돕는 현재 중심 치료법이다. 이 치료법은 자세하고 방대한 메뉴얼이 제공되며, 내담자용 유인물과 심리치료자용 위한 지침을 모두 제공하여, 초심자들이 활용하기에 유용하다. 또한, 안전기반치료는 수행방식이 유연하여, 다양한 형식(개인, 집단치료), 인종, 환경(외래, 입원, 주거)에서 연구 결과가 나왔고, PTSD 진단기준을 충족하지 않는 사람들(예: 복합외상 생존자)에게도 사용되고 있다.

② 스트레스 면역 훈련(Stress Inoculation Training): 스트레스와 불안을 관리하기 위한 대처 기술을 가르치는 것이 주요하다. 여기에는 심부 근육 이완, 인지 구조 재구성, 호흡 운동, 자기주장 기술, 생각 멈추기, 역할극, 자기 대화 안내 등의 훈련이 포함된다. 스트레스 면역 훈련은 인지행동치료 등과 주로 함

께 사용된다.

③ 지속적 노출치료(prolonged exposure Therapy: PE): 트라우마와 관련된 생각, 감정, 상황에 반복적으로 노출되면 고통을 유발하는 힘을 줄인다는 기본 전제를 가진다. 안전한 치료 장면에서 외상 기억을 회상하고 재방문 경험을 처리하는 상상 노출과 현재 안전하지만 이전에 회피했던 외상 관련 자극에 반복적으로 직면하는 실제 노출이 있다. APA가 제안한 소요 시간은 약 8~15회기이다.

④ 인지처리치료(Cognitive Processing Therapy): 외상에 대한 인식의 내용을 바꾸어 외상에 대한 정서적·행동적 반응에 영향을 준다는 전제를 가진다. 치료 초기에는 트라우마가 발생한 이유에 대한 질문에 초점을 맞춘다. 이후, 진도별 활동지를 사용하여 트라우마가 자신, 타인 및 세상에 대한 내담자의 신념에 미치는 영향에 초점을 맞춘 인지치료이다. APA가 제안한 소요 시간은 약 12회기이다.

⑤ 가속해결요법(Accelerated Resolution Therapy; 이하 ART): 뇌가 외상 기억과 이미지를 저장하는 방식을 변화시켜 빠른 회복을 촉진하는 치료법이다. 이 접근법은 외상 후 스트레스와 관련된 강한 신체적·정서적 반응을 완화할 수 있다.

ART는 트라우마 및 기타 심리적 스트레스 요인의 영향을 줄이기 위해 여러 형태의 심리치료의 원리를 통합한다. 이 접근법은 빠른 안구 운동(rapid eye movement), 실제 노출(in vivo exposure), 이미지 재구성(image rescripting) 등의 기법을 사용하여 외상 기억을 회복하는 데 효과적이다. 치료 과정 중 재외상화(retraumatization)의 위험이 높은 내담자에게 선택안이 된다. ART는 상담시간 내 통제권을 외상 생존자에게 주며, 치료 과정에서 자발적 기억/이미지 대체를 통해 외상성 기억을 보다 긍정적 상상으로 대체하도록 돕는다. 이 접근법은 사람들이 외상성 기억과 관련된 감정을 바꾸는 데 도움이 되며, 트라우마의 세부 사항에 대한 기억이 더 이상 강한 신체적·정서적 반응을 일으키지 않는 데 도움이 된다. APA가 제안한 소요 시간은 약 1~5회기이다.

⑥ 맘 파워(Mom Power; Promoting Resilience in Mothers & Families): 애착 이론, 인지행동 및 변증법적 행동 전략을 적용하여 우울증에 효과적인 치료법(Modest)인 동시에, 부모, 특히 어머니와 자녀 간의 관계를 강화하여 부모의 PTSD 증상을 감소시키는 데 효과적으로 보고된다. 맘 파워는 트라우마와 관련된 부모의 심리적 어려움을 다루며, 부모의 정신건강을 개선하고 자녀와의 안정적인 애착을 촉진하는 방식으로 PTSD 치료에 기여한다. 맘 파워는 다양한 방법과 여러 분야의 전략을 통해 부모의 역량을 강화하는 것을 목표로 하는 집단상담 10회, 개인상담 3회, 총 13회로 구성된다.

⑦ EMDR: 눈의 움직임이나 다른 양식의 양측 자극을 사용하여 트라우마 기억을 재처리하는 방식으로, 이 기법은 노출치료 시 재외상의 고통이 심한 사례에서 좀 더 거리감 있는 치료 장면을 만드는 데 도움이 된다.

⑧ 현재중심치료(Present-Centered Therapy): 트라우마에 초점을 맞추지 않고 현재의 부적응적인 관계 패턴/행동 변화, 트라우마가 내담자의 삶에 미치는 영향에 대한 심리교육 제공, 현재 문제에 초점을 맞춘 문제해결 전략 사용 교육에 기반을 둔다(Mcdonagh et al., 2005; Classenet al., 2011; Schnurret al., 2003). 현재중심치료는 노출(exposure) 및 인지 재구조화(cognitive restructuring techniques)를 생략한다.

⑨ 심리적 디브리핑(Psychological Debriefing: PD): APA 평가는 임상가가 트라우마 치료에서 경계해야 할 함의점을 제공한다. PD는 트라우마 사건 직후 정서적·심리적 지원을 제공하는 공식적인 버전으로, PTSD와 기타 부정적인 후유증의 발생을 예방하는 것이 목표이다. 대부분의 PD는 트라우마 사건 직후에 1~3시간 정도 지속되는 단일 회기의 형태로 이루어진다. 치료 시기와 PD을 제공하는 임상자의 자격은 다양하며, 집단의 형태로 제공되는 경우가 많다. PD는 위기 개입, 집단용 PD, 중대한 사건 PD, 과정 디브리핑 등 다양한 방식으로 만들 수 있고, 그 종류도 다양하다.

PD를 받은 직후에는 PD가 도움이 되었다고 보고하는 개인들도 있지만, 그럼에도 불구하고 잠재적 위험이라는 APA의 평가는 중장기 효과에 대한 연구 결과에 기초한다.

실제로 한 메타 분석에 따르면, 외상 사건 후 아무런 치료를 받지 않은 경우에 비해 PD 후 외상 증상의 증가가 더 나타났다(Van Emmerik et al., 2002). 즉, PD가 외상의 자연적 치유를 저해할 수 있다. PD은 외상 후 약 2주 후에 4~5회 동안 진행되는 급성 스트레스 장애에 대해 시행되는 단기 인지행동치료(CBT)와는 다르며, 단기 CBT는 강력한 연구 결과를 뒷받침된다(참조: Bryant, Sackville, Dangh, Moulds, & Guthrie, 1999; Foa, Hearst-Ikeda, & Perry, 1995).

2) 미국심리학회(APA) 선정 중독 관련 심리치료법

물질 사용 장애(Substance Use Disorders: SUD)에 대한 APA 평가를 살펴보면, 알코올 심리치료의 유일한 심리치료 기법으로 안전기반치료(Seeking Safety for PTSD with Substance Use Disorder)가 강력한 증거기반치료(Strong Research Support)로 소개되었고, 코카인(Cocaine) 의존의 경우도 단 하나의 심리치료 기법으로, Prize-Based Contingency Management가 중간 수준(Modest)으로 평가되었다. 도박 중독(Gambling Disorder)에는 인지행동치료가 강력한 증거기반 기법(2015 EST Status: Strong)으로 소개되었다.

① 인지행동치료(2015 EST Status: Strong): 학습 원리를 전제로 약물 사용의 근간이 되는 행동 및 인지 과정을 표적으로 삼아 약물 사용 장애(SUD)를 치료하는 것을 목표로 한다. 약물 사용의 전조와 결과에 대한 인식을 높이고 환경과 사회적 강화를 통해 약물 사용을 줄이거나 없애는 행동 변화 원리를 활용하여 이러한 과정에 개입하는 데 초점을 맞춘다. 약물 사용에 대한 CBT의 회기 수와 치료 기간은 매우 다양하지만, 표준 접근 방식은 약 6~14회기이다.

② 유관적 행동 관리(Contingency Management, 2015 EST Status: Strong): 특정 행동이 강화되면 미래에 해당 행동이 발생할 확률이 높아진다는 기초 행동 이

론에 근거한 구조화된 행동치료법이다. CM의 주요 요소는 다음과 같다. ⓐ 객관적으로 검증 가능한 목표 행동을 지속적으로 모니터링, ⓑ 유형적 (tangible) 강화제를 사용하여 목표 행동이 발생할 때마다 즉시 강화, ⓒ 목표 행동이 충족되지 않을 경우 강화의 보류. 주로 약물 금단이 목표 행동으로 설정되지만, 치료 출석, 복약 준수, 치료 관련 활동 참여와 같은 다른 목표 행동도 포함된다. 내담자는 약물 음성 소변 샘플 제출 또는 치료 출석에 따라 강화 혜택을 받는다.

CM은 상금 기반(어항) CM과 바우처 CM이라는 두 가지 체계를 통해 제공된다. 상금 기반 CM에서는 내담자가 어항에서 추첨을 통해 1,000원에서 100,000원 상당의 상품을 받을 수 있는 기회를 얻는다. 바우처 CM에서는 내담자가 정해진 금액의 바우처를 획득하며, 이 바우처는 상품 및 서비스로 교환할 수 있다. 강화제는 목표 행동이 지속될수록 점차 증가하는 방식으로 제공된다.

CM 치료는 일반적으로 8~24주 동안 시행되며, 다른 치료법의 보조 수단으로 활용되는 경우가 많다. CM은 절충적/표준 집단치료, 12단계 치료, 인지행동치료, 지역사회 강화 접근법(Community Reinforcement Approach Therapy), 동기강화상담(Motivational Enhancement Therapy) 등 거의 모든 형태의 치료와 통합할 수 있다.

특히, 금주 강화를 위해서는 다음과 같은 조건을 충족하는 것이 중요하다: 단일 약물 또는 단일 약물 계열(예: 각성제)의 금주를 목표로 할 경우, 소변 검사 모니터링을 최소 주 2회 실시하고, 현장에서 즉각적인 검사 결과와 강화가 이루어지며, 강화 정도가 근거기반 프로토콜에 부합할 때 CM의 최상의 결과를 기대할 수 있다.

③ 일반 외래 환자를 위한 체계적인 치료 선택(Systematic Treatment Selection for General Outpatient Populations: STS, 2015 EST Status: Treatment pending re-evaluation/1998 EST Status: Strong): 경험적 원칙을 사용하여 통합 치료 계획을 작성하고 내담자의 개인적 특성과 문제 특성에 따라 임상 변화를 최적화

하는 절차를 식별하는 증거기반치료이다. STS는 치료사가 증거 중심의 변화 원칙에 따라 다양한 접근 방식 중에서 절차와 치료 양식을 선택할 수 있도록 안내하는 '처방적 심리치료'이다. STS는 내담자의 대처 스타일과 관련하여 인지행동치료와 정신역동치료를 통합한다. STS는 8~24회기의 틀 안에서 진행된다. 기간은 내담자의 기능장애 수준, 변화에 대한 준비도, 내담자에게 맞는 효과적인 개입을 선택하고 사용하는 치료사의 유연성에 따라 달라진다. 효과는 일반적으로 6개월 및 12개월 추적 조사에서도 유지된다.

④ 행동적 부부치료(Behavioral Couples Therapy, Strong): 강력한(Strong) 증거기반 치료기법으로 보고된다. 특히, 알코올 중독에 초점을 둔 알코올 사용 장애에 대한 행동적 부부치료(Alcohol Behavioral Couples Therapy: ABCT)는 알코올 사용 장애가 있는 개인과 친밀한 파트너를 위한 외래 내담자용 치료법이다. ABCT는 ⓐ 친밀한 파트너의 행동과 부부 상호작용이 음주를 유발할 수 있다, ⓑ 친밀한 파트너가 금주에 대한 보상을 줄 수 있다, ⓒ 긍정적인 친밀한 관계가 음주 행동을 변화시키는 주요 동기의 원천이다, ⓓ 관계 고통을 줄이면 재발 위험이 줄어든다는 4가지 가정에 기초한다. 인지행동치료사는 인지행동치료를 사용하여 알코올 남용자 및 파트너와 협력하여 내담자의 음주를 유발하거나 강화하는 파트너의 행동을 파악하여 감소시키고, 긍정적인 변화의 강화와 금주 계약의 사용을 통해 내담자의 변화 노력에 대한 파트너의 지원을 강화하고, 긍정적인 감정을 높이고 건설적인 의사소통과 문제 해결을 개선하도록 설계된 활동과 과제를 통해 긍정적인 부부 상호작용을 증가시키고, 금주를 달성하고 유지하기 위한 대처 기술과 재발 방지 기술을 향상시킨다.

치료 프로그램은 치료 계획을 위한 2~3시간의 평가와 내담자가 파트너와 함께 하는 매주 12~20회로 구성된다. 치료는 부부 치료와 알코올 사용 장애에 대한 특정 치료 개입에 적용되는 인지행동 원칙을 따른다. 일반적인 회기 구성은 ⓐ 지난 상담 이후의 음주 상황을 질문하고, ⓑ 부부가 숙제를 토론하며, 필요하면 금주 계약서를 작성하고, ⓒ 부부가 지난 상담 이후의 음주 또는 관계 문제에 대해 토론하고, ⓓ 상담자가 새로운 자료를 제시하고 부부는 이에 적극적인 학습 활동에 참여하고, ⓔ 다가오는 고위험 상황에 대해 토론하고, ⓕ 상담자가 새로운 숙제를 제시하는 순서로 이루어진다. ABCT는 알코올 사용 장애 치료 경험이 있고 인지행동치료에 대한 지식을 갖춘 공인/면허를 갖춘 정신건강 또는 중독 전문가의 진행을 추천한다.

⑤ 적당 음주(Moderate Drinking for Alcohol Use Disorders, Modest): 행동 자제 훈련 원칙에 기반한 웹 애플리케이션이다. 사용자가 목표를 설정하고, 자신의 행동을 스스로 모니터링하고, 입력한 내용을 바탕으로 진행 상황에 대한 자세한 피드백을 받을 수 있도록 안내하는 구조화되고 상호작용하는 개별화된 프로그램이다. MD에는 동기 부여, 유발 요인 파악 및 관리, 대안 개발, 문제 해결, 금단 및 재발에 대한 대처, 금주 고려, 기분 자가 모니터링 등의 모듈이 있다. 먼저 목표(금주 또는 절주) 선택, 변화의 동기 부여, '30일 금주'(1~30일 범위에서 스스로 정한 유연한 금주 기간), 음주 목표/한도 설정, 음주 자가 모니터링 등을 권장한다. 사용자는 사이트에 다시 로그인할 때 자가 모니터링 데이터를 입력하면 프로그램이 진행 상황에 대한 자세한 피드백을 생성한다. 모듈을 순서대로 진행할 것을 권장하지만, 사용자는 자신의 필요에 가장 적합한 모듈을 선택할 수 있다. 자세한 내용은 헤스터, 딜레이니, 캠벨 및 핸드메이커(Hester, Delaney, Campbell, & Handmaker, 2009)에서 확인할 수 있다.

⑥ 보상기반 강화관리(Prize-Based Contingency Management for Alcohol Use Disorders; Modest): 강화된 행동은 그 빈도가 증가한다는 기본적인 행동 연구에서 발전한 것이 바로 강화 관리(CM) 치료법이다. CM은 ⓐ 변화의 대상이 되는 행동을 자주 모니터링하고, ⓑ 유형적이고 점진적인 강화제를 사용하여 행동이 발생할 때마다 행동을 강화하는 구조화된 행동치료법이다. 변화의 대상이 되는 행동은 약물 사용 행동인 경우가 많지만, 치료 출석과 같은 다른 행동도 강화될 수 있다. 내담자는 약물 음성 소변 샘플을 제출하거나 치료에 출석하면 1달러에서 100달러 상당의 상품을 받을 수 있는 기회를 얻게

되며, 금주 또는 출석을 지속하면 상품을 받을 수 있는 기회가 증가한다.

일반적으로 CM 치료는 8~24주 동안 진행되며, 일반적으로 다른 치료의 보조제로 CM이 제공된다. 절충적/표준 집단치료, 12단계 치료, 인지행동치료, 지역사회 강화 접근법 치료, 동기강화치료 등 거의 모든 형태의 치료와 통합할 수 있다.

금단 강화의 경우, 일반적으로 단일 약물에 대한 금단 강화(강화치료를 받기위해 여러 약물을 동시에 금단해야 하는 것과는 반대), 주 2회 이상 소변 검사 모니터링을 실시하는 경우, 현장(오프사이트가 아닌) 검사 절차를 사용하는 경우, 강화 강도가 높은 경우 CM의 최상의 결과를 달성할 수 있다. 강화 CM 제도는 강화 및 관리 비용을 최소화하면서 내담자 치료 결과를 개선하기 위해 고안되었다.

⑦ 프렌즈 케어(Friends Care, Modest): 독립형 커뮤니티 시설에서 6개월간 진행되는 애프터케어 프로그램이다. 프렌즈 케어의 구조와 구성 요소는 이전의 지속적인 치료 연구와 긍정적인 치료 결과를 촉진하는 것으로 밝혀진 지역사회 영향에 대한 연구 결과에 기반한다. 약물 남용 치료 프로그램을 퇴소하는 개인은 퇴소 예정일 최대 한 달 전에 연락하여 프렌즈 케어에 대해 안내하고 함께 일하게 될 사후 관리 직원을 소개하며 예비 사후 관리 계획을 공동으로 개발한다. 서비스는 감독 사례 관리자의 지시에 따라 상담사가 제공하며, 마약 없는 생활을 위한 지역사회 지원 구축에 중점을 둔다.

세부 실행 매뉴얼에 설명된 절차에 따라 다음 서비스의 전부 또는 일부가 사후 관리 계획에 명시된 빈도로 제공된다. ⓐ 위험 감소 행동 및 친사회적 기능을 검토하고 강화하는 지원 상담, ⓑ 필요한 자원을 얻기 위한 기술 구축을 포함한 사례관리 서비스, ⓒ 내담자의 배우자/파트너 및 관련 가족과의 협력, ⓓ 구직 및 직장 태도 기술 구축을 통한 고용 획득/유지, ⓔ 지원 커뮤니티 그룹 및 조직과의 연계, ⓕ HIV 예방 행동 검토, ⓖ 위기 개입, ⓗ 응급 상황에 대한 주문형(on demand) 상담.

⑧ 약물 사용 장애에 대한 자기 변화 유도(Guided Self-Change: GSC, Modest) 치료:

인지 행동, 동기 부여 면담, 재발 방지 기술을 통합하여 개인이 알코올 또는 기타 약물 문제를 기능적으로 분석하고 변화를 위한 계획을 스스로 수립할 수 있도록 도와준다. 이 프로그램은 개인 또는 집단 형식으로 제공될 수 있다. 자기 변화 안내는 알코올 또는 약물 문제가 심각하지 않은 사람에게 특히 적합하다. GSC 클리닉 웹 사이트에는 치료사 및 내담자 유인물, 내담자를 위한 숙제, 기타 임상 및 동기 부여 유인물 및 양식, 임상 팁 및 도구, TLFB(TimeLine Follow Back) 양식, 지침, 달력, 엑셀 컴퓨터 프로그램 등 영어와 스페인어로 인쇄 가능한 다양한 자료가 포함되어 있다.

⑨ 동기강화상담(Motivational Interviewing, Motivational Enhancement Therapy: MET, and MET plus CBT for Mixed Substance Abuse/Dependence, Strong): 내담자의 변화에 대한 동기와 의지를 강화하기 위한 간단한 개인 중심 임상 방법이다. 밀러(Miller, 1983)가 처음 설명한 이 방법은 원래 약물 사용 장애를 가진 사람들을 위해 고안되었지만 이후 의료, 교정, 정신건강 및 사회복지 분야에서 더 널리 적용되고 있다. 특히, 변화에 대해 주저하거나 양가감정이 있거나 방어적인 내담자에게 적합하다. 칼 로저스의 연구에 뿌리를 두고 있는 MI는 그럼에도 불구하고 전략적으로 목표 지향적이어서 변화를 촉진하는 데 중점을 둔다. MI의 전반적인 정신 또는 스타일은 협력적이고 공감적이며, MI의 과정은 일반적으로 1~4회기로 진행된다. MI는 치료사가 내담자에게 부족한 것(예: 기술, 통찰력, 지식)을 제공하는 결핍 모델 대신, 내담자 자신의 동기, 강점 및 자원을 불러일으키려고 노력한다. MI에서는 변화의 심리언어학에 기초하여, 후속 변화를 예측할 수 있는 내담자 말의 특정 측면에 특히 주의를 기울인다. 치료사는 저항과 방어성을 최소화하기 위해 수용적인 분위기 속에서 내담자 자신의 변화 이유를 이끌어 내고 탐구한다.

MI 치료사는 다양한 전략을 사용하여 내담자의 '변화 대화'를 이끌어 내고 강화한다. 어떤 질문을 할 것인지, 어떤 내용을 반영하고 요약할 것인지 결정하기 위한 구체적인 지침이 있다. 연구에 따르면 MI를 일관되게 수행한 경우 내담자의 변화 대화를 크게 늘려서 행동 변화를 예측할 수 있는 것으로 나타났다. MI를 배우는 치료사는 일반적으로 내담자 중심의 상담 기술(성찰적 경청, 열린 질문, 긍정, 요약)의 강력한 기초를 개발하는 것으로 시작한 다음, 이러한 기술을 전략적으로 사용하여 내담자의 변화 대화를 식별하고, 불러일으키고, 강화하는 방법을 학습한다.

동기강화치료(MET)는 MI의 임상 스타일과 개별 평가 피드백을 결합한 것으로, 변화에 대한 양면성을 개발하는 것이 초기 과제인 준비가 덜 된 고객에게 특히 유용하다. 원래는 다기관 프로젝트 MATCH를 위한 매뉴얼 가이드 개입(Miller et al., 1992)으로 개발되었으며, 4회기 MET가 12회기 인지행동치료 또는 12단계 촉진 치료와 비슷한 수준의 알코올 소비 및 문제를 장기적으로 감소시킨 무작위 임상 시험(프로젝트 MATCH 연구 그룹, 1997)에서도 그 효과가 입증되었다. MI와 MET는 다중 사이트 COMBINE 연구에서 테스트된 바와 같이 인지행동치료(CBT)와 같은 다른 접근법과 결합할 수 있다(Anton et al., 2006; Miller, 2004).

3) 최근 기법

최근에는 아동·청소년 대상 외상 중심 인지행동치료(Trauma-Focused CBT: TFCBT)가 PTSD 증상 완화와 우울과 불안 완화에 효과적이라는 연구 결과를 내고 있다. 생리학적 접근(Physiological approaches)으로, SE와 SP가 있으며, 각각 신체감각과 신체적 움직임을 통해 상향식 처리 방식을 사용하여, 트라우마 반응을 조절하고 감정 인식을 하는 데 중점을 둔다. 3세대 인지행동치료에는 마음챙김(Mindfulness), 감정, 수용(예: 수용전념치료, ACT), 관계, 가치, 목표, 메타인지 등의 개념을 전통적 인지행동치료와 결합한다.

① 수용전념치료(Acceptance and Commitment Therapy: ACT)는 혼합형 불안장애(Mixed Anxiety Disorders)에 중간 수준(1998 EST Status: Modest Research Support)의 증거기반 효과성을 나타낸다. ACT는 수용과 변화에 관한 것으

로, 원치 않는 생각과 감정을 바꾸려는 노력에서 벗어나 현재 순간에 집중하고 내담자가 가장 중요하게 여기는 것에 행동하도록 돕는다. 관계 프레임 이론에 기반한 행동치료인 수용 및 헌신 치료(ACT)는 원치 않거나 두려운 생각, 감정, 기억, 신체감각과 개인이 맺고 있는 관계를 변화시키는 것을 목표로 한다. 수용 및 마음챙김 전략은 회피와 인식에 대한 집착을 줄이는 대신 현재에 집중하고 심리적 유연성을 높이도록 돕는다. 내담자는 자신의 목표와 가치를 명확히 하고 행동 변화 전략에 전념하는 방법을 배운다. APA 추천 소요 시간은 약 12회기이다.

② 우울에 효과적으로(1998 EST Status: Strong Research Support Strong: APA) 평가받는 마음챙김을 결합한 마음챙김에 근거한 스트레스 완화(Mindfulness-Based Stress Reduction: MBSR)와 마음챙김 기반 인지치료(Mindfulness-Based Cognitive Therapy: MBCT)도 트라우마 반응을 조절/관리하는 데 도움이 된다.

③ 또한 트라우마와 관련이 높은 성격장애로 알려진 경계선 성격장애(Borderline Personality Disorder)의 치료기법인 변증법적 행동치료(Dialectical Behavior Therapy: DBT)도 3세대 인지행동치료군으로서 그 효과성에 대한 연구 자료가 많이 나오고 있다(1998 EST Status: Strong Research Support, APA).

3. 트라우마 상담의 치료 요인은 무엇일까

1) 안전감

(1) 안전감의 중요성

안전감(Safety)은 인간의 기본적이고 필수적인 감정이다. 시각절벽 실험에서 나타난 것처럼, 인간은 태어나면서부터 본능적으로 안전감을 추구한다. 안전하게 살아가는 방법은 절차 기억에 암묵적으로 저장되며, 이는 우리가 무의식적으로도 자동적으로 큰 노력 없이 자신에게 가장 안전한 환경과 행동을 선택하도록 만든다. 트라우마 사건의 본질은 이러한 안전감이 한순간에 산산조각 난 경험이며, 오랫동안 안전감에 익숙한 사람들(예: 상담자)은 종종 이러한 안전감의 부재를 공감하기 어려울 수 있다.

(2) 안전 장소(Safe Environment) 확보

안전한 환경을 제공하는 것은 내담자가 상담에 참여하고, 자신의 경험과 감정을 표현하는 데 필수적이다. 이는 신체적 안전뿐만 아니라 정서적·심리적 안전도 포함한다. 상담실은 편안하고 조용하며, 비밀 보장이 되는 공간이어야 한다. 예로, 가정폭력상담센터의 안전 확보를 위해, 주소를 외부에 드러내지 않기도 한다.

(3) 안전한 치료동맹

상담자는 내담자와의 신뢰 관계를 구축하여 상담 장면에서의 정서적·심리적 안전감을 구축해야 한다. 대체로 외상 생존자는 자기/타인/세상에 대한 신뢰가 무너진 상황인데, 이로 인해 상담자를 믿는 것도 더디고 어렵다. 상담자는 이를 늘 염두에 두고 자신의 조바심을 경계해야 한다. 상담 회기 내에서, 천천히 부드럽게 말하는 것은 교감신경계 과활성화에 따른 외상 반응을 예방하고 조절하는 데도 도움이 된다. 부드럽고 천천히 말하는 말투와 톤도 내담자에게 안정감을 주고 긴장감을 줄이는 목적에 기여할 수 있다.

(4) 응급 정서 조절: 호흡, 이완, 마음챙김

안전감을 확보하기 위해서, 압도적인 감정으로 인한 고통을 즉시적으로 완화해야 한다. 여기에, 간단한 호흡과 이완 기법, 마음챙김을 활용할 수 있다.

2) 신경생리학적 안정: 트라우마와 중독상담의 필수 치료 요인

심리치료에서의 신경생리학적 안정이란 안정적 바이탈이 확보되어야만 수술에 들어가는 원리와 같다. 내담자의 신경계가 안전 범위 밖에서 활성화된 상태는 재외상화의 위험이 높아지고, 상담자의 어떤 기법이나 전략도 내담자 안에서 효율적으로 통합되기 어려우며, 궁극적으로 상담의 효과성이 떨어지고 상담자의 소진으로 이어진다.

신경생리학적 안정을 위해, 첫째 세로토닌 재흡수차단제(SNRI)와 같은 약물치료를 병행한다. SNRI는 항우울제 및 항불안제의 대표적 약물이며, 세로토닌과 노르에피네프린의 재흡수를 차단하여 두 신경전달물질의 농도를 증가시킨다. 이를 통해, 기분 안정, 불안 감소, 신경계의 균형 회복을 도모할 수 있다.

둘째, 심리교육(psychoeducation)이다. 트라우마의 본질은 '예상 밖의 사건이 발생했고 자신은 이에 대처할 역량이 부재하다'인데, 이 역량에는 인지적 정보의 부재로 인한 낭패감도 포함된다. 따라서 내담자가 경험하는 증상에 대해 인지적 이해를 충전한다면, 자신의 경험을 정상화하고 고통에 압도된 자신에 대해 보다 연민 어린 관점을 가져오게 도울 수 있다.

셋째, 정서 조절 기술(emotion regulation skills)이다. 트라우마 반응으로 과도하게 활성화된 상태에서 벗어나도록(activation vs. settling) 이완 기법, 심호흡, 근육이완 등을 많이 연습한다. 이를 통해 절차기억화된 정서 조절 기술은 안전감 확보를 넘어 삶 전반에 걸쳐 경험할 수 있는 강렬한 감정과 스트레스를 관리할 수 있다는 자기효능감을 확장할 수 있다.

넷째, 신체적 건강 증진(enhancing physical health)이다. 신체적 건강을 증진시키는 활동을 장려하여 정서 조절을 일상화(routine)로 만들어야 한다. 여기에는 운동, 영양, 수면 등이 포함된다.

3) 통제감

트라우마 경험은 개인이 원하지 않는 일이 강제로 일어나는 상황에서 발생하였는데, 그 후 과정조차 자신의 통제감과 상관없이 펼쳐지는 무력감에서 온다. 이 무력감은 외상 이후 삶에서조차 전반적인 통제감을 상실하게 만든다. 상담자는 내담자가 다시 자신의 삶에 대한 통제감을 회복하도록 돕는 상담전략과 기법은 매우 필수적이며, 이는 외상 전문가만이 할 수 있는 요소는 아니다.

첫째, 현장에서 즉각적인 지원을 제공하는 첫 대응자(first responder)가 외상 생존자에게 외상 후 첫 번째 통제감을 부여하는 낙인과 같이 중요한 역할을 한다. 그들의 말 한마디, 행동 하나, 제안 하나가 외상 생존자의 통제감을 회복시키는 데 큰 도움을 줄 수 있다. 어떤 상황이 벌어졌는지 정확한 정보를 제공하고, 충격 상태의 외상 생존자나 만성적 외상 반응을 가진 내담자에게 상담 회기 내에서 통제감을 부여하는 것이 효과적이다.

둘째, '상담 회기 동안 내담자가 원하지 않는 일은 일어나지 않고 모든 일은 예측 가능한 범위 내에서 경험한다'는 대전제에 따라, 매 회기 시작은 상담 주제를 충분히 설명하여 내담자가 직관적 · 인지적 예측성을 가질 수 있도록 돕는다. 또한 구조화된 틀(예: 상담시간)에 따라 회기 진행을 하는 것이 경계 설정을 통한 통제감 회복에 기여한다.

셋째, 상담자료의 안전한 경험이다. 트라우마화의 속성은 원하지 않는 일이 일어난다는 데 있다. 따라서 상담자는 내담자가 반대의 경험을 안전하게 회기 내 경험할 수 있도록 모든 치료 과정에서 내담자의 선택을 최우선으로 한다. 상담자는 치료 과정과 방법을 내담자에게 명확히 설명하고, 동의를 구한다. 예로, "지금 우리가 진행할 방법에 대해 설명드리겠다. 이 방법이 괜찮으신가요?" 또한 청유형과 개방형 질문을 통해 내담자가 자신의 생각과 감정을 자유롭게 표현하도록 격려한다.

노출치료를 진행함에 있어도, 핵심 순간(hot spot)을 감당할 수 있다는 내담자의 자기결정권이 안전한 회기, 재외상화를 줄이는 회기를 만드는 데 도움이 될 것이다.

이렇게 자기 결정권이 행사되고 존중받는 경험이 쌓이면, 내담자는 일주일에 적어도 한 시간 동안 자신이 원하지 않는 일은 일어나지 않는다는 내적 명제를 회복할 수 있다. 이 작은 성취 경험은 안전감의 일반화뿐만 아니라 일상으로의 통제감 강화에 큰 디딤돌이 된다.

넷째, 자신의 몸에 대한 자각(awareness)의 확대는 일상에 대한 통제감으로 이어진다.

내담자가 자신의 감정과 신체적 반응을 인식하여 이해하여, 자신이 원하는 방식으로 건강하게 조절할 수 있도록 돕는다. 이를 통해, 외상 생존자는 자신의 몸의 윤곽을 선명히 하고, 이는 타인과 세상과의 건강한 경계를 설정하고 이를 통제할 수 있는 유능감을 회복할 수 있다.

4) 연결성

> 삶의 진정한 의미는 마치 세상과 닫혀 있는 것처럼 한 사람이나 그 사람의 심리에서 찾는 것이 아니라 그 세상에서 발견되는 것이다(Frankl, 1963).

트라우마 경험은 기존의 자기가 산산조각 나는 경험이다. 따라서 상담은 이 흩어진 조각들을 일일이 맞춰 가는 지난한 작업일 수 있다. 산산조각 나서 산재되고 고립되고 단절된 상태에 있는 자기/타인/세상에 대한 체계를 하나씩 끼워서 연결해 나가는 작업이 필요하다. 자신도 없는데 타인과의 연결은 불가하다. 따라서 연결성은 끊임없는 자기정체감의 경계 설정(boundary setting)을 통해 자신을 온전히 유지하면서 타인과 관계하는 경험을 하는 데서 비로서 치료적 기능을 한다.

첫째, 연결감은 자기 자신과의 연결감이다. 압도적인 트라우마 사건과 그에 따른 외상 반응은 신체가 품어내기에 너무나 거대하기에, 외상 생존자는 생존을 위해 자신의 상태에 대한 감각(sensation)과 인식(perception) 기능을 단절하거나 부정하는 상황들이 누적된다. 따라서 상담자는 내담자의 신체적 반응(예: 긴장, 몸의 움직임)을 관찰하여 반영함으로써, 내담자가 자신의 감각과 그에 맞는 정서 이해를 연결하는 경험이 축적되게 돕는다. 게슈탈트 치료를 활용하여, 내담자가 현재 순간에 집중하고, 자신의 감정과 신체적 감각을 인식하도록 돕는다. 현재 순간에 집중시키는 예로, "지금 이 순간에 당신이 느끼는 감정과 감각에 집중해 보세요. 그 감정을 나와 함께 나누어 주세요."라고 할 수 있다.

둘째, 타인과의 연결성의 시작은 상담자와의 관계에서 비롯된다. 웜폴드(Bruce

Wampold)는 치료적 관계(즉, 치료자의 공감, 이해, 지지적 태도)가 내담자의 회복에 필수적이라고 강조한다. 상담자와의 강한 치료동맹, 공감적 이해, 치유적 관계는 내담자에게 안전한 연결감을 제공하며, 이 연결감은 회복 과정에서 큰 역할을 한다. 외상 생존자에게 연결감은 매우 어려운 과제이므로, 상담 초기에 상담자만이 유일한 세상과의 연결성이라 해도 괜찮다. 많으면 좋겠지만, 하나라도 건강하고 굳건한 연결성이 중요한 치료적 기제이다. 상담자는 공감적이고 수용적인 태도로 내담자에게 접근하여 신뢰를 쌓고 연결성을 강화한다. 특히 관계 외상의 경우, 상담자와의 안전하고 신뢰로운 관계 경험을 통해, 외상적 관계를 상담자와의 치유적 관계로 재조건화하여 치유하는 데 기여한다.

셋째, 트라우마 사건의 특징은 비밀화이다. 남들이 자신에게 일어난 일을 모른다는 것이다. 따라서 진실을 말할 때 회복의 근간이 생성된다. 세상에 전달할 수 있는 매개체, 즉 자신의 언어와 오감을 활용한 표현이 중요하다. 내담자가 자신의 외상 경험을 언어적으로 표현함으로써 그 경험에 의해 삼켜지지 않는다는 통제감을 느낀다. 뿐만 아니라 눈앞에서 자신의 이야기가 타인에게 연결되는, 오감을 자극하는 경험을 한다. 그래서 가정폭력 피해자 등 피해자들의 증언 무대는 자신의 이야기가 세상과 연결되고 기억되고 남겨지는 경험을 통해, 치료적 기제를 추구하는 데 중요한 역할을 한다.

넷째, 시작은 상담자뿐이라도 점차 사회적 연결감을 늘려 간다. 예로, 담임교사가 학폭 사건을 피해 학생이 혼자 오롯이 겪어내는 것이 아니라는 느낌을 들게 하는 것만으로 치유적 기제로 작동할 수 있다. 당장 아무것도 해결되지 않은 상황이고, 외상 생존자의 반응이 달라지거나 나아지지 않았다 하더라도, 교사가 던진 연결성은 내담자의 무수한 기억 재처리 작업에 영향을 주게 되고, 그 결과는 이후 학생의 삶에 영향을 준다. 비록 바다에 검은 물감을 스포이드로 떨어뜨리는 것일지라도, 작은 연결성의 순간들이 모여서 시간이 지남에 따라 피해 학생을 살릴 수 있다. 큰 변화가 지금 당장 눈에 띄지 않더라도, 희망을 가지고 내담자가 가족, 친구, 지지 그룹 등과의 연결성을 강화하도록 돕는다. 도움 요청, 지역사회 참여 활동 과제를 적극적으로 활용한다.

다섯째, 도움 요청하기이다. 사회적 지지의 가용성은 개인의 성격 특성과 도움을 요청할 수 있는 능력에 따라 달라지는데(Dunkel-Schetter & Bennett, 1990), 외상 생존자의 경우, 감정 인식과 표현을 억제하거나 어려움을 느끼고, 특히 관계외상의 경우 양가감정을 겪기 때문에, 자신이 느끼는 고통이나 불쾌한 감정을 전달할 가능성이 적고 도움 요청 행동을 하지 않는다. 타인들은 외상 생존자의 감정 표현과 요청 행동의 부재로 도움이 필요하다는 것을 감지하기가 더 어려워서 도움을 기대하기도 어렵다. 감정 통제는 외상 생존자에게는 자가 치유책이기에, 자신의 힘듦을 숨기거나 괜찮아 보이게 하려는 의도는 도움 요청 행동을 더 못하게 하고 이는 타인이 이들의 정서적 불편함과 고통을 알아차리지 못하게 하여, 지지의 감소로 이어질 수 있다. 또한 외상 생존자는 '아무도 자신을 이해하지 못한다'는 인적적 외상 후 증상을 가지고 있기 때문에, 수용 받을 것이라는 기대를 하지 못하고 도움 요청 시 트라우마 경험 때와 동일하게 아무도 자신을 돕지 못할 것이라는 부정적 기대를 가진다. 외상 생존자의 연결감은 지속적으로 감소하게 되고, 예후도 나빠진다. 따라서 외상 생존자가 전방위적 지원을 받을 수 있도록 사례관리 체계를 구축하고, 지역사회와 연결할 수 있도록 한다. 회기 내 시연과 모델링을 통해, 도움 청하기 과제를 수행할 수 있도록 돕는다.

5) 수용성

외상 후 성장의 핵심적인 모습 중 하나는 자신이 경험한 외상과 고통을 내 것으로 받아들이고, 그것을 수용할 만큼 자신이 크다는 것을 인식하는 것이다. 이는 내담자가 자신의 경험을 인정하고 통합하며, 이를 통해 더욱 강해지는 과정을 의미한다. 수용성은 외상 경험을 부정하거나 억압하는 대신, 그것을 자신의 일부분으로 수용하여 통합하는 것을 포함한다. 그 시작은 고통스런 감각의 수용이다.

외상 생존자에게 감각이란 고통과 동일어인 경우가 많다. 고통을 피하기 위해서, 감각을 차단, 둔화, 부정, 억압하는 경우가 많다. 따라서 내담자가 자신의 신체적 감각을 탐구하는 기회를 많이 제공하고 너무 고통스럽지 않게 그 감각의 현재에 머무는 경험(presence)을 하도록 돕는다. 예로, 외상 반응을 경험하는 내담자에게 "지금 손에 어떤 감각이 느껴지시나요? 그 감각을 조금 더 자세히 느껴 보세요. 지금 이 순간에 집중해 보세요. 당신의 호흡, 몸의 감각에 집중하세요."라고 제안할 수 있다.

내담자의 감정과 경험을 인정하고 확인(affirmation)해 줌으로써 그들이 안전감과 수용감각을 강화해 준다. 감각의 차단은 고통뿐만 아니라, 쾌감도 단절하게 하는데, 이를 회복하기 위해 유쾌한 감각과 경험을 충분히 음미하고, 이를 통해 긍정적인 감정을 깊게 느끼도록 돕는 작업이 필요하다. 예로, "지금 느끼는 기분 좋은 감각을 천천히 음미해 보세요. 그 감각이 몸 전체로 퍼지는 것을 느껴 보세요."

둘째, 인지적 수용을 촉진하기 위해, 인지행동치료(Cognitive Behavioral Therapy: CBT)를 활용한다. 내담자가 부정적인 사고 패턴을 인식하고 수정하게 돕는다.

마음챙김(Mindfulness)을 통해, 현재 순간에 집중하고, 떠오르는 외상 감정과 생각을 판단 없이 수용하게 돕는다. 수용전념치료(Acceptance and Commitment Therapy: ACT)를 통해, 고통스러운 감정과 외상 경험을 받아들이고, 자신의 가치에 따라 행동하도록 돕는다. 자기연민(self-compassion)을 통해, 자신에게 친절하고, 자신이 겪은 고통을 이해하며, 그것을 수용하게 돕는다.

외상 경험을 이야기하고, 외상 경험에서 배운 긍정적인 측면을 찾도록 돕고, 감정을 자유롭게 표현하도록 격려하는 과정 속에서 외상 생존자는 외상 경험을 통해 성장하고 발전하는 경험을 할 수 있다. 수용성을 통해 내담자는 외상 경험을 극복하고, 그로부터 배울 수 있는 긍정적인 측면을 발견하게 된다. 이것이 통합의 기미일 것이다.

6) 통합성: 신체, 감정, 인지의 통합적 접근

트라우마는 신체적 반응으로 시작되며, 신체를 통해 표현된다. 따라서 통합성 추구의 시작에서 신체를 다루는 것이 중요하다. 하지만 안타깝게도 트라우마 경험은 통합되기에는 너무나 강렬하고 부정적이다. 자기정체성에 통합되기 어려운 조각들이라서 분열을 활용하여, 자기정체성을 보존하게 된다. 이로 인해, 외상 생존자들은 자신의 신체감각신호를 차단하거나 무시하는 과정들에 고착된다. 따라서 이러한 결핍과 삭제를 되돌리는 작업이 필요하다. 신체 스캔을 통해, 신체감각신호에 다시금 주의를 기울이고, 심호흡, 근육 이완을 활용하여 신체적 긴장을 풀고 안정감을 찾아야 한다.

신체감각신호는 감정 관련 메시지를 품고 있다. 신체감각신호를 무시/억제/둔감화했기에, 감정 역시나 둔감해지게 된다. 따라서 치료 과정에서 외상 생존자가 자신의 감정을 인식하고 감정 일기 쓰기 등을 활용하여 '감정을 느끼는 것은 안전하지 않다'는 생각에서 회복될 수 있도록 도와야 한다. 외상 생존자가 자기정체성과 자신의 정서를 통합하는 데는 단순히 심리상담실에서만의 작업으로는 부족하다. 일상생활에서도 정서를 기꺼이 통합할 수 있도록 안정화 전략을 훈련시킬 필요가 있다. 외상 생존자의 왜곡된 인지 패턴, 분열된 기억 저장 방식(예: 서술 기억 vs. 암묵 기억)은 기억에 대한 통합성을 현저히 떨어트린다. 인지 재구조화를 통해, 부정적이고 왜곡된 사고 패턴을 인식하고, 이를 긍정적이고 현실적인 사고로 대체할 수 있도록 조력한다. 또한 심리교육은 인지적 상담 작업에 매우 도움이 된다. 왜냐하면 외상 사건 자체의 특성이 무지의 영역에 있기 때문이다. 일단 정보가 들어오면, 그 대상은 예상과 통제의 영역으로 바뀌게 된다. 그것만으로도 불안과 무력감이 줄어들고 통제감이 향상될 수 있다. 구체적으로 어떻게 외상 관련 현실적 문제를 해결할지 옹호해 주는 것도 외상 생존자가 현실 및 일상생활과 통합성을 발달시켜 가는 데 도움이 된다. 트라우마와 중독의 경험은 신체, 감정, 인지 모든 측면에 영향을 미친다. 전반적인 회복을 도모하기 위해서, 통합적 접근이 필요하다.

상담 과정에서 전전두엽의 활성화는 안정적인 통합 처리방식이 될 수 있다. 이를 구현하기 위해, 심리상담은 각성(arousal)의 '안정 영역'에서 이루어질 때 유리하다. 이는 내담자가 저각성이나 과각성 상태가 아닌, 감정적으로 안전하고 조절된 상태에 있을 때 더 효과적이라는 것을 의미한다. 상담은 내담자가 도전을 느끼면서도 전전두엽이 압도당하지 않는 상태에서 이루어져야 한다. 이를 위해, 심리

상담자는 항상 내담자의 신체 신호가 각성에 따라 변화되는 것에 주의하고 과각
성일 때 저각성으로 내려오는 기술을 적용할 수 있어야 한다. 즉, 심리상담자는
내담자가 안정 영역에 있을 때 상담 작업을 진행하고, 필요시 내담자를 안정 상태
로 데려올 수 있어야 한다.

7) 치료의 저해 요인

트라우마와 중독상담에서 치료를 저해하는 다양한 요인이 존재한다. 이러한 요
인들은 내담자가 적절한 치료를 받지 못하게 하거나, 치료 과정에서의 진전을 방
해할 수 있다.

(1) 부정(denial): "난 괜찮아. 문제없어"

트라우마와 중독 문제를 부정하는 태도는 내담자가 치료를 시작하지 못하게 하
거나, 이미 시작한 치료에서 충분한 효과를 보지 못하게 한다. 이를 해결하기 위
해, 내담자가 자신의 문제를 인식하도록 돕기 위해 신뢰를 구축하고, 부드럽고 공
감적인 접근(예: 동기강화상담 기법)을 활용한다.

(2) 독립성에 대한 믿음: "이 정도는 혼자 힘으로도 충분히 좋아질 수 있어"

스스로 문제를 해결할 수 있다는 강한 믿음은 도움 요청 행동을 못하게 한다.
이는 문제의 지속과 악화를 초래할 수 있다. 이를 해결하기 위해, 상담자는 치료
가 독립성과 통제성을 침해하지 않으며, 오히려 이를 강화할 수 있다는 점을 강조
할 수 있다.

(3) 치료 불가능에 대한 믿음: "외상은 절대 치료되지 않아"

효과적인 치료법이 있다는 사실을 모르거나 외상 사건 자체의 삭제를 희망하는
경우, 내담자는 절망감을 느끼고 치료를 포기할 수 있다. 이를 해결하기 위해, 상
담자는 최신 연구와 성공 사례를 통해 효과적인 치료법이 있음을 알리고, 현실적

인 상담목표를 함께 만들어 가야 한다.

(4) 이해받지 못할 것이라는 두려움:

"나와 같은 경험을 하지 않았는데, 누가 나를 이해하겠어"

외상 경험 후 외부에서 지지받는 경험이 부재했을 경우, 외상 생존자들은 자신의 그 생생한 경험에 고착되어, 미래에도 이해받는 경험은 없고 그로 인한 좌절감도 회피하고 싶어 한다. 이를 해결하기 위해, 상담자는 진정성 있는 자기노출을 하고, 공감과 수용을 통해 내담자가 이해받고 있음을 느끼게 한다. 예로, "당신의 경험을 완전히 이해할 수는 없겠지만, 당신의 이야기를 듣고 함께 해결책을 찾고 싶다."

(5) 치료 비용에 대한 부담: "이렇게까지 비용을 들여야 하나?"

치료 비용은 내담자가 심리치료를 받는 데 큰 장애물이 된다. 따라서 상담자는 치료 비용에 대해 투명하게 설명하고, 가능한 재정 지원이나 사회복지 혜택을 안내할 필요가 있다.

(6) 취약함에 대한 두려움: "이깟 일로 치료를 받는다면, 나는 너무 약한 사람이야"

외상 생존자가 심리치료를 받는 것을 취약함으로 간주하는 사회적 편견은 치료 참여를 저해한다. 특히, PTSD 고위험 직군은 경찰, 소방원의 경우, 외상 반응은 직업적 강인함에 위배된다는 선입견 때문에 적시에 적절한 치유를 방해한다. 따라서, 상담자는 치료를 받는 것이 약함이 아닌 부적 감정/경험을 직면하고 품고 낼 만한 정신적 강인함의 표시임을 강조할 필요가 있다. 예로, "도움을 청하는 것은 용기 있는 행동이다. 이는 당신이 자신의 문제를 해결하려는 강한 의지를 보여준다." 나아가 사회적 선입견을 수정하는 다양한 사회적 활동(advocacy)에 참여할 필요가 있다.

(7) 직업 경력에 대한 불이익: "군대에 못 가거나 취업, 승진에 지장을 줄 수 있어"

직업 경력에 대한 불이익은 많은 내담자가 치료를 회피하는 이유 중 하나이다. 특히 기관 내 상담실의 경우, 조직원들은 자신의 상담 내용이 인사 등에 영향을 준다는 불안감을 가진다. 따라서 상담자는 치료 기록의 기밀성을 강조하고, 필요한 경우 직업 관련 지원을 제공한다. 나아가 기관 내 상담실의 경우, 고용주와의 적절한 경계 설정에도 노력해야 한다.

참고문헌

Anton, R. F., O'Malley, S. S., Ciraulo, D. A., Cisler, R. A., Couper, D., Donovan, D. M., Gastfriend, D. R., Hosking, J. D., Johnson, B. A., LoCastro, J. S., Longabaugh, R., Mason, B. J., Mattson, M. E., Miller, W. R., Pettinati, H. M., Randall, C. L., Swift, R., Weiss, R. D., Williams, L. D., & Zweben, A. for the COMBINE Study Research Group (2006). Combined pharmacotherapies and behavioral interventions for alcohol dependence. The COMBINE study: A randomized controlled trial. *Journal of the American Medical Association, 295*, 2003-2017.

Beck, J. S. (2011). *Cognitive Behavior Therapy: Basics and Beyond* (2nd ed.). Guilford Press.

Beck, J. S. (2011). *Cognitive Behavior Therapy: Basics and Beyond.* Guilford Press.

Brewin, C. R. (2001). Memory processes in post-traumatic stress disorder. *International Review of Psychiatry, 13*(3), 159-163.

Courtois, C. A., & Ford, J. D. (Eds.). (2013). *Treating Complex Traumatic Stress Disorders (Adults): An Evidence-Based Guide.* Guilford Press.

Ehlers, A., & Clark, D. M. (2000). A cognitive model of posttraumatic stress disorder. *Behaviour Research and Therapy, 38*(4), 319-345.

Fisher, J. (2008). *Healing the fragmented selves of trauma survivors: Overcoming internal self-alienation.* Routledge.

Foa, E. B., Hembree, E. A., & Rothbaum, B. O. (2007). *Prolonged Exposure Therapy for PTSD: Emotional Processing of Traumatic Experiences.* Oxford University Press.

Foa, E. B., Keane, T. M., Friedman, M. J., & Cohen, J. A. (2009). *Effective Treatments for PTSD: Practice Guidelines from the International Society for Traumatic Stress Studies*. Guilford Press.

Foa, E. B., Steketee, G., & Rothbaum, B. O. (1989). Behavioral/cognitive conceptualizations of post-traumatic stress disorder. *Behavior therapy, 20*(2), 155-176.

Frankl, V. E. (1959). *Man's Search for Meaning*. Beacon Press.

Freud, S. (1905, 1953). Three essays on the theory of sexuality. In J. Strachey (Ed. & Trans.) *The standard edition of the complete psychological works of Sigmund Freud* (Vol. VII). London: Hogarth Press.

Freud, S. (1920). *A general introduction to psychoanalysis*. Boni and Liveright.

Hayes, S. C., Strosahl, K. D., & Wilson, K. G. (1999). *Acceptance and Commitment Therapy: An Experiential Approach to Behavior Change*. Guilford Press.

Herman, J. L. (1992). *Trauma and Recovery: The Aftermath of Violence-From Domestic Abuse to Political Terror*. Basic Books.

Hester, R. K., Delaney, H. D., Campbell, W., & Handmaker, N. (2009). A web application for moderation training: Initial results of a randomized clinical trial. *Journal of substance abuse treatment, 37*(3), 266-276.

Ivancevich, J. M., & Matteson, M. T. (1980). Optimizing human resources: a case for preventive health and stress management. *Organizational Dynamics, 9*(2), 5-25.

Janoff-Bulman, R. (1989). Assumptive worlds and the stress of traumatic events: Applications of the schema construct. *Social cognition, 7*(2), 113-136.

Kabat-Zinn, J. (1990). *Full Catastrophe Living: Using the Wisdom of Your Body and Mind to Face Stress, Pain, and Illness*. Delacorte Press.

Keane, T. M., Fairbank, J. A., Caddell, J. M., & Zimering, R. T. (1989). Implosive (flooding) therapy reduces symptoms of PTSD in Vietnam combat veterans. *Behavior Therapy, 20*(2), 245-260.

Levine, P. A. (1997). *Waking the Tiger: Healing Trauma*. North Atlantic Books.

Linehan, M. M. (1993). *Cognitive-Behavioral Treatment of Borderline Personality Disorder*. Guilford Press.

Linehan, M. M. (1993). *Skills Training Manual for Treating Borderline Personality Disorder*. Guilford Press.

MacLean, P. D. (1967). The brain in relation to empathy and medical education. *Journal of Nervous and Mental Disease, 144*(5), 374–382. https://doi.org/10.1097/00005053-196705000-00003

May, R. (1950). *The Meaning of Anxiety*. Ronald Press.

Miller, W. R. (Ed.) (2004). Combined Behavioral Intervention manual: A clinical research guide for therapists treating people with alcohol abuse and dependence. *COMBINE Monograph Series* (Vol. 1). Bethesda, MD: National Institute on Alcohol Abuse and Alcoholism. DHHS No. 04-5288.

Mowrer, O. H. (1960). *Learning Theory and Behavior*. Wiley.

Najavits, L. M. (2002). *Seeking Safety: A Treatment Manual for PTSD and Substance Abuse*. Guilford Press.

Neff, K. D. (2011). *Self-Compassion: The Proven Power of Being Kind to Yourself*. William Morrow.

Ogden, P. (2005). Sensorimotor psychotherapy: One method for processing traumatic memory. *Traumatology, 11*(3), 147–161. https://doi.org/10.1177/153476560501100302

Ogden, P., Minton, K., & Pain, C. (2006). *Trauma and the Body: A Sensorimotor Approach to Psychotherapy*. W. W. Norton & Company.

Pavlov, I. P. (1927). *Conditioned Reflexes: An Investigation of the Physiological Activity of the Cerebral Cortex*. Oxford University Press.

Perls, F. S., Hefferline, R. F., & Goodman, P. (1951). *Gestalt Therapy: Excitement and Growth in the Human Personality*. Julian Press.

Porges, S. W. (2007). *The polyvagal perspective*. Biological Psychology, 74(2), 116–143.

Porges, S. W. (2011). *The Polyvagal Theory: Neurophysiological Foundations of Emotions, Attachment, Communication, and Self-Regulation*. W. W. Norton & Company.

Resick, P. A., & Schnicke, M. K. (1993). *Cognitive Processing Therapy for Rape Victims: A Treatment Manual*. SAGE Publications.

Resick, P. A., Monson, C. M., & Chard, K. M. (2017). *Cognitive Processing Therapy for PTSD: A Comprehensive Manual*. Guilford Press.

Rogers, C. R. (1951). *Client-Centered Therapy: Its Current Practice, Implications and*

Theory. Houghton Mifflin.

Rogers, C. R. (1961). *On Becoming a Person: A Therapist's View of Psychotherapy*. Houghton Mifflin.

Rothschild, B. (2000). *The Body Remembers: The Psychophysiology of Trauma and Trauma Treatment*. W. W. Norton & Company.

Schacter, D. L. (1996). *Searching for Memory: The Brain, the Mind, and the Past*. Basic Books.

Schneider, K. J., & Krug, O. T. (2010). *Existential–Humanistic Therapy*. APA Books.

Schore, A. N. (2003). *Affect Regulation and the Repair of the Self*. W. W. Norton & Company.

Shapiro, F. (2001). *Eye Movement Desensitization and Reprocessing (EMDR), Second Edition: Basic Principles, Protocols, and Procedures*. Guilford Press.

Siegel, D. J. (1999). *The Developing Mind: How Relationships and the Brain Interact to Shape Who We Are*. Guilford Press.

Skinner, B. F. (1953). *Science and Human Behavior*. Macmillan.

van der Kolk, B. A. (1994). The body keeps the score: Memory and the evolving psychobiology of posttraumatic stress. *Harvard Review of Psychiatry, 1*(5), 253–265.

van der Kolk, B. A. (2014). *The Body Keeps the Score: Brain, Mind, and Body in the Healing of Trauma*. Viking.

van Dernoot Lipsky, L., & Burk, C. (2009). *Trauma Stewardship: An Everyday Guide to Caring for Self While Caring for Others*. Berrett–Koehler Publishers.

Wampold, B. E. (2010). *The Basics of Psychotherapy: An Introduction to Theory and Practice*. APA Publishing.

Wolpe, J. (1958). *Psychotherapy by Reciprocal Inhibition*. Stanford University Press.

World Health Organization. (2019). *International classification of diseases for mortality and morbidity statistics* (11th Revision). World Health Organization. https://icd.who.int/

Yalom, I. D. (1980). *Existential Psychotherapy*. Basic Books.

제4장

트라우마와 중독상담의 실제

외상 후 증상은 인간의 행동과 심리적 반응은 생존을 위한 방식으로 세상을 해석하고 반응하는 과정에서 나타난다. 외상 후 증상은 극심한 스트레스 사건 후에 발생하는 정신적 반응으로, 이는 인간이 위협적인 상황에서 자신을 보호하려는 본능적인 노력의 일환으로 이해할 수 있다.

트라우마와 중독을 가진 외상 생존자를 위한 상담의 첫 번째 목표는 개인이 심리적·물리적 안전감을 회복하는 것이다. 안전한 환경에서 개인은 트라우마에 대한 공포를 다루고, 정상적인 생활로 복귀할 수 있는 기반을 마련할 수 있다. 두 번째 목표는 외상 반응과 외상 사건을 처리하고 이해하는 것이다. 이 과정에서 사건에 대한 해석을 재구성하고, 사건이 개인에게 미치는 영향을 최소화하는 방법을 배우게 된다. 세 번째, 외상 생존자는 종종 비적응적인 대처 방식을 사용할 수 있다. 상담을 통해 개인은 적응적이고 건강한 대처 기술을 배우고, 이를 일상생활에 적용함으로써 외상 이후의 삶을 개선할 수 있다. 마지막으로, 외상 생존자는 자신의 감정과 반응을 이해하고, 이를 통해 자기 자신에 대한 깊은 이해와 성장을 경험한다. 이 과정은 종종 '외상 후 성장'으로 이어질 수 있으며, 이는 인류가 경험하는 폭력, 테러, 전쟁 이후에도 긍정적인 변화를 경험할 수 있음을 의미한다.

외상 상담은 개인이 외상 사건을 극복하고, 정신적 건강을 회복하며, 삶의 질을 향상시키는 데 필수적이다. 상담을 통해 개인은 자신의 생존 방식을 이해하고, 자연의 법칙에 순응하기보다는 적극적으로 생존과 적응의 길을 찾아갈 수 있다. 이는 인간이 단순히 살아남기 위해 존재하는 것이 아니라, 더 나은 삶을 영위하기 위한 목적도 가질 수 있음을 보여 준다.

1. 트라우마와 중독상담의 실제에서는 어떤 상황이 벌어지는가

1) PTSD와 중독의 형성 흐름도

[그림 4-1] PTSD 형성 흐름도는 PTSD가 어떻게 형성되고 유지되는지를 단계별로 설명한다. 각 단계는 외상 사건 발생부터 일상생활 장애와 자원, 지지체계 축소까지의 과정으로 볼 수 있다.

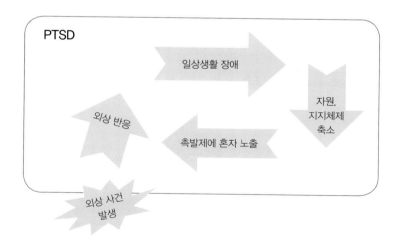

그림 4-1 PTSD 형성 흐름도

(1) 외상 사건 발생

PTSD는 정신병리 중 거의 유일하게 확실한 외부 귀인이 존재하는 심리장애이다. 그래서 PTSD의 첫 번째 단계는 외상 사건 발생이다. PTSD 형성의 시작점에는 인간이 심리적·정서적 충격을 받는 사건이 존재해야 한다. 외상 사건은 전쟁, 폭력, 자연재해, 사고, 학대 등 다양한 형태이며, 대체로 예측할 수 없는 상황에서 압도적인 공포와 무력감을 발생시킨다.

(2) 외상 반응

외상 사건 발생 후, 개인은 외상 반응을 보인다. 초기에는 신경생리학적 및 심리적 반사 반응과 유사하나, 자연치유되지 못하고 지속되는 경우, 외상 후 증상체계를 형성하게 된다. 여기에는 외상 사건을 반복적으로 생생하게 재경험하는 플래시백 현상, 외상과 관련된 악몽과 수면장애, 쉽게 놀라고 집중하기 어려우며 과도한 경계를 유지하는 상태, 외상 사건을 상기시키는 상황, 장소, 사람을 회피하려는 행동, 감정적 반응이 둔해지고, 사회적 고립을 경험하는 상태가 두드러진다.

(3) 일상생활 장애

건강한 대처가 없이 외상 생존자 혼자 감내하는 외상 후 증상은 일상생활 장애로 이어진다. 직장(학교)에서의 집중력 저하, 생산성 감소, 결근 증가, 가족/친구와의 관계 악화, 사회적 활동 감소, 수면장애, 만성 피로, 신체적 통증 증가와 같은 신체적 증상이 정상적인 일상 활동을 수행하는 것을 방해한다.

(4) 자원, 지지체계 축소

외상 반응과 일상생활 장애가 지속되면, 개인의 자원과 지지체계가 점차 축소된다. 가족/친구/동료와의 관계 악화로 인한 사회적 고립으로 사회적 지지가 감소되고, 직업적 기능 저하로 인한 경제적 어려움, 신뢰할 수 있는 사람들과의 관계 단절로 인한 정서적 고립이 이어진다.

(5) 촉발제에 혼자 노출

결국 PTSD를 겪는 사람들은 외상과 관련된 촉발제에 혼자 노출되고 혼자 대처

해야 하는 상황들에 맞닥뜨리게 된다. 이로 인해, 플래시백, 불안, 공포 증가하면서 증상이 심화되고, 특정 장소나 상황을 회피하려는 행동이 강화된다. 궁극적으로, 지지체계와의 단절 증가로 사회적 고립이 심화된다.

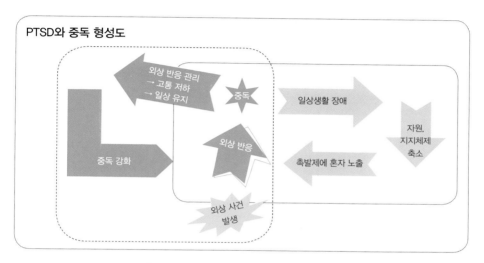

그림 4-2 PTSD와 중독의 형성 흐름도

[그림 4-2]는 PTSD와 중독이 외상 반응의 자가치유적 기제로 형성되고 서로 연결되는지 설명한다. 외상 사건으로 인해 발생한 고통은 우연히 만나게 된 중독적 행동이나 물질을 통해 일시적으로 해소될 수 있다. 이 고통 해소는 개인에게 마치 자기 통제감을 되찾은 것처럼 느껴지게 하며, 수행 능력, 대인관계 자신감, 일상생활에서 더 나은 경험을 제공한다. 이러한 해소감은 외상 생존자에게 매우 절실한 것이기 때문에 그 자체로 강력한 중독적 요소가 된다.

하지만 외상의 근본 원인이 되는 촉발제를 관리하지 못하면, 개인은 다시 촉발제에 노출되며 그로 인해 다시 중독적 행동을 찾게 된다. 이 반복적인 과정은 중독을 조건화시키며, 개인은 중독을 유지해야 할 논리적 동기를 얻게 된다. 중독적 행동은 일시적인 긍정적 강화 효과를 제공하고, 타인에게도 잘 숨겨질 수 있어 사회생활에 장애가 없어 보일 수 있으며 이 역시도 외상 생존자들이 원하는 자신의 모습이기에 중독적 행동은 더 강화된다.

그러나 이러한 해소감은 일시적일 뿐이며, 장기적인 해결책이 될 수 없다는 사실을 개인 스스로도 인식하게 있다. 중독에서 벗어나지 못하는 자신을 보며 자기혐오감이 발달하게 되고, 이는 PTSD와 중독의 공존병리로 이어지는 악순환을 강화한다. 이는 외상 생존자가 헤어 나오기 어려운 PTSD 와 중독의 악순환의 체계로 빠져드는 신호탄이 될 수 있다.

📝 복습

〈PTSD 형성 흐름도〉를 참조하여, 각 단계에서 일어날 수 있는 사례의 이야기를 만들어 봅시다.

- 외상 사건 발생
- 외상 반응
- 일상생활 장애
- 자원, 지지체제 축소
- 촉발제에 혼자 노출
- 외상 반응 강화/재경험 → PTSD
- 중독을 활용한 외상 반응 관리
- 중독 강화

---

2) 트라우마 상담의 과정

(1) J. Herman의 3단계

허먼(Herman)의 3단계가 1992년에 소개된 이후로, 대부분의 트라우마 상담의 과정은 이 3단계를 기준으로 한다. 외상 사건, 증상의 심각도에 따라 단계별 상담 시간/개입의 위급성이 다르지만, 여전히 3단계의 과정을 따른다. 트라우마와 중독이 공존하는 내담자에게도 이 3단계는 동일하게 적용된다.

그림 4-3 J. Herman의 3단계의 트라우마 치유의 3단계

(2) 안전 단계

1단계는 안전(safety)이다. 안전은 안정화(stablization)가 아니다. 안정화 기술을 실시하는 것은 안전 단계의 일부이지, 전체가 될 수 없다. 안전 단계에서 상담자는 신체/정서/행동/대인관계의 경계선 설정을 해야 한다. 이는 상담실 내의 구조화뿐만 아니라, 내담자의 6일과 23시간에 해당하는 일상생활에 대한 안전한 경계를 구축하는 작업이다. 이 단계는 심리적·신체적·환경적 안전을 확보하고, 내담자가 트라우마 치료에 대한 신뢰를 가질 수 있도록 돕는 중요한 과정이다.

트라우마 심리교육은 트라우마의 속성을 깨면서 치유에 이르게 하는 매우 효과적인 전략/기술이다. 트라우마는 예측하지 못하는 알지 못하는 사건에 압도되는 것을 말하는데, 심리교육을 통해 이 '알지 못하는 사건'을 해체하는 것이 가능하다. 인지적 지식은 이후 발생하는 다양한 낯선 외상 반응체계에 대한 예측이 가능하여, 외상 생존자의 일상을 통제하는 것을 가능하게 한다. 충격 단계를 매우 예민하는 반응하는 외상 생존자에게는 기초적인 정서 조절 기술을 습득하도록 상담의 1회기를 할애하는 것이 마땅하다. 그라운딩과 같은 정서 조절 기술을 습득함으로써, 일상에서 마주치는 침습기억과 느낌을 보다 안전하게 경험하는 데 도움이 된다. 이러한 침습 기억/정서에 대한 성공적인 대처는 치유적 학습경험이 되어, 외상 후 잃었던 자기/타인/세상에 대한 통제감과 신뢰를 회복하는 데 주요하게 기능한다.

치유동맹은 모든 일반 상담에서도 필수적 치료기제이다. 트라우마와 중독을 가진 내담자도 예외가 아니다. 그러나 트라우마의 속성상, 일반 상담에 비해서 라포를 구축하는 것은 더 어렵다. 안전과 치유동맹은 상담자의 필수적이고 우선적으로 수행해야 하는 과제이지만, 외상자가 동일한 진행 속도로 반응하기를 기대할 수는 없다. 상담자는 서두르지 말고 작은 성공을 강화하는 태세가 필요하다. 우보만리(牛步萬里)의 지혜를 빌려서, 효율적인 개입을 하고 상담자의 소진을 예방해야 할 것이다.

안전 단계를 사건 발생 후 즉각적으로 개입하는 것은 외상 생존자가 자가치유적 기제로 건강하지 않은 매체(예: 술, 게임 등)에 중독되는 것을 예방한다는 측면에서도 매우 중요하다. 만성적 외상의 경우, 사건 발생 후 적절한 심리/사회적 지원을 받지 못했다고 가정할 수 있다. 이는 외상 생존자가 적응유연성을 발휘할 만한 지지와 자원이 부족하고, 대처 전략에 대한 아동기 학습이 부재했다고 가정할 수 있다. 이로 인해, 이미 중독적 매체를 통해, 자신의 증상에 적응하는 일상을 가지고 있다고 가정할 수 있다. 따라서 안전 단계에서는 만성적 외상 생존자의 경우, 외상 생존자가 가지고 있는 중독에 대한 면밀한 탐색과 그 중독을 끊어내는 개입이 동시에 이루어져야 한다. 상담 초기에 중독을 끊는 계획과 금단 증상을 조절해 내는 전략들을 심리교육하고 필요에 따라 의뢰/연계를 통한 통합적인 사례관리를 진행해야 한다. 이 단계에서 안전기반치료의 다양한 활동지를 실험하여, 외상 생존자에게 효과적인 방법을 찾아내기를 추천한다.

우울, 불안증이 더 우세한 증상이고, 공존병리가 확인되면, 이에 대한 약물치료를 병행하는 것을 추천한다. 각성 수준이 안전한 범위에 있지 않으면, 뇌가 통합적 활성화를 할 수 없기 때문에, 상담자의 인지행동치료, 언어기반 접근은 비효율적이 된다. 따라서 우울과 불안으로 인한 각성 수준을 안정권에 머물게 하는 것이 상담치료의 시작 전에 공고화되는 것이 필요하다. 이를 위해, 약물치료를 받는 것도 추천한다. 다만, 약물은 기본 치료기제는 감각의 둔감화에 있기 때문에, 트라우마와 중독을 가진 외상 생존자가 치료의 끝을 가기 위해서는 감각을 회복하는 것이 필수적이라서, 궁극적으로 약물의 사용을 줄여 나가는 것이 이상적이다. 물론, 약물의 소거도 전문가와 내담자와의 긴밀한 소통과 협업체계를 통해, 한 단계 씩 나아가야 한다.

(3) 기억과 애도의 단계

외상 기억에 대한 노출이 빈번해지는 2단계에 들어서기 전에, 안전한 상담을 위해 정서 조절 능력이 절차기억화될 수 있도록 연습이 많이 된 상황이어야 한다. 안정화(stablization) 훈련을 통해, 일상에서 안전이 구축되었다면, 2단계 과정에서의 재외상화 위험을 어느 정도 낮췄다고 볼 수 있다.

기억과 애도 작업 단계는 트라우마 상담에서 내담자가 트라우마 경험을 처리하고, 그로 인한 감정적 고통을 해결하는 과정이다. 이 단계에서는 외상 사건의 기억을 안전하게 다루고, 이를 통해 감정적 해소와 치유를 돕는 다양한 심리치료 작업이 이루어진다.

Type 1 유형에 속하는 1회성 외상 사건이나 외상 발생 후 즉각적인 상담/사회적 지원을 받은 사례의 경우, 2단계는 단기로 할 수 있다. 그러나 만성/반복적 Type 2 외상 사건의 경우, 2단계는 보다 세부적인 단계로 나누어지며 장기적 상담을 계획해야 한다. 2단계의 상담목표는 외상 기억이 해리적/왜곡되어 처리된 기억을 통합적으로 재처리하는 것이다. 또한 외상 사건이 발생했고 그로 인해 자신의 삶에서 일어난 상실에 대한 깊고 건강한 애도 과정을 거치는 것이다.

이 단계에서 가장 오랫동안 활용된 기법은 인지행동치료의 이론적 배경을 가진 장기노출치료이다. 점진적으로 불안한 상황에 노출하여, 내담자가 각성에 대한 감정적 반응 범위를 넓히고, 보다 안정적인 상태를 유지할 수 있도록 돕는다. 최근에는 제3세대 인지행동치료로 마음챙김(mindfulness)을 활용하는 인지행동치료가 비효율적인 외상 생존자의 경우, 신체기반 치료법을 선택할 수 있다. 마음챙김을 통해, 현재 순간에 집중하며, 비판적 판단 없이 자신의 감정과 신체적 반응을 관찰하는 경험이 추가되었다. 만성적 Type 2 외상 생존자의 경우, 성격장애로까지 발달하는 경우에는 그에 맞는 성격장애 치료법을 병행할 수 있다. 경계선 성격장애 대상 변증법적 행동치료가 유용하다.

(4) 일상으로의 복귀 단계

3단계인 일상으로 복귀 단계로 진입 여부의 결정은 외상 생존자가 증상에 대한 통제감을 획득하고 일상에서의 안전감이 구축되고 2단계 상담목표가 이루어진 시점에서 3단계로 이동하는 것을 고려할 수 있다.

일상으로의 복귀 단계는 트라우마 상담에서 내담자가 외상 사건 이후의 삶을 재건하고, 이전의 일상생활로 돌아가도록 돕는 중요한 과정이다. 이 단계에서는 외상 후 성장을 이루고, 미래의 외상 사건에 대비하며, 일상생활의 즐거움과 건강한 가치관을 회복하는 작업이 이루어진다. 3단계에서는 일상으로 돌아간 외상 생존자가 상담의 지원 없이 스스로 일상생활의 문제를 해결하고 상담실에서 훈련한 대인관계 및 대처 기술을 적재적소에 활용하도록 돕는 것이다.

① 외상 사건 이전의 일상생활이 다시 즐거워진다

외상 사건 이전의 일상생활로 돌아가 있다. 일상적인 활동, 의식주, 사회적 활동, 생활방식 등을 영위해 나가는 것이 어렵지 않고, 이전에 즐겼던 일상적인 활동에서 다시금 즐거움과 만족감을 느낄 수 있게 된다.

② 건강한 세계관 및 자기 인식 회복

실존주의에서 말하듯, 인간은 세상-속-존재(현존재 분석)로서 세상을 향해 폐쇄성에서 개방성으로 나아가도록 도와야 한다. 외상 사건 이후에도 긍정적이고 건강한 세계관과 자기 인식을 유지하거나 더 긍정적이고 강한 세계관을 확장하게 된다. 그 세상 속의 자신을 긍정적으로 인식하고, 자아존중감이 회복된다.

③ 외상 후 성장

의미치료에 의하면, 인간 삶의 의미는 창조가 아닌 발견이며 창조적 행위, 만남 혹은 경험, 역경과 고통에 대한 태도를 통해 찾을 수 있다. 외상 생존자가 외상 경험을 통해 긍정적인 변화를 이루도록 돕는다. 이는 외상 후 성장(post-traumatic growth)이 가능하다는 희망을 제공하며, 개인의 회복탄력성을 강화한다. 외상 사건을 통해 내담자가 긍정적인 변화를 경험하고, 내면의 강점을 발견하며, 새로운 삶의 의미를 찾도록 돕는다.

구체적으로, 외상 경험을 부정하거나 억압하는 대신, 이를 담아내고(holding) 수용하여 통합하는 과정을 통해 감정적 치유 역량이 높아진다. 현재 모습을 존중하고 수용하며 스스로 삶의 방식을 통합적으로 선택하여 내담자 고유의 존재 방식을 발견할 수 있도록 돕는다. 주변의 지원체계와 자원을 적극적으로 활용할 수 있는 역량과 실제 네트워크도 확장된다. 내담자는 자신의 능력과 자원을 활용하여 문제를 해결하고, 자율성을 회복하는 과정을 통해, 외상 전보다 자신에게 힘을 주는 방법(self-empowerment)을 갖추게 된다. 외상 경험조차 개방적이며 능동적이고 창의적으로 모든 상황을 다룰 수 있고, 나아가 외상이 발생하는 사회적 책임에 관심을 가지며 타인의 욕구에 대해 좀 더 공감적으로 반응할 수 있는 '충분히 기능하는 사람(fully functioning person)'으로 나아갈 수 있다.

종결 전, 외상 후 성장이 일어날 수 있지만, 만성적 type 2 외상 생존자의 경우, 상담자가 그 모습을 증언할 기회가 없을 수도 있다. 외상 후 성장은 상담 종료 후 한참 후에야 발생하는 것이 일반적일 수 있으니, 상담자가 외상 후 성장에 대한 무리하게 진행할 필요는 없다.

외상 생존자는 자신의 외상 경험을 실존적 · 영적 차원에서 건강한 방식으로 정

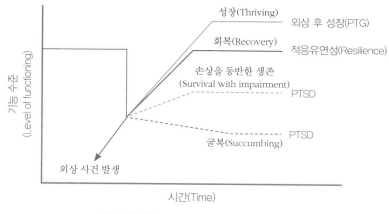

그림 4-4 외상 후 기능 수준 변화 경로

의할 수 있게 되고, 외상 사건이 무계획적으로 일어나는 세상이지만 자신의 삶에 대한 미래 계획 수립에 대한 의미를 가지고 독립적으로 그 획득 역량을 실현할 수 있다. 더 나아가, 외상 생존자가 속한 사회적·환경적 치유 및 성장이 함께 이루어질 때, 개인은 더욱 강력한 회복력과 지지를 바탕으로 외상 이후의 삶에서 새로운 의미와 목적을 찾아갈 수 있다. 이 과정에서 외상 생존자는 단순한 생존을 넘어 성장의 기회를 얻게 되며, 자신의 경험을 사회와 공유하고, 타인의 치유에도 기여할 수 있는 역량을 갖추게 된다.

3) PTSD와 중독의 공존병리의 특성

PTSD와 물질 사용 장애(이하 SUD)를 동시에 겪는 사람들은 단순히 SUD만을 가진 사람들과 비교할 때 여러 면에서 차이를 보인다(Ouimette et al., 1998, 2000). 첫째, PTSD와 SUD를 동시에 가진 사람들은 치료에 대한 반응이 상대적으로 저조하다. 이는 두 가지 장애가 상호작용하여 치료의 효과를 감소시키기 때문일 수 있다. 둘째, 이들은 스트레스나 트라우마에 대한 대처 방법이 비효과적인 경우가 많다. 이는 불안이나 고통을 완화하기 위해 물질 사용에 의존하는 경향이 커서, 건강한 대처 전략을 개발하는 데 어려움을 겪는 것으로 해석할 수 있다. 셋째, PTSD와 SUD를 동시에 겪는 사람들은 신체적·정신적으로 더 많은 고통을 경험한다. PTSD로 인한 지속적인 트라우마 반응과 물질 사용으로 인한 신체적·심리적 악영향이 중첩되면서 전반적인 고통이 심화된다. 넷째, 이들은 물질 사용에 대해 더 긍정적인 견해를 가지고 있을 가능성이 높다. 이는 물질 사용이 일시적으로나마 PTSD 증상을 완화해 준다는 인식에서 비롯될 수 있으며, 결과적으로 물질 사용의 위험성을 간과하게 만든다.

이러한 차이점들은 PTSD와 SUD를 동시에 겪는 사람들을 위한 맞춤형 치료 접근법이 필요함을 시사한다. 통합적이고 다각적인 치료 전략이 이들의 회복을 돕는 데 중요하다.

2. 안전이 중요한 이유는 무엇일까

트라우마와 중독상담에서 안전(safety)은 치료의 1단계이자 치료적 개입의 필수 요소로, 내담자가 트라우마 반응을 경험하는 과정에서 핵심적인 역할을 한다. 안전은 상담 초기부터 지속적으로 유지되어야 하며, 이를 통해 내담자는 안정된 환경 속에서 자신의 트라우마와 중독 문제를 다룰 수 있게 된다. 트라우마 반응은 외상 상기 요인(traumatic reminder)으로 인해 재경험 상태로 나타날 수 있으며, 이때 환경의 무해한 요소조차 위협으로 인식될 수 있다.

이러한 상황에서 상담의 첫 단계는 안전을 보장하는 것이며, 촉발 요인을 관리하고 스트레스 원인을 지속적으로 모니터링하는 것이 필요하다. 안전 대처 전략 교육과 인지 재처리를 위한 정보 제공은 내담자가 자신의 반응을 이해하고 조절할 수 있도록 돕는다. 그라운딩 기법과 같은 신체 반응과 정서 조절 기술은 재경험의 2차 외상을 예방할 수 있다. 또한, 내담자와의 치료적 협력 관계 구축은 트라우마 생존자에게 중요한 연결감을 제공하며, 현실적인 문제 해결을 위한 옹호(advocacy)는 이 과정을 강화하는 중요한 요소로 작용한다.

1) 안전의 중요성: 트라우마와 중독상담에서의 역할

안전감은 트라우마와 중독상담에서 1차 단계이다(Herman, 1992). 외상 경험은 개인의 생리적 · 정서적 · 인지적 체계를 심각하게 교란시킬 수 있으며, 이로 인해 개인은 지속적인 위협 상태에 놓이게 된다. 따라서 안전감을 회복하고 유지하는 것은 치료의 성공을 위해 매우 중요하다.

외상 생존자가 외상 반응을 통제하고 일상에서의 지속적으로 안전하다고 느낄 수 있어야 치료 효과성을 낼 수 있다. 외상 생존자는 생리적 체계가 지속적으로 위협을 인식하고 이에 반응한다. 일반화를 통해 외부의 추가적인 침입으로부터 경계 태세를 갖추게 되고, 비슷한 상황들이 촉발제로 작용하여 경계 태세를 가동하는 스위치를 켠다. 교감신경계는 만성적인 과잉 항진 상태에 놓여 있으며, 이는 신체적 긴장과 불안을 유발한다. 그 결과 신체적 · 정서적 · 인지적 기능을 저하되고, 일상생활에서 정상적 기능을 방해한다. 이처럼 트라우마에 대한 최초 반응은 신체감각에서 시작된다. 신체적 반응은 생존을 위한 즉각적인 대응이므로, 언어 기반 상담치료만으로 충분하지 않은 경우가 생긴다.

2) 정보 제공과 심리교육

상담자는 내담자에게 정확하고 신뢰할 수 있는 정보만을 제공해야 하며, 확실하지 않은 정보에 대해서는 솔직하게 모른다고 인정해야 한다. 이는 내담자와의 신뢰관계를 구축하는 데 중요하다. 외상 생존자의 연령층과 상황에 맞추어 필요한 정보를 제공하며, 정보 제공 전에 왜 그러한 정보가 필요한지 충분히 설명해야 한다.

외상 후 증상들에 대한 심리교육을 통해 내담자가 자신의 상태를 이해하고, 이는 정상적인 반응임을 인식하도록 돕는다(정상화, normalization). PTSD, CPTSD, 우울, 해리 증상, 중독, 만성화된 대인관계 문제 등과 같은 외상 후 심리적 문제뿐만 아니라, 심리치료 과정에 대한 교육도 필요하다. 이는 상담과정이 예측 가능한 경험으로 인식하여 안전감을 가지고 고통스러운 기억과 정서를 기꺼이 작업하게 도와준다. 치료 목표, 진행 방식(시간, 과제, 위기 시 연락 방법, 역할 등)에 대해 설명이 필요하다. 나아가 일상에서 촉발제에 노출되었을 때 안전하게 대처할 수 있는 전략과 기법을 교육한다. 다양한 외상 후 증상들에 대한 대처 방법을 학습하고, 안전 대처 전략을 시뮬레이션하고 계획한다. 구체적으로 PTSD 관련 증상들에 대한 안전한 대처, 증상들의 촉발제에 대한 안전한 대처, 심리적 고통에 대한 그라운딩 기법 적용 등이 있다. 필수 그라운딩 기법과 같은 안정화 기술을 습득하도록 심리교육한다.

안정화 단계는 트라우마 치료에서 매우 중요한 역할을 하며, 특정 내담자들에게는 1~3차 예방의 목적에 부합하여 특히 더 중요한 의미를 갖는다. 안정화 단계가 중요한 이유는 내담자가 신체적 · 정서적 · 심리적으로 안정감을 회복하여 이후의 치료 과정(예: 애도 반응과 인지 재처리)에서 더 효과적으로 참여할 수 있도록 돕기 때문이다.

안정화 단계가 특히 중요한 내담자들은 성폭력 등 심각한 폭력 경험을 한 경우, 6개월의 안정화를 포함한 안전 단계를 추천하고 있다. 그 외에도 어린 시절에 안전하고 안정적인 애착 관계를 형성하지 못하거나, 방임을 경험한 사람들은 신뢰할 수 있는 관계를 형성하는 데 어려움을 겪을 수 있으며, 정서적 안정감을 유지하는 데 취약할 수 있다. 안정화 단계에서 신뢰할 수 있는 관계와 안전한 환경을 제공하는 것이 중요하다.

자신의 정서 상태를 정확하게 자각하고 기술하는 것이 어려운 경우에도 안정화 단계에서는 이들이 자신의 정서 상태를 인식하고 표현할 수 있도록 돕는 작업이 선행되어야 한다. 분노조절장애와 유사하게 쉽게 감정에 압도되는 경험을 하며, 이러한 경험들이 어떻게 촉발되었는지 몰라서 자신의 감정에 두려움을 가지는 경우, 안정화 단계에서 이들이 감정의 촉발 요인을 인식하고 관리하는 기술을 배우는 것이 필요하다. 평소 힘든 감정을 느낄 때 어떤 생각이 떠오르는지 자각하고 표현하지 못하는 경우에는 안정화 단계에서 감정과 생각을 연결하고 자각하여 표현할 수 있도록 돕는다. 또한 만성적 우울증도 종종 인식되지 않고 방치될 수 있으므로, 안정화 단계에서 이들이 자신의 기분 상태를 정확하게 인식하고, 필요한 지원을 받도록 돕는 것이 중요하다. 힘든 일에 대해서 이야기할 때 사건이 모호하게 기술되거나 자기비판적인 경우에도, 안정적 상태에서 사건을 명확하게 기술하고 통합하는 과정을 경험하게 돕는다. 자기 돌봄은 정서적 · 신체적 · 정신적 건강을 유지하는 데 필수적이다. 안정화 단계에서 이들에게 자기 돌봄의 중요성을 교육하고, 안전하게 생존할 수 있는 실질적인 기술을 가르치는 것이 중요하다.

3) 외상 생존자와 치료적 협력 관계 구축

상담자는 내담자와 공감하고 경청하며, 물리적 거리, 얼굴 표정, 목소리 크기 및 억양, 음성 리듬 등을 통해 안전감을 제공하여, 치료적 협력 관계를 구축한다.

상담자는 내담자의 경험을 깊이 공감하고, 주의 깊게 경청한다. 내담자가 선호하는 상담실 내 물리적 거리(comfort zone)를 존중하고 유지하며, 상담자의 얼굴 표정, 목소리 크기 및 억양, 음성 리듬을 통해 안정감을 제공한다. 외상 생존자의 가족과 치료적 협력 관계를 구축한다. 항상 상담 동의서와 정보 공유서의 서명 작성 등을 통해 진중하고 건강한 경계를 표방하는 것이 중요하고, 부모와 교사를 위한 PTSD와 중독 심리교육을 제공하며, 긴밀한 연락 및 협력체제를 구축한다.

옹호(Advocacy)와 사례관리를 통해 현실적 문제를 해결하고 사회와의 연결감을 유지하도록 돕는다. 부적합한 음식, 주거, 의복, 교육 환경 등 신체적·물리적 안전 확보를 위해 적극적인 관심과 협업을 유지한다. 의학적 어려움, 약물 처방, 의학 전문가 의뢰 등의 문제를 해결하기 위해 지원한다. 법적 어려움에 대한 정보 제공과 지원을 통해 내담자가 필요한 법적 도움을 받을 수 있도록 한다. 실직, 경제 능력 없음, 수입의 상실 등으로 인한 경제적 어려움을 해결하기 위해 사회복지사 등과 협업한다.

3. 안정화 전략은 어떤 것들이 있을까

외상 생존자는 외상의 재경험을 피할 수 있도록 보호받아야 한다. 이를 위해, 심호흡, 이완 훈련, 마음챙김 등의 안정화 기술을 훈련시키고, 신체적으로나 정서적으로 안전하다는 느낌을 줄 수 있도록 안전한 치료환경 조성하며, 외상 생존자에게 촉발제가 되는 상황이나 장소를 피하도록 심리교육하고 대처 방안도 마련한다.

1) 안전지대 그리기

안전지대(Safe zone) 그리기는 진정형 그라운딩(soothing grounding)의 일종으로, 주로 외상 생존자 집단을 시작할 때 친해지기(warm up activity)의 용도로 활용할 수 있다. 궁극적인 목적은 초기 응급처치(initial emergency care)이다. 특히, 집단상담에서는 집단원끼리의 첫 대면이 서로에게 촉발제로 기능할 수 있다. 예로, 형사 사건 범죄 피해자 대상 집단상담을 운영할 때, 각 집단원은 담당 피해 경찰관과 함께 장소에 도달해 차에서 내리는 모습을 본 것만으로도 '저 사람은 나와 같구나' 하는 생각이 들면서, 눈물을 쏟았다. 이는 자칫 전체 집단원들에게 전이될 수 있고, 집단상담 자체가 재외상화의 기제로 기능할 수 있는 위험성이 있다. 따라서 내담자에게 즉각적인 정서적 지지를 제공하기 위해 안전지대 그리기를 활용할 수 있다. 트라우마 집단의 첫 번째 구조화를 시작하기 전에, '안전지대 그리기'를 가장 먼저 할 수 있다. 각자 색칠 도구를 활용하여 그림 그리기 작업을 하는 동안, 진정형 그라운딩의 효과를 낼 수 있다. 감정을 안정시키고, 개인이 더 심한 정신적 혼란이나 자기파괴적 행동/사고로부터 스스로를 보호할 수 있다. 각자의 안전지대를 집단원들에게 소개함으로써, 외상 생존자의 첫인상은 외상 경험이 아니라 안전지대를 가진 사람으로서 인사를 나누게 된다. 안전지대 그리기는 그라운딩의 특성을 살릴 수 있도록 상담자가 구체화 질문을 하는 것이 중요하다. 되도록, 오감이 그림에서 드러나는 현실의 공간을 그리도록 안내한다. 각 집단원이 자신의 안전지대를 소개할 때, 이런 측면이 강화되도록 그림에서의 오감을 구체적으로 질문한다. 안전지대 그림은 각 집단원이 앉은 자리에서 가장 쉽게 시선이 가는 곳에 붙인다. 이렇게 안전한 시작을 만든 안전지대를 통해, 이어지는 상담 회기에서도 과각성이 올라올 때 절차적 기억으로 찾아갈 수 있는 장소가 되고 안전한 상담 환경이 만들어진다.

안전지대는 내담자의 초기 상태를 평가하는 선별(screening)로도 기능한다. 이 과정에서는 개인의 정신건강 상태와 긴급함의 정도를 파악할 수 있다. [그림 4-5] 처럼, 한 집단원이 안전지대로 그렸는데, 가운데 집 한 채가 있고 그 집을 둘러싼 울타리가 있으며, 울타리에 출입문은 없었다. 울타리 안 마당에서 잔디와 같은 표식이 듬성듬성 그려져 있었다. 이 그림에서 보이는 시각적 정보가 무엇인지 질문했을 때, 집단원은 울타리는 반드시 날카로운 철사를 꼬아서 만들어야 안전하며, 마당에서 듬성듬성 그려진 세줄 표시는 지뢰를 묻어둔 것이라고 답변했다. 울타리에는 문의 형태가 안 보여서, "어떻게 당신을 만날 수 있냐"는 질문에, 집단원은

그림 4-5   내담자가 그린 안전지대의 예[1]

조용히 생각하더니 "만나지 않는 것이 안전할 것 같다"고 답변했다. 결국 집단원은 집단에서 중도탈락했고, 개인상담이 이어질 수 있도록 의뢰되었다.

상담에서, 특히 집단상담에서 집단원의 심각도를 정확히 측정하는 것이 중요하

자기 이해

'자신만의 안전지대를 그려 봅시다'

1. 준비물: A3(또는 A4) 크기의 종이와 색칠 도구를 준비하세요.
2. 그리기: 자신이 가장 안전하다고 느끼는 공간을 구체적으로 그려 보세요. 현실에 존재하는 공간일수록 좋으며, 시각, 청각, 촉각, 후각, 미각 등 오감을 활용해 생생하게 표현해 보세요.
3. 공유하기: 완성된 그림을 바탕으로 자신의 안전지대를 소개해 보세요.
4. 일상에서 활용하기: 그림을 책상 위, 휴대전화 배경 화면, 냉장고 위, TV 옆 등 자주 보는 곳에 부착하여, 정서적 안전감을 경험해 보세요.

---

1) 내담자 보호를 위해, 저자가 기억하여 다시 그린 그림임.

다. 심각도 측정(severity assessment)은 문제의 우선순위를 정하고, 상담자가 좀 더 관심을 주어야 할 대상을 선별해 준다.

2) 그라운딩

그라운딩(Grounding; Najavits, 2002)은 주로 외상 후 스트레스 장애, 불안장애 등으로 정서를 고통과 동일시하는 사람들에게 도움이 된다. 그라운딩은 감정적 고통(예: 물질 갈망, 자해 충동, 화, 슬픔)을 분리하는 데 유용한 기법이다. 의도적인 주의 분산을 통해 내면이 아닌 외부 세계에 초점을 맞추며, 현실에 정박하게 도와준다. 그라운딩은 개인이 현재 순간에 집중하고 과거의 트라우마나 불안감을 유발하는 생각으로부터 거리감을 가질 수 있도록 해 준다. 그라운딩은 물질 사용이나 자기파괴적 행동(예: 자해)을 예방하고, 외상 후 스트레스 장애(PTSD) 내담자들이 고통에서 벗어나게 돕는다

그라운딩의 첫 단계는 자신의 신체적 신호를 인식하는 것이다. 안전기반치료(Najavits, 2002)에서는 주관적 고통 척도(Subjective Units of Distress Scale)의 1~10단계 중에서 6 이상의 고통을 주는 신체 신호를 느낄 때 그라운딩을 활용할 것을 제안한다. 그라운딩을 실시하는 중에는 판단이나 선호를 피하고 중립 유지하며 간단하게 진술한다. 6 이상의 신체 신호는 편도체 등 중간뇌에 혈류량이 몰리면서, 오감에 기반한 의사소통이 더 효율적인 상황이라는 의미이다. 따라서 전전두엽이 주측이 되는 언어, 추상적 사고, 합리적 사고를 기반으로 하는 자기 의사소통은 잘 되지 않기 때문이다. 내담자의 오감으로 인지된 감각 정보를 단순하고 명확하게 진술함으로써, 내담자의 초점은 현실로 돌아올 수 있다.

안전기반치료에서는 그라운딩을 3가지 유형으로 나눈다. 정신적 그라운딩, 신체적 그라운딩, 진정형 그라운딩. 각 유형은 감정적 고통이나 스트레스 상황에서 자신을 현실로 돌아오게 도와주는 역할을 하며, 외부 자극에 주의를 기울이도록 한다.

(1) 정신적 그라운딩

정신적 그라운딩(Mental grounding)은 내담자가 외부 세계에 집중하도록 하여 자신의 감정적 고통으로부터 주의를 분산시키는 기법이다. 주변 환경을 천천히 인식하면서 고통과 분리될 수 있게 한다. 대표적인 기법은 다음과 같다.

① 주변 인식과 묘사: 주변의 사물, 색깔, 소리, 냄새 등 다양한 감각 요소를 구체적으로 묘사한다. 예로, "벽은 흰색이야", "의자는 네 개가 있어", "바람이 부는 소리가 들려" 등으로 시각, 청각, 촉각 정보를 나열한다.

② 카테고리 게임: '자동차 브랜드', '동물의 종류' 등 내담자가 매우 익숙해서 절차적 기억으로 나열할 수 있는 특정 주제를 선택하는 것이 중요하다.

③ 안전 문장 반복: "나는 현재 안전하다", "지금은 과거가 아닌 현재다"와 같은 문장을 반복하여, 내담자가 안전한 환경에 있음을 인식하도록 돕는다.

④ 연령 진행: 과거에 머물러 있는 느낌이 들 때, 현재 나이로 돌아오게 하는 방법이다. 주로 아동기 트라우마를 가진 내담자들에게 유용하다. 예로, "나는 지금 8살이다"부터 시작해 9살, 10살…… 현재 나이까지, 천천히 한 살씩 나이를 먹어간다는 방식으로 문장을 반복한다.

(2) 신체적 그라운딩

신체적 그라운딩(Physical grounding)은 내담자가 자신의 신체감각에 집중함으로써 현재의 환경에 연결되어 있음을 느끼도록 하는 기법이다. 이를 통해 자신의 신체와 환경 간의 상호작용을 인식하게 도와준다. 대표적인 기법은 다음과 같다.

① 물건 만지기: 주변의 물건을 만지고, 그 물건의 질감, 온도, 무게 등을 느낀다. 예로, 펜을 만지면서 펜의 다양한 촉각을 언어로 표현한다. 예로, 이 펜의 끝은 뾰족하다, 이쪽은 뭉툭하다, 차갑다, 말랑하다.

② 차가운 물이나 따뜻한 물 사용: 손이나 얼굴을 차갑거나 따뜻한 물에 담가 감각을 명확히 인식하도록 돕는다. 예로, 한 내담자는 매 회기마다 큰 물병을 가

져와서, 과각성이 될 때마다 물을 마셨다.

③ 발바닥 접지: 발뒤꿈치를 단단한 바닥에 붙이고, 바닥과의 접촉에 주의를 기울인다. 이를 통해 지면과 연결된 느낌을 강조하며 안정감을 제공한다.

④ 걷기와 호흡에 집중: 천천히 걷거나, 걸을 때 발을 바닥에 어떻게 디디는지 인식하고 호흡에 집중한다.

(3) 진정형 그라운딩

진정형 그라운딩(Soothing grounding)은 내담자가 자신에게 친절하고 긍정적인 말을 하거나, 안정감을 주는 이미지를 떠올리도록 하여 감정적 고통을 상쇄시키는 기법이다. 자신을 보호하고 위로하는 방식으로, 감정적 고통에 대처하는 것이다. 대표적인 기법은 다음과 같다.

① 자신에게 친절한 말: 어린아이에게 말하듯 "너는 괜찮아", "이 힘든 시간을 잘 이겨낼 수 있어"와 같은 친절한 말을 스스로에게 한다.

② 안전한 장소 상상: 내담자가 마음속에 안전한 장소를 떠올리도록 유도한다. 예로, 바다나 산과 같은 자연의 공간을 상상하며 그곳에서 느껴지는 소리, 냄새, 색깔 등을 구체적으로 그린다.

③ 좋아하는 사람 생각하기: 내담자가 사랑하는 사람의 사진을 보고, 그 사람과 관련된 긍정적인 기억을 떠올리도록 한다.

④ 자신에게 선물 주기: 자신에게 작은 선물이나 보상을 계획한다. 예로, 따뜻한 목욕을 하거나 좋아하는 음식을 먹는 시간을 가지는 등으로 스스로를 위로한다.

(4) 그라운딩

그라운딩(Grounding)은 다양한 이론과 접근법에서 사용된다.

① 인지행동치료(Cognitive Behavioral Therapy: CBT): 인지행동치료에서 그라운딩

은 주로 주의 전환이나 재인식의 도구로 사용된다. 특히, 불안이나 공황 발작을 겪는 내담자가 현재 상황에 대한 비합리적 사고에서 벗어나 현실을 직시하게 도와준다. 그라운딩은 불안이나 공포가 발생했을 때, 내담자가 자신의 주의를 현재의 현실로 돌리고, 불안을 유발하는 생각에서 벗어나도록 돕는다. '여기 지금'에 집중하는 것이 목표이다. 예로, 5개의 사물을 보거나, 4가지 소리를 듣거나, 3가지를 만지기 등으로 감각을 활용해 주의를 전환하는 5-4-3-2-1 기법이 자주 사용된다. 비합리적 사고나 과도한 불안에서 벗어나, 현실을 인식하고 안정감을 찾도록 하는 데 중점을 둔다.

② 변증법적 행동치료(Dialectical Behavior Therapy: DBT): DBT는 감정 조절과 대처 기술을 가르치는 데 중점을 두며, 그라운딩 기법은 고통 감내(distress tolerance)와 정서 조절의 중요한 부분으로 사용된다. 그라운딩은 내담자가 과도한 감정적 고통이나 강렬한 감정을 느낄 때, 이를 관리하기 위한 기법으로 사용된다. 내담자가 자신을 진정시키고 감정을 조절할 수 있도록, 신체적 감각이나 주의 분산을 통해 감정적 폭발을 줄인다. 내담자가 현재 순간에 집중하고, 강한 감정을 효율적으로 다룰 수 있도록 도와준다.

③ 정신분석적 접근(Psychoanalytic approach): 정신분석에서는 그라운딩이 주로 해리 현상(dissociation)과 같은 무의식적 방어 기제를 다루는 데 사용된다. 내담자가 해리 상태에 빠졌을 때 현실로 돌아오도록 돕는 기법으로, 현실 인식을 촉진하는 역할을 한다. 그라운딩은 내담자가 해리 상태나 과거의 외상적 기억에 몰입했을 때, 현재의 상황을 인식하게 하여 무의식적 방어 기제에서 벗어나도록 돕는다. 이는 주로 언어적 지지나 신체감각에 대한 인식을 통해 이루어진다.

④ 신체기반 상향식 접근: 신체기반 상향식 접근(예: SE, SP)에서는 신체감각과 자신의 몸과의 연결을 통해 내담자가 현실에 정박하는 것을 강조한다. 그라운딩을 통해, 신체에 집중하여 내담자가 현재 순간에 머무르고 자신의 신체와 연결되게 한다. 이는 트라우마로 인해 신체적 감각과의 연결이 약해진 사람들에게 효과적이다. 예로, 발바닥이 바닥에 닿는 느낌이나, 의자에 앉아 있

는 감각에 집중하는 방법이 사용된다. 감각운동치료(SP)는 신체와 감정의 관계에 초점을 맞추며, 신체적 움직임과 감각을 통해 트라우마와 같은 깊은 정서적 경험을 다룬다. 그라운딩은 신체적 운동과 감각을 통해 현재의 순간에 내담자를 '정박'시키는 데 중점을 둔다.

⑤ 마음챙김(Mindfulness): NLP(신경언어 프로그래밍, Neuro-Linguistic Programming)에서 사용하는 초콜릿 명상은 감각 집중 훈련의 일환으로, 내담자가 현재의 경험을 더 깊이 인식하도록 돕는다. 특히, 마음챙김(Mindfulness)과 감각적 몰입을 통해 자각을 높이는 데 기여한다. 한 예로, 초콜릿 명상은 음식을 먹는 단순한 행위를 통해 감각을 극대화하고, 이를 통해 집중력과 현재에 머무르는 능력을 기르는 훈련 방법이다.

초콜릿 명상의 과정은 다음과 같다. 우선 각이 진 작은 초콜릿 조각을 손에 들고 명상을 시작한다. 중요한 것은 천천히, 주의 깊게 진행하는 것이다. 둘째, 초콜릿의 외관을 시각적으로 관찰한다. 초콜릿을 자세히 보고, 색깔, 모양, 표면의 질감 등을 주의 깊게 관찰한다. 이를 통해 시각적인 자각을 높인다. 셋째, 초콜릿을 코에 가까이 대고, 천천히 냄새를 맡는다. 초콜릿의 향기를 충분히 느끼면서 후각에 집중한다. 이때 경험하는 느낌이나 감각에 대해 인식한다. 넷째, 매우 천천히 먹는다. 초콜릿이 입술에 닿는 감각에 주의를 기울인다. 초콜릿을 입에 넣은 후, 즉시 씹지 않고 혀 위에 놓고 느껴지는 감각에 집중한다. 초콜릿의 각진 모양새나 표면 질감에 주의를 기울인다. 초콜릿이 녹으면서 입안에서 어떤 맛이 퍼지는지, 질감이 어떻게 변하는지를 인식한다. 초콜릿을 이와 입안 사이에 넣고 천천히 굴리면서 입안에서 느껴지는 감각에 집중한다. 초콜릿이 입에서 천천히 녹아가는 과정을 느끼며, 혀와 입안에서의 맛과 질감의 변화를 인지한다. 달콤함, 부드러움, 녹아내리는 속도 등을 천천히 인식한다. 초콜릿을 다 먹고 나서도 입안에 남아 있는 맛, 목을 타고 넘어가는 느낌, 손에 남아 있는 초콜릿의 냄새 등을 주의 깊게 느낀다.

(5) 내담자만의 절차기억화된 그라운딩 강화 사례:

　　자해에서 그라운딩으로의 인식[2] 전환

　지연은 어린 시절 학대를 경험하며, 그로 인해 오랫동안 자해 행위를 지속해 왔다. 자해는 주로 커터칼을 사용해 손목을 긋는 형태로 나타났으며, 그녀에게는 고통을 잊기 위한 방식이었다. 대학에 입학한 후 내담자는 자해 행위를 멈추었고 30살이 되는 현재까지 다시 시도하지 않았다.

　그녀는 대학 졸업 후 직장 생활을 시작하며 모든 것이 순조로웠다. 직장에서는 안정적인 성과를 내고 있었고, 친구들과의 관계도 친밀했으며, 다정다감한 연인과의 관계도 결혼을 앞두고 있었다. 이처럼 평화롭고 안정적인 생활을 보내던 어느 날, 이유 없는 불안이 갑자기 찾아왔다. 갑작스러운 불안은 지연을 압도했고, 그녀는 자신도 모르게 주방에서 야채 채칼을 손목에 댔다. 다행히도 상처를 내지는 않았다. 그러나 이 경험은 지연에게 매우 충격적이었다. 그녀는 손목에 채칼을 대는 순간, 살아 있다는 느낌을 받았고 압도적인 불안을 진정시킬 수 있었다. 그러나 그와 동시에 매우 깊은 수치심과 죄책감에 휩싸여서 오열할 수밖에 없었다. 야채 채칼에 안심하고 손목을 대고 있는 자신이 너무도 싫었다. 지연은 수치심, 죄책감, 자기혐오에 오열하면서 설거지를 했고, 그런 자신의 모습도 한심했다. 상담사가 자신의 감정을 그대로 수용하라고 했는데, 그냥 울지도 못하고 뭔가를 하면서 우는 자신의 모습도 한심하고 혐오스러웠다.

　상담자는 지연의 이야기를 주의 깊게 들으며, 이러한 경험이 단순한 자해 충동이 아닌 그라운딩의 순간으로 볼 수 있음을 제안했다. "이번에 사용된 채칼은 전혀 자해로 이어지지 않았고, 압도적인 고통 속에서도 자해를 하지 않은 것은 대단한 일이며 칭찬받을 일이다. 스스로를 자랑스러워할 일이다. 채칼을 손목에 대고 있었던 것은 어쩌면 스스로 자신을 현실로 돌아오게 하는 일종의 그라운딩으로 감각적 자극을 경험한 것일 수도 있다. 다시 자해가 시작된 것이 아닐 수도 있다."

---

2) 익명성을 위해 여러 사례를 통합하여 각색함.

　상담자는 또한 내담자의 설거지 역시 신체적 그라운딩 역할을 했을 가능성이 있음을 설명했다. 찬물에 손을 담글 때 느낀 손의 감각들이 내담자를 현실로 다시 끌어당기고 각성을 낮추는 데 도움을 줬을 수도 있는지 지연에게 물어보았다. 그녀는 잘 모르지만 어쩌면 그랬을 수도 있겠다 생각했다. 무엇보다 상담자의 말을 듣고 큰 위로를 받았다. 그녀는 이번 사건이 자해의 재발이 아니라, 스스로 현실에 돌아오기 위해 무의식적으로 사용한 신체적 그라운딩 방법이었다는 점을 깨닫게 되었다. 이제 더 이상 이 행동이 자신을 비난하거나 수치스럽게 여길 사건이 아닐 수도 있겠다고 생각했다.

　이어서 상담자는 내담자에게 진정형 그라운딩으로 차가운 금속의 감각 등이 유효한 것인지 함께 탐색했다. 절차기억화되어 있는 매개가 진정형 그라운딩으로 유효함도 심리교육하였다. 그리고 금속으로 만든 지압용 봉 등 야채채칼을 대신할 더 안전한 대체품이 있을지 내담자와 함께 탐색하였다.

> 　아동기 학대와 자해와의 연결고리는 현재까지 매우 잘 기록되어 있다. 반복적으로 자해하거나, 충동적으로 신체에 갖가지 공격을 가하는 것은 아동기 초기에 학대가 시작됐던 피해자들에게 가장 흔하게 발생하는 것으로 보인다. 자해하는 생존자들은 자해하기에 앞서 나타나는 심한 해리 상태에 관하여 이야기한다. 이인증, 비현실감, 마비는 견딜 수 없는 초조함과 신체 공격에 대한 강박을 동반한다. 처음 자신을 해치게 될 때에는 고통이 전혀 발생하지 않기도 한다. 자해는 마음이 진정되고 안도감이 느껴질 때까지 계속된다……. 자해는 자살 시도로 빈번히 오해 받기도 한다. 많은 아동기 학대의 생존자들은 실제로 자살을 시도하기도 한다. 그러나 반복적인 자해는 자살 시도와 명백하게 구분된다. 자해는 죽음에 대한 의도라기보다는 견디기 힘든 정서적 고통을 완화하려는 시도이며, 역설적이게도 많은 생존자들에게 일종의 자기 보존 방식으로 작동한다.
>
> 　　　　　 -『트라우마: 가정 폭력에서 정치적 테러까지』(1992, p. 191)에서 발췌-

4. 치유적 사례관리는 어떻게 하는가

　외상 생존자가 효과적으로 회복할 수 있도록 하기 위해서는 다양한 지원과 연결성이 필수적이다. 이를 위해, 외상 생존자가 도움을 청하는 역량을 강화시키고, 적절한 필요한 자원을 연결하며 고위험군을 지원하는 내담자 및 센터 맞춤형의 사례관리 시스템을 구축한다. 외상 생존자가 지역사회 자원과 연결될 수 있도록 시연과 모델링 기법을 활용한다.

　사례관리의 핵심 단계는 사정(Assessment), 계획(Planning), 조정 및 연계(Coordination and Referral), 모니터링 및 평가(Monitoring and Evaluation)이다. 트라우마와 중독자의 사례관리는 일반적 사례관리의 목적뿐만 아니라, 치유적 목적도 함께 한다. 트라우마와 중독자의 사례관리는 안전(safety)이 최우선이며, 연결감(특히, 타인/세상)을 목적으로 한다. 심리적 문제를 환경적 개입을 통해 개선하는

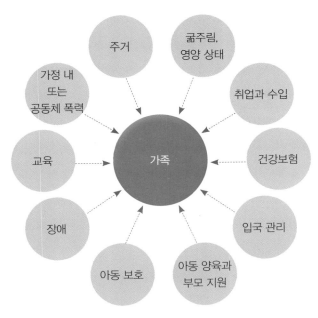

　　　　　그림 4-6 외상 생존자의 안전(safety) 관련 주제

상향식 접근(bottom up)이라고 할 수 있다.

1) 대상자 요구 파악 및 실질적 자원 연결

외상 생존자의 요구를 파악하는 것은 중독 문제를 해결하기 위한 첫 번째 단계이다. 초기 평가는 심층 면담, 설문지, 관찰 등을 포함하며, 대상자의 정신적 · 신체적 · 사회적 상태를 종합적으로 이해하는 데 중점을 둔다. 심층 면담에는 외상 생존자의 개인사, 가족사, 중독의 원인과 경과, 현재의 증상 등을 파악하고, 표준화된 설문 도구를 사용해 중독의 심각도, 스트레스 수준, 삶의 질 등을 평가한다. 또한 면접을 통해, 외상 생존자의 행동 패턴, 상호작용 방식 등을 관찰하여 추가적인 정보를 얻는다.

대상자의 요구를 파악한 후, 이를 충족시킬 수 있는 자원을 연결하는 것이 중요하다. 실질적인 자원 연결은 다음과 같은 단계를 포함한다.

① 자원 목록 작성: 지역사회 내 이용 가능한 자원(의료, 심리, 사회적 지원)을 목록화.
② 개별화된 서비스 계획 수립: 대상자의 특성과 필요에 맞춘 개별화된 서비스 계획을 작성.
③ 자원 연결: 대상자가 필요로 하는 서비스와 자원을 이용할 수 있도록 구체적인 안내와 지원을 제공. 예로, 주거 지원, 취업 지원, 의료서비스 등을 포함.

(1) 물리적 안전: 신체적 · 환경적 안전

내담자가 물리적으로 안전한지 확인한다. 외상 생존자는 안전하고 안정적인 주거 환경이 필요하다. 예로, 주거지의 보안 상태, 주거 환경의 청결 및 안정성이다. 이는 신체적 보호와 정서적 안정을 제공하며, 치료와 회복에 중요한 기초가 된다. 예로, 데이트 폭력 피해자라면, 접근금지 명령서를 신청하도록 안내하고 주거지도 이사하는 편이 안전하다. 이사가 어렵다면, 최소한 이중 잠금장치를 달거나 비밀

번호 변경을 말해 줘야 한다. 또한 외상 생존자들은 무기력과 자기방임의 발현으로, 저장강박증(compulsive hoarding syndrome)을 가진 경우도 많은데, 물리적 환경을 정리하고 청소하는 것만으로도 충분히 치유의 시작으로 기능할 수 있다. 상담자가 직접 도울 수도 있고, 관련 기관에 의뢰하거나 의뢰할 수 있는 방법을 안내할 필요가 있다. 아동 양육권/양육비, 약물복용/입원의 필요성 등 사례관리에 기초하여, 내담자가 최대한 신체적 · 경제적 · 환경적으로 안전할 수 있도록 지원한다.

또한 상담 환경이 물리적으로 안전하고 편안한지 확인한다. 예로, 재난 현장에서 음식, 물, 담요와 같은 실질적인 도움을 제공함으로써 즉각적인 안전감을 제공할 수 있다. 상담실이 외부의 위험 요소로부터 안전한지 확인한다. 예로, 문이 잠기고 방음시설이 되어서 비밀 보장되는 상담실이 필요하다. 방음을 보강하기 위해, 상담실 문 밖에 소음기를 작동시켜 방음효과를 강화할 수 있다.

(2) 음식과 영양 상태

교감신경계의 과활성화는 대체로 소화장애를 가져오고 섭식장애(식욕을 잃거나 폭식 등)를 가져올 수 있다. 외상 후 증상에 대처하는 심리적 보상 방식으로 폭식하거나 자기 유발 구토(대식증, bulimia nervosa)하기도 한다. 이후, 자기방임이나 자기학대의 발현으로 거식증(anorexia nervosa) 등 섭식장애(eating disorders)로 유지되기도 한다. 균형 잡힌 식단과 충분한 영양 섭취는 상향식 접근이라고 할 수 있다. 섭식의 의식화(routine)를 통해, 외상 생존자의 신체적 건강을 유지하고 이에 기초하여 지난한 심리치료 과정을 중도탈락이나 소진 없이 이어 나갈 토대가 마련된다.

(3) 취업과 수입, 안정된 경제적 지원

안정적인 수입과 취업 기회는 외상 생존자가 경제적 스트레스를 덜고, 자립심을 키우는 데 도움을 준다. 외상 생존자의 외상 후 증상은 직업/학업생활을 지속하기 어렵게 한다. 자신의 PTSD 증상보다 취업이나 직업적응을 주 호소문제로 상담센터를 찾기도 한다. 이들의 고용 안정성을 찾고, 필요하면 직업 훈련 프로그램 관련 정보를 제공하거나 상담 회기 내 함께 탐색하는 등 직업/진로상담을 진행할 수 있다. 일상의 안전이 보장되지 않으면, PTSD 치유의 2단계로 나아가지지 않는다.

⑷ 공공 의료서비스 접근성과 지원

외상 생존자가 필요한 의료서비스를 적시에 받을 수 있도록 국가에서 제공하는 정신건강 서비스 관련 정보를 안내한다. 때로 공공기관이나 단체(입양, 난민, 외국인 등)에서 비용을 지원하기도 한다. 상담센터 운영자는 관련 정보를 상시 비치해 주는 준비성이 필요하다. 치료 비용 지원은 외상 생존자의 심리치료 서비스의 접근성을 크게 향상시킨다.

⑸ 입국 관리

이민자나 난민 외상 생존자는 합법적인 체류와 안정적인 입국 관리가 필요하다. 안전한 체류 자체가 주는 치료적 효과성은 매우 크다. 예로, 난민 외상 생존자는 체류 심사 결과를 확인하고 기다리는 동안 거부된 법적 지위 때문에 합법적인 직업을 구할 수 없다. 피신국에서 이미 2차 외상 경험이 축적되고 있는 것이다. 따라서 법적 안정성과 신체적 안전을 보장하는 체류 허가, 법적 지원 서비스에 대한 상담자의 관심이 필요하며, 때에 따라서 옹호의 적극적 지원이 필요하다.

⑹ 아동 양육과 부모 지원

외상 후 증상은 외상 생존자가 일상에서 양육자로 기능하는 것을 방해한다. 따라서 외상 생존자의 적절한 양육 환경을 살피고, 양육 상담/부모 교육 프로그램과 심리교육 회기를 추가하여, 부모로서 잘 기능할 수 있도록 지원이 필요하다. 이를 통해, 아동학대라는 2차적 외상 사건을 예방할 수 있고 외상 생존자 아동의 정서적 안정과 건강한 발달을 도모할 수 있으며, 외상 생존자가 양육자로서의 자기효능감과 의미를 경험할 기회를 제공한다.

(7) 아동 보호와 아동 학대 예방

아동 외상 생존자의 경우, 부모로부터의 2차 학대와 방임으로부터 보호하는 것이 중요하다. 대체로 아동은 부모의 학대에 대한 무서움과 부모에 대한 애착관련 양가감정을 가지고 격리에 대한 저항이 있을 수 있다. 아동 피해자 상담뿐만 아니라 아동 보호 서비스, 긴급 지원 시스템 등을 세심히 활용하여, 아동이 안전하고 보호된 환경에서 성장할 수 있도록 살핀다. 예로, 부부폭력 피해 여성이 자녀가 부부폭력 상황을 목격하도록 방치하였다면, 이는 가해 부모 모두가 양육권을 잃는 결과로 이어질 수 있다. 즉, 부부폭력의 피해자가 아동학대 가해자로 변모되기도 한다. 아동의 거주지는 부모와 함께 사는 집이 아니라 친척집이나 기관이 될 수도 있다. 이 과정은 기관 내 슈퍼바이저, 아동담당 상담자, 아동보호기관 담당자, 검사, 부모 담당 변호사 등과 협업이 필요하다.

(8) 장애 지원

장애를 가진 외상 생존자는 추가적인 지원과 배려가 필요하며, 보조 기기 제공/접근성 개선과 같은 장애인 지원 서비스를 통해 사회에서 독립적으로 생활할 수 있도록 도울 수 있다. 특히, 산재 트라우마 이후 후천적 신체장애를 가지게 된 경우, 낯선 자신의 몸과 일상에 잘 적응할 수 있도록 살펴야 한다.

(9) 교육

외상 생존자는 교육 지원 프로그램, 학습 환경 개선과 같은 적절한 교육 기회를 통해 지식과 기술을 습득하고, 자립할 수 있는 능력을 키우도록 관심을 가져야 한다. 예로, 학교폭력 피해자로 자퇴나 중퇴를 했으나 학업을 계속 이어 가길 원한다면, 이와 관련 정보를 함께 탐색하고 지원하는 것이 필요하다. 가정폭력 피해자의 경우, 경제적 자립성의 부재로 가정 폭력 상황에 그대로 남는 선택을 하는 사례도 많은데, 직업교육을 통해 경제적 자립을 확신하여 폭력을 떠나는 선택을 하게 도울 수 있다.

(10) 가정 내 또는 공동체 폭력

폭력 예방 교육, 피해자 지원 프로그램 등을 통해, 가정 내 또는 공동체 폭력으로부터 외상 생존자를 보호하도록 살핀다. 예로, 성폭력 피해 자녀가 집으로 돌아왔을 때, 부모가 가진 다양한 여건 때문에 해당 자녀에게 2차 외상을 줄 수 있다. 이를 예방하기 위해, 부모/가족 대상 트라우마 교육(Trauma informed care)과 상담이 필요하다.

외상 생존자의 물리적 안전은 다양한 측면에서 보장되어야 한다. 안전한 주거, 적절한 영양, 안정된 수입, 의료 서비스 접근성, 합법적인 체류, 아동 양육 지원, 아동 보호, 장애 지원, 교육 기회 제공, 폭력 예방 등은 외상 생존자가 회복하고 자립할 수 있도록 돕는 중요한 요소들이다. 이러한 요소들이 사례관리를 통해, 종합적으로 유기적으로 외상 생존자의 일상에서 작동할 때, 1단계 치료인 안전 단계가 시작될 수 있다.

2) 정신의학과 협업

상담자가 자신의 전문성과 주어진 역할의 한계를 인식하고, 그 한계를 벗어나는 영역은 해당 전문가에게 의뢰하거나 협업한다. 예로, 약물치료와 관련된 복잡한 의학적 문제는 정신과 의사에게 의뢰하고 협업한다. 또한 정신과적 과거력이 있거나 법률적 문제 등으로 진단서가 요구되는 경우, 심한 불안 증상(과호흡, 공황 등)이나 불면 증상으로 약물치료가 필요할 때 정신건강의학과 진료를 포함한 전문적인 협업을 의뢰한다. 특히, 외상 생존자는 낮시간 동안의 과각성 등으로 인해, 수면에 필요한 적정(낮은) 각성 수준으로 내려오기 어렵다. 술 등으로 의식을 잃어 수면에 들었다 해도, 수면 중에 자주 깨고 악몽을 꾸는 등 수면의 질이 현격하게 나빠진다. 이런 상황에서는 고도의 정신 에너지를 투입해야 하는 언어기반 외상 심리치료가 들어가지지 않고 외상 생존자의 재발/실수/중도 탈락과 상담자의 소진으로 귀결되기 쉽다. 따라서 수면제 처방 등은 증상 관리의 진입장벽을 낮추는 데 도움이 된다.

객관적 검사 결과를 예로 정의하면, IES-R(사건충격 척도, Impact of Event Scale-Revised) 25점 이상, DES(해리경험 척도, Dissociative Experiences Scale) 25점 이상, CESD(Center for Epidemiologic Studies Depression Scale) 21점 이상일 경우, 정신건강의학과와의 협업을 포함한다.

약물치료는 특정 증상 관리 및 심각한 정신건강 문제의 예방을 돕는 데 필수적이다. 다음은 약물치료 의뢰가 필요한 상황이다.

(1) 외상 전 병리가 이번 외상 사건으로 악화될 우려가 있을 때

외상 생존자가 이전에 진단받은 정신적 또는 신체적 병리가 있는 경우, 이번 외상 사건으로 인해 그 병리가 악화될 우려가 있을 때 약물치료가 필요하다. 기존 병리의 악화를 방지하고, 안정된 상태를 유지하며, 트라우마로 인한 추가적인 정신적 고통을 완화하는 기능을 한다. 예로, 이전에 진단된 우울증, 불안장애, 조현병 등의 악화를 방지하기 위한 항우울제, 항불안제, 항정신병 약물을 의뢰할 수 있다.

(2) 한시적 수면장애, 발작의 조절에 초점을 둔 경우

낮시간 동안 과활성화된 외상 후 증상은 수면장애를 일으키기 쉽고, 누적된 교감신경 과활상화 상태는 발작 증상을 일으켜 일상생활에 지장을 줄 수 있다. 수면의 질을 개선하고 발작을 예방하여 신체적·정신적 회복을 촉진하기 위해, 수면제(예: 졸피뎀), 발작 예방을 위한 항경련제(예: 디아제팜)를 의뢰할 수 있다.

(3) 자살 예방에 초점을 둔 경우

외상 후 증상으로 인해 심각한 우울감이 나타나고 자살 위험이 높아지는 경우, 항우울제[예: 선택적 세로토닌 재흡수 억제제(SSRI)인 플루옥세틴, 세로토닌-노르에피네프린 재흡수 억제제(SNRI)인 벤라팍신], 자살 위험을 줄이기 위한 리튬 등의 정신과 처방을 의뢰할 수 있다.

(4) 자해나 타해를 예방하는 경우

외상 후 증상으로 인해 외상 생존자들이 가장 어렵게 느끼는 영역은 분노 조절이다. 분노 조절의 실패는 자해 또는 타해로 이어질 수 있다. 분노 조절을 돕고 공격적 행동을 예방하여 안전을 보장하기 위해, 항불안제(예: 벤조디아제핀), 항정신병 약물(예: 리스페리돈) 등을 의뢰할 수 있다.

약물치료는 트라우마와 중독상담에서 중요한 치료 방법이다. 외상 생존자의 구체적인 상황에 따라 약물치료가 필요할 수 있으며, 이는 기존 병리의 악화를 방지하고, 수면 장애와 발작을 조절하며, 심각한 우울감과 자살 위험을 줄이고, 분노 조절을 도와 자해와 타인에 대한 해를 예방하는 데 중점을 둔다. 이러한 약물치료는 내담자의 전반적인 회복과 안정성을 보장하는 데 중요한 역할을 한다.

3) 고위험군 관리

특정 인구/직역(Occupation) 집단은 외상과 중독 문제로 인해 추가적인 위험을 경험할 수 있으며, 이들에 대한 체계적이고 집중적인 관리가 필요하다.

(1) 고위험군 선별

고위험군은 초기 심리적 개입(Early Psychological Intervention: EPI) 단계에서 선별평가 결과와 상관없이 심리치료 전문가와의 필수 심리상담을 배정한다. 이를 기관 내 트리아지(triage)로 규정해 두는 편이 사후 대처에 원활하다. 일반적으로 고위험군에는 다음과 같은 경우를 포함한다: 사건을 강한 충격으로 받아들이는 경우, 가족이 사망한 경우, 생활 기반이 심하게 파괴된 경우, 과거 동일하거나 유사한 외상 사건으로 심리적 외상 경험이 있는 경우, 소아, 노인, 장애인, 상병자, 외국인, 지지체계가 취약한 경우, 자각 증상을 호소하는 경우.

자각 증상 호소에 대해 객관적 검사 결과를 예로 정의하면, IES-R(사건충격 척도, Impact of Event Scale-Revised) 18점 이상, PSS-10(지각된 스트레스 척도,

Perceived Stress Scale) 17점 이상. AUDIT—K(Alcohol Use Disorders Identification Test-Korean version) 9점 이상이다.

(2) 해리위험군

해리 증상은 기억 상실, 현실 감각의 상실, 정체성 혼란 등과 같은 외상 후 증상을 포함하며, 해리성 정체감 장애, 해리성 둔주, 해리성 기억 상실 등으로 발전할 수 있다. 증상의 특성상 2차 외상 사건에 노출되기 쉽다. 따라서 해리 상태에서 벗어날 수 있는 안전하고 안정된 일상 환경을 구축하고 관리하도록 살펴야 한다. 안전지대(safe place) 기법과 EMDR 등을 활용할 수 있다.

(3) 범죄 피해자

폭력, 성폭행, 강도 등의 범죄로 인해 심각한 트라우마를 경험한 범죄 피해자에게 필요한 법적 조언과 지원을 정보 제공하여 피해자가 법적 절차에서 보호받을 수 있도록 지원한다. 즉각적인 심리적 응급처치와 장기적인 심리치료가 요구되며, 피해자의 안전을 보장하기 위한 광범위한 사례 계획을 세우고 보호 명령 등과 같은 실제적 법적 조치를 옹호하는 것이 필요하다.

(4) 신체 상해

사고나 폭력 등으로 인해 신체적 부상을 입은 경우, 신체적 기능 회복을 위한 재활 프로그램 지원에 대한 정보를 제공하며 사례관리 목록에 추가한다. 부상의 심리적 영향을 다루는 것이 트라우마 치료의 시작이어야 한다.

(5) 심각한 정신병리 경험자

조현병, 양극성 장애 등 심각한 정신병리를 겪는 경우, 약물치료와 정신과적 치료를 포함한 종합적인 사례관리가 필요하다. 증상의 악화를 예방하기 위해 지속적인 모니터링[예: 매 회기 체크인(check-in) 시간에 복약, 부작용 확인]이 필요하다. 정신과 의사, 심리치료사, 사회복지사 등의 다학제적 협업에 노력을 기울여야 한다.

(6) 자살위험군

자살 충동이 강할 경우 즉각적인 개입이 필요하다. 개별 위기 관리 계획을 세우고, 자살 예방 핫라인 등의 자원을 제공한다. 정기적인 상담과 모니터링을 통해 지속적인 정서적 지원을 제공한다.

(7) 아동

연령이 낮을수록 트라우마와 중독의 영향을 강하게 받는다. 아동의 경우, 언어 기반 치료뿐만 아니라, 놀이치료, 미술치료 등 아동에게 적합한 매체를 심리치료에 적극적으로 활용한다. TIC을 활용하여, 가정 및 학교에서 안전하고 지지적인 환경을 조성하며, 아동 보호 기관과의 협업과 사례관리를 통해 아동의 안전을 구축한다.

(8) 장애인

신체적 또는 정신적 장애를 가진 사람들은 외상 대처 역량과 자원이 상대적으로 낮을 수 있다. 따라서 치료와 일상생활에서의 접근성을 개선하고 장애 유형에 따른 맞춤형 지원과 서비스를 제공하여 신체적·정신적·사회적 필요를 통합적으로 사례관리한다.

(9) 물질남용 경험자/중독위험군

외상 전에 이미 물질남용 경험이 있거나 중독 위험이 높은 사람들의 경우, 심리치료 전에 해독을 먼저 진행할 필요가 있다. 이어지는 재활, 상담 등 종합적인 중독 치료 프로그램, 익명의 알코올 중독자 모임(AA) 등의 지원 그룹 참여, 재발 방지를 위한 교육과 정보를 제공한다.

(10) 임산부

임신 중인 외상 생존자의 경우, 정기적인 산전 관리와 의료적 지원, 임신과 출산에 대한 정서적 지원, 임신 중 건강을 유지하기 위한 교육을 제공한다.

(11) 독거 노인

외롭고 고립된 상태의 노인인 경우, 지역사회 자원과 연계하여 사회적 지지를 제공하고 정기적인 건강 검진과 의료적 지원을 제공하며, 정기적인 상담과 방문을 통해 정서적 지지를 제공한다.

(12) 고위험직군: 소방원, 응급실 의료인, 응급구조원, 경찰 등

PTSD 고위험 직군(APA, 2022), 특히 소방원, 응급실 의료인, 응급구조원, 경찰, 상담사들은 그 직역의 특성상 일반적인 근로 환경보다 자주 더 심각한 스트레스 및 외상에 노출될 위험이 높다. 따라서 정기적인 심리평가 및 모니터링을 통해, 조기에 문제를 식별하고 개입하는 것이 필수적이다. 자가 평가 도구를 통한 직무 스트레스 관리와 필요시 전문적 심리상담을 받을 수 있는 공식적 창구의 상시 개설이 권장된다.

또한, PTSD의 증상, 원인, 대처 방법에 대한 교육을 제공함으로써 직원들이 자신이나 동료의 증상을 인식하고 이에 적절히 대응할 수 있도록 지원한다. 위기 상황 대응 훈련을 포함하여 심리적 탄력성을 강화하는 훈련과 명상, 요가, 운동 프로그램을 포함한 스트레스 감소 및 관리 프로그램을 정기적으로 제공한다. 더불어, 근무 시간과 휴식 시간의 균형을 맞추고 장기 근무 후 충분한 휴식을 보장하는 정책이 필요하다.

정규적인 집단 지원 모임이나 워크숍을 통해 직원들이 경험을 공유하고 상호 지지를 할 수 있는 기회를 제공한다. 개인적인 문제나 더 심각한 PTSD 증상을 겪는 직원을 위해 개인 상담을 제공하며, 위기 사건 스트레스 관리(CISM)와 같은 프로그램을 통해 대규모 사고나 특별히 충격적인 사건과 같은 비상 상황 발생 시 즉각적인 심리 지원이 이루어지도록 한다. 사건 직후 심리적 응급처치(Psychological First Aid)를 제공하여 초기 외상 반응을 관리를 통해 직무안정성을 확보한다.

넷째, 스트레스와 정신건강 문제에 대한 낙인(stigma)을 줄이고, 개방적이고 지지적인 직장 문화를 조성한다. 직원들이 자신의 감정을 표현하고 필요한 지지를 요청할 수 있는 환경을 조성함으로써, 외상 후 증상이란 직무부적합으로 이어질 수 있다는 의구심 단계에 그치지 않도록 해야 한다. 오히려, 외상 후 증상을 드러내고 이를 효과적으로 대처하는 능력을 통해 직무적 취약성을 인정하고 수용하는 과정이 강인한 정신력과 건강한 대처 전략을 증명하는 것이라는 인식을 조직문화에 정착시킬 필요가 있다.

4) 중독 관리

중독상담의 대상은 중독자뿐만 아니라, 그 가족도 포함된다. 트라우마와 중독 문제를 동시에 가진 내담자를 위한 중독 관리는 복합적인 접근이 필요하다. 이 경우 중독과 트라우마 간의 상호작용을 이해하고, 통합적인 사례관리 계획을 수립하는 것이 중요하다. 초기 평가 및 진단 결과를 통합하여, 외상 생존자의 전반적인 정신건강 상태를 평가하고, 동반되는 정신건강 문제를 파악한다. 필요할 경우, 중독으로 인한 신체적 손상 관련 의학적 평가를 통해 중독과 트라우마로 인한 신체적 영향을 확인한다. 외상 생존자의 가정 환경, 직장 상황, 사회적 관계 등 전반적인 생활 환경을 탐색하고 현재의 외상 후 증상과 중독 간의 영향/상관성을 평가한다. 필요하다면, 정신과 의사, 심리치료사, 사회복지사, 간호사 등 다양한 다학제 전문가들과 팀을 구성하여 사례관리를 한다. 금단 증상을 안전하게 관리하기 위해 의료 시설에서 전문적인 해독치료 프로그램에 참여를 고려할 수 있다. 또한 금단 증상 완화와 중독치료를 위해 적절한 약물(예: 메타돈, 부프레노르핀)의 복용을 권유할 수 있다. 중독 문제와 트라우마를 경험한 사람들과의 자조 모임에 참여하도록 정보를 제공하고 참여를 독려한다. 또한 취업을 위한 상담과 실제적인 지원(이력서 작성, 면접 준비 등)을 제공하거나 진로/취업전담기관에 의뢰하여 협업한다. 매 회기 체크인(check in)에서 절주의 진행 상황을 모니터링한다. 외상 생존자에게 진행 상황에 대한 피드백을 항상 제공하고, 필요한 지원을 조정한다.

중독상담의 대상은 중독자뿐만 아니라, 그 가족도 포함된다. 트라우마와 중독 문제를 동시에 가진 내담자를 위한 중독 관리는 복합적인 접근이 필요하다. 이 경우 중독과 트라우마 간의 상호작용을 이해하고, 통합적인 치료 계획을 수립하는 것이 중요하다.

가족치료는 내담자의 회복 과정에 중요한 역할을 한다. 가족 교육을 통해, 가족 구성원에게 중독과 트라우마에 대한 이해를 높이고, 내담자를 지지하는 방법을 교육한다. 자신이 중독의 공동의존이 될 수 있음도 교육한다. 중독 가정에서 역기능적 가족 역할(dysfunctional family roles)에 고착되기 쉬운데, 가족상담을 통해 가족 간의 상호작용을 개선하고, 갈등 해결을 도울 수 있다. 중독 문제와 트라우마를 경험한 사람들과의 자조 모임에 참여하도록 정보를 제공하고 참여를 독려한다.

5) 증거기반 실무와 사례관리의 연계

증거기반 실무(Evidence-Based Practice: EBP)는 임상적 결정이 과학적 연구와 실무자의 경험, 환자의 선호와 가치에 기반을 두는 방식이다. 이를 통해, 효과적인 사례관리를 수행할 수 있다.

(1) 투명한 증거기반 사례관리

증거기반 실무와 사례관리를 연계하여, 최소한의 자원으로 최대의 효과를 거두는 전략을 찾고 내담자와 사례관리자 간에 의사 결정이 투명하게 이루어지게 한다.

예를 들어, 내담자가 책임감을 가지고 심리치료에 헌신하는 마음가짐을 갖도록 시각 자극을 최대화할 수 있는 인쇄지를 활용하여, 상담 동의서를 받는다. 상담 동의서는 또한 상담자/기관을 보호하는 가장 기초적인 방법이며, 증거기반 실무의 시작이다.

계약서 작성 및 비밀보장은 투명한 소통에도 도움이 된다. 상담 시작 전 계약서를 작성하여 상담의 목적, 기대, 비밀 보장 등에 대해 명확히 한다. 내담자의 개인 정보와 상담 내용의 비밀을 보장하여, 더 안전한 마음으로 상담에 협력할 수 있도록 한다. 트라우마/중독 내담자는 반드시 자해/타해 상황을 구두로 확인하고, 필요할 경우 자해/타해 금지 서약서를 작성한다.

법적·경제적 보상 관련 소송을 진행하거나 예정일 경우, 상담센터에 가지고 있는 기대를 직접 확인하고 이에 대해 센터가 어떻게 할 수 있는지도 반드시 이야기되어야 한다. 내담자의 정보 1건이 1개의 외부 기관에 나가거나 들어올 때마다, 관련한 서류를 작성하고 내담자의 확인 서명을 받는 것이 가장 완벽하다. 이는 내담자가 상담에 대한 신뢰와 안전감을 증진시키는 동시에, 상담자/기관이 자신을 보호할 수 있는 가장 근본적인 방법이기도 하다.

(2) 진행 과정의 모니터링 및 조정

사례관리는 외상 생존자의 지속적인 지원과 모니터링을 통해 이루어진다. 사례관리 방법은 정기적인 내소 상담을 통해 대상자의 진전을 모니터링하고, 추가적인 개입이 필요한지를 평가한다. 주기적인 전화 상담을 통해 대상자의 상태를 점검하고 필요한 지원을 제공하기도 하고, 필요에 따라 가정 방문을 통해 대상자의 생활 환경을 파악하고, 직접적인 지원을 제공한다. 예로, 은둔형 외톨이나 인터넷 중독의 경우, 내소 상담의 동기나 접근성이 부재하므로, 가정방문으로 시작해서 내소 상담으로 초대할 수 있다.

재평가 및 추후 상담은 심리치료의 효과성을 측정하고, 필요에 따라 지속적인 지원을 제공하기 위해 필요하다. 이 과정은 서비스의 적절성을 평가하고, 개선이 필요한 영역을 식별하는 데 도움을 준다. 우선, 재평가 주기를 설정한다. 종결 후 6개월마다 재평가를 받는다. 초기 평가에 사용된 동일한 평가 도구를 재평가에 사용하여, 시간이 지남에 따른 변화를 정확하게 측정한다. 이는 결과의 일관성을 유지하고, 개입의 효과를 명확히 판단하는 데 도움을 준다. 재평가 결과를 토대로, 서비스를 종료할지 아니면 지속적인 심리치료가 필요한지 결정한다. 결과가 긍정적이고 목표한 치료 목표에 도달했다면 서비스 종료를 고려할 수 있다. 반면, 여전히 도전이 필요한 영역이 있다면 추가적인 지원 계획을 수립한다.

예로, 재난 피해를 경험한 대상자의 경우, 서비스 종료 후에도 6개월과 1년이 되는 시점에서 전화를 통한 추적 관찰이 필요하다. 이는 장기적인 영향을 모니터링하고 필요한 경우 적절한 지원을 계속 제공할 수 있도록 한다. 특히, 시간이 지남에 따라 나타날 수 있는 지연된 심리적 영향을 평가한다. 또한, 이 과정은 회복 과정에서 발생할 수 있는 잠재적인 문제를 조기에 식별하고, 적극적으로 개입하는 데 필요하다.

내담자 및 관련 서비스 제공자의 피드백과 성과 측정을 통한 사례관리를 지속적으로 개선할 수 있다.

(3) 지속적 지지와 자원 연결

면담을 통해 내담자의 필요와 우선순위를 정확히 파악하고, 맞춤형 서비스를 제공한다. 지속적인 지지, 경청 및 심리적 안정감을 제공하며, 필요한 정보와 자료를 제공한다. 또한 현재 즉시 활용 있는 대처 전략 등을 심리교육할 수 있다. 관련 기관 리플렛, 정부 기관 및 사회복지 관련 정보, 지역 내 상담센터 및 정신건강 의학과의 주소와 연락처 등 정보 및 지역사회자원을 제공하여 내담자가 필요한 자원에 접근할 수 있도록 한다. 이러한 선별 과정은 내담자가 겪는 트라우마에 대한 적절한 이해와 개입을 가능하게 하며, 위기 상황에서 신속하고 효과적인 대응을 지원한다. 이는 내담자의 회복과 일상생활로의 복귀를 촉진하는 데 중요한 기여를 한다.

지역사회 자원 연계는 내담자가 세상과 연결하는 방식이며, 이는 연결성이 강화되는 치료적 개입이 된다. 대상자가 사회적 지지체계를 구축하도록 가족 구성원이 대상자의 회복 과정에 적극적으로 참여할 수 있도록 지원하고, 사회 내 자조모임, 지원 그룹 등과 연결하여 사회적 지지를 강화한다. 또한 중독 회복 경험이 있는 동료 지원가와의 연결을 통해 정서적 지지를 제공하는 것도 유용하다.

(4) 효과적인 사례관리를 위한 다학제적 협력 의뢰

다양한 전문가(의료진, 정신건강 전문가, 사회복지사 등)로 구성된 다학제적 팀과 협력하여 사례관리의 효과를 극대화한다.

① 적절한 의뢰 접근 방법

의뢰 과정에서의 유의점을 이해하고 적절히 적용하는 것은 트라우마를 경험한 개인이 받아들이는 방식에 큰 영향을 미친다. 적절한 의뢰 접근 방법은 내담자가 필요한 서비스를 효과적으로 받아들이도록 도와주며, 의뢰 과정에서 발생할 수 있는 부정적인 감정이나 낙인을 최소화한다.

② 낙인 효과의 방지

의뢰 과정이 내담자에게 낙인을 찍는 것으로 느껴지지 않도록 주의해야 한다. 내담자가 '약함'이나 '비정상'이라는 느낌을 받지 않도록 의뢰의 필요성과 과정을 신중하게 설명해야 한다. 내담자뿐만 아니라, 주변인들에게 낙인찍히지 않도록 유의한다. 예시로, 인터넷 중독 고위험군 학생 대상 집단상담이 학교를 찾아가는 상담의 형태로 열린 경우가 있었다. 당시 교내 전체 방송으로 통해, 집단 참가 학생들은 상담센터로 모이라고 전달되었다. 집단에 참가한 학생들은 이미 반에서 학생들이 자신을 인터넷 중독자로 놀린다고 호소한 적이 있다.

③ 자발적 참여 강조

의뢰는 내담자의 자발적인 참여와 동의를 기반으로 이루어져야 한다. 내담자가 의뢰 과정에 적극적으로 참여하고 결정에 동의하는 것이 중요하며, 이를 통해 치료나 상담에 대한 효과가 높아진다. 사례로 커플 상담으로 내방하였으나, 남자친구의 알코올 중독 문제가 매우 심각하였다. 궁극적으로 몇 번의 재발과 커플 갈등후에 자발적으로 남자친구가 정신의학과 알코올 중독 치료시설에 입원한 경우가 있다.

④ 안전한 의뢰 과정 확보

의뢰 과정 중에 내담자가 안전하게 느낄 수 있도록 주의를 기울여야 한다. 예를 들어, 응급 상황에서 내담자를 혼자 두지 않고, 지속적으로 지지와 동행을 제공한다. 필요하다면, 미리 자원봉사자를 훈련시켜 의뢰나 옹호 시 활용하도록 한다.

⑤ 의뢰 설명의 중요성

의뢰를 설명할 때는 내담자에게 의뢰의 이유와 목적을 명확하고 긍정적으로 전달해야 한다. 이는 내담자가 의뢰 과정을 긍정적으로 받아들이도록 하며, 의뢰된 서비스를 이용할 의지를 높일 수 있다.

예시 문장은 다음과 같다.

"이번 사건은 매우 힘든 경험이었을 것이다. 제가 당신에게 도움을 줄 수 있는 전문 기관을 소개해 드리려고 한다. 이는 당신이 약해서가 아니라, 누구라도 이런 상황에서는 전문적인 도움이 필요하기 때문이다."

이러한 접근은 내담자가 의뢰 과정을 보다 수용적으로 받아들이고, 필요한 도움을 받아들이는 데 긍정적인 영향을 미칠 수 있다. 이와 같이 의뢰 과정을 신중하고 적절하게 관리하는 것은 내담자의 치료 및 회복 과정에 중요한 역할을 한다.

5. 어떻게 면접하는가

트라우마 상담의 실제에서는 상담자의 태도와 접근 방식이 매우 중요하다. 트라우마를 겪은 내담자들은 종종 심리적으로 취약하고 불안정할 수 있으므로, 상담 과정에서 안전하고 신뢰할 수 있는 환경을 제공하는 것이 필수적이다.

1) PTSD와 중독의 상담자 되기

내담자가 심리적으로 안전하다고 느끼는 사람이어야 하며, '안전망'이나 '편안한 공간'과 같은 안전한 물리적 공간 속에 있는 사람으로 기능해야 한다.

(1) 상담자의 태도
PTSD와 중독의 상담자는 내담자가 변화할 수 있다는 믿음을 갖고 상담에 임해야 한다. 이는 내담자에게 희망을 전달하고, 스스로 변화할 수 있다는 확신을 심어 주는 중요한 역할을 한다. 중독에서 회복되는 과정은 종종 어려움이 따르지만, 상담자는 그 과정에서 내담자가 포기하지 않도록 격려하고 지지하는 태도가 필요하다.

상담자는 내담자의 감정, 경험, 생각을 인정하고, 그들의 인격과 존엄성을 존중하여 안전한 관계를 제공한다. 필수적인 약물검사도 확고하게 진행하는 등 내담자의 안전을 위해 지켜야 할 경계선을 분명히 가져가야 하지만, 동시에 따뜻하고 이해심 있는 태도를 유지하는 것이 필요하다.

① 공감적인 분위기 조성: 상담자는 말보다는 태도나 행동으로 공감을 표현해야 한다. 이는 내담자가 자신의 감정과 경험을 안전하게 표현할 수 있는 환경을 만드는 데 도움이 된다. 주변 분위기와 상황에 맞게 공감하는 것이 중요하며, 내담자가 겪는 내면의 고통을 이해하려 노력해야 한다.
② 전문가로서의 신뢰감 전달: 상담자는 전문성을 바탕으로 내담자에게 신뢰감을 전달해야 한다. 내담자가 상담자를 믿지 못할 때도 개인적으로 받아들이지 않고, 전문적인 자세를 유지해야 한다.

(1) 재발/실수 상황에서 상담자의 태도

중독 재발/실수는 회복 과정에서 흔히 발생한다. 하지만 이러한 중독자의 재발/실수가 상담자의 소진을 가중시키는 요인이기도 하다. 재발이 일어났을 때, 상담자는 기다려 주는 태도가 필요하다. 내담자가 스스로 회복하고 재발을 극복할 수 있는 시간을 주고, 조급하게 변화를 요구하지 않으며, 그들의 속도에 맞춰 회복을 지원한다.

재발 상황에서 내담자에게는 상담자의 지지가 절실하다. 내담자가 재발로 인해 느끼는 부정적인 감정(죄책감, 좌절감 등)을 이해하고, 그들의 감정을 받아들이며, 그들이 다시 일어설 수 있도록 정서적 지지를 제공한다. 또한 재발은 실패가 아니라 회복 과정의 일부분일 뿐임을 심리교육하며, 내담자가 좌절하지 않도록 격려한다. 이 지지는 내담자에게 다시 치료에 전념할 동기가 부여되는 계기가 된다.

(2) 상담자의 윤리

상담자는 언제나 내담자의 행복과 이익을 최우선으로 한다. 상담의 목적은 내담자가 중독을 극복하고 더 나은 삶을 살 수 있도록 돕는 것이며, 이를 위해 내담자의 필요와 목표를 존중하고, 그들이 스스로 결정을 내릴 수 있도록 지원한다.

상담자는 내담자를 위한 더 나은 치료 방법을 항상 모색한다. 이를 위해 최신의 중독치료 기법을 배우고, 다양한 치료 방법을 시도함으로써 내담자에게 가장 효과적인 해결책을 제공하도록 노력한다.

상담자는 내담자의 개인 정보를 비밀로 보호할 의무가 있다. 내담자의 동의 없이 정보를 외부에 유출하지 않으며, 상담 과정에서 논의된 모든 내용은 기밀로 유지해야 한다. 하지만 마약이나 도박과 같은 불법적 중독일 경우, 비밀보장 유지에는 한계가 있다. 매 정보 공유 때마다 내담자와 상의하고 서명된 합의서를 갖추는 사례관리 습관이 필요하다. 이를 통해 증거기반 실무를 구현할 수 있다.

외상과 중독을 동시에 가진 내담자들은 다른 전문가 및 기관과 협력해야 할 상황들이 더 많다. 내담자의 복합적인 문제를 해결하기 위해 상담자 혼자만의 노력으로 부족할 수 있으며, 정신과 의사, 심리치료사, 사회복지사 등 다양한 전문가와의 협력 및 네트워크를 구축하는 것이 필요다.

(3) 상담자의 자기관리

상담자는 내담자를 도우며 복잡하고 정서적으로 도전적인 상황에 직면하는 경우가 많다. 역전이의 나쁜 영향력은 상담자 개인뿐만 아니라 심리치료의 효과성도 현격히 저하시킨다. 따라서 상담자는 상담 과정에서 자신의 감정과 반응을 주시하고, 그 순간에 발생하는 자신의 신체적·정서적·정신적 상태를 인식할 수 있어야 한다. 상담자는 내담자의 문제에 공감하고 연민(compassion)을 가지면서도 휘말리거나 감정적으로 소진되지 않고, 보다 균형 잡힌 태도를 가져가야 한다. 즉, 상담자는 자신의 역전이 감정에 흔들리지 않고 현재의 상황을 침착하게 평가함으로써 보다 효과적인 상담을 운영할 수 있다. 상담자는 일상에서 마음챙김, 운동, 즐거운 활동 등을 통해 자신의 감정과 생각을 잘 관리하여 역전이의 나쁜 영향을 예방하는 자신만의 일상(rituals)을 만들어 두어야 한다.

(4) 비언어적 경청 기술

비언어적 메시지에 대한 감수성: 적극적 경청(傾聽, active listening)에는 언어적 메시지의 경청과 비언어적 메시지의 경청이 있다. 내담자는 비언어적 메시지에 매우 예민할 수 있으며, 특히 트라우마를 경험한 이후 과각성 상태에 있을 가능성이 높다. 상담자는 이를 인지하고, 내담자의 반응에 주의를 기울여야 한다. 비언어적 메시지의 경청 중 SOLER 기법, ENCOURAGES 기법이 있다.

표 4-1 SOLER 기법과 ENCOURAGES 기법

SOLER 기법(Egan, 1994)	ENCOURAGES(Hill & O'Brien, 1999)
S(Sit squarely): 바르게 앉아라. O(Open posture): 자연스러운 자세로 개방적인 자세를 취한다. L(Lean forward): 내담자를 향해 몸을 살짝 기울인다. E(Eye Contact): 내담자와 눈을 맞춘다. R(Relaxed): 상담자는 편안한 몸짓으로 편안한 분위기를 만든다.	E(eye): 눈을 바라본다. N(nods): 가볍게 끄덕인다. C(cultural difference): 문화의 차이를 인정한다. O(open stance): 열린 자세를 취한다. U(unhmm): '음' 하는 언어로 잘 듣고 있음을 알린다. R(relaxed): 편안하고 자연스럽게 대한다. A(avoid): 산만한 행동은 피한다. G(grammatical): 상대의 언어 스타일에 맞춘다. E(ear): 언어적 메시지와 비언어적 메시지에 주의를 기울인다. S(space): 적정한 공간을 유지한다.

2) 라포 형성: 나/타인/세상을 믿을 수 있다

PTSD와 중독을 가진 외상 생존자가 상담자를 잘 믿지 않는다 해도 이상한 일이 아니다. 비정상적 외상을 경험하면서 타인에 대한 불신은 매우 정상적인 반응이기 때문이다. 신뢰에 대한 기대치를 낮게 가져가는 것이 상담자 소진을 예방할 수 있다. 또한 상담자만이 유일하게 믿는 사람이라 할지라도, 임시적으로 괜찮다. 상담자에 대한 신뢰는 안전한 시간과 공간이 반복되면서 생겨난다. 안전감이 획득 되어야만, 라포 형성이 이루어질 수 있다.

(1) 정서적 안전

내담자가 스스로 정서 조절할 수 있도록 지원함으로써, 감정적으로 안전하다고 느끼도록 돕는다. 자신의 신체적 감각을 더 잘 인식하고, 이를 통해 감정적 상태를 이해하도록 돕는다. 신체 스캔을 통해 자신의 신체 신호를 알아차리고, 호흡과 이완 기법을 교육하여 스스로 정서 조절력을 가질 수 있도록 돕는다. 상담자와의 안전한 경험이 상담자를 신뢰하게 되는 첫 단추일 수 있다. 상담 과정에서의 비밀 보장도 신뢰 구축과 치료적 관계 형성에 필수 요인이다.

(2) 정보 제공

상담자는 반드시 정확한 정보를 제공해야 하며, 잘 모를 경우에는 솔직하게 모른다고 인정한다. 이를 통해, 내담자와의 신뢰가 형성된다. 또한 외상 생존자의 연령, 이해 수준, 충격 상태 등에 맞는 정보를 제공한다. 정보의 내용뿐만 아니라 효과적인 전달 방식이 필요하다.

(3) 심리교육 및 정상화

내담자가 자신의 상태를 이해하고 예측할 수 있도록 급성 스트레스 반응(acute stress response)에 대해 교육한다. 외상 사건이 신경계에 미치는 생리학적 영향을 설명한다. 트라우마가 자신만의 신체적 반응과 밀접하게 연결되어 있음을 내담자가 인식하도록 돕는다. 이를 통해, 내담자는 자신의 낯선 반응체계가 신경생리 학적으로 자연스럽고 정상임(normalization)을 인식하게 된다. 이는 2차 부적 정서 (예: 자기혐오)의 발생을 현격히 예방하여, 자연치유회복군으로 나아가게 도울 수 있다.

내담자가 외상 사건 자체와 유관된 자신의 반응을 구분하게 한다. 외상 사건은 과거에 발생한 일이고 외상 반응은 현재 벌어지는 일이다. 과거 사건은 이미 통제의 영역이 아니지만, 현재의 일은 충분히 통제의 영역임을 이야기한다. 그래서 현재에 보다 초점을 두고 외상 반응관리를 시작하는 것이 회복의 시작임을 이야기한다.

일반적인 외상 반응의 종류를 구체적으로 정의하고, 이를 내담자의 반응과 연결할 수 있도록 돕는다.

이미 만성/지속적 외상 후 증상체계를 갖춘 내담자의 경우, PTSD나 CPTSD에 대한 정보를 제공하여, 인지적 통제감을 향상시킨다. 심리교육은 전달 방식에 있어, 일대일 전달체계의 이점을 충분히 활용한다. 심리교육의 내용이 내담자와 어떤 연관성이 있는지 계속 확인하면서 심리교육이 진행되는 것이 필요하다.

(4) 급성과 만성 반응에 대한 단기 해결책 습득

내담자가 외상 반응을 관리하는 기술을 습득하도록 돕는다. 즉각적인 외상 반응 관리(예: 긴장을 풀기 위한 호흡법)와 일상에서의 외상 반응 관리(수면, 운동, 섭식, 복약) 등 사례관리 전략을 활용한다.

(5) 치료 동맹

치료자는 지적 능력과 관계 형성 능력을 동시에 갖추어야 한다는 점을 인식해야 한다. 특히, 치료자는 내담자의 자각과 통찰을 촉진하는 역할을 수행하면서도, 내담자의 경험과 감정에 대한 깊은 이해와 공감을 바탕으로 그들과 감정적으로 연결되어야 한다.

또한, 치료자는 단순히 사실을 발견하거나 외상 이야기를 재구성하는 법 집행자가 아니라는 중요한 인식을 가져야 한다. 외상을 경험한 내담자의 이야기를 들을 때, 치료자는 비판적이거나 해석적인 태도를 취하기보다는, 열린 마음으로 내담자의 경험을 받아들이는 '공감적인 증인'의 역할을 수행해야 한다. 이는 치료자가 탐정적 접근을 배제하고, 내담자의 내밀한 경험을 이해하려는 자세를 견지함을 의미한다.

3) 구조화: 경계의 재건

최근 아동학대와 경계선 성격장애를 연결하는 연구 결과들이 많이 나오고 있다. 외상 사건은 외상 생존자의 자기정체성의 경계, 나와 타인과의 경계, 세상에 대한 경계선을 한 번에 허물어 버리는 사건이다. 이러한 경계를 다시 재건하는 전략은 일반상담의 구조화로도 구현할 수 있다. 그 구조화를 통해, 외상 생존자의 통제감을 회복하고 예측 가능한 시간과 경험으로 상담 회기를 만들어 나갈 수 있다.

(1) 중독자와의 경계 설정: 상담자와 내담자 간의 건강한 경계를 유지하는 방법

중독자를 상담할 때 건강한 경계 설정은 상담자와 내담자 모두에게 매우 중요한 요소이다. 중독자들은 종종 혼란스러운 상황에서 상담자의 지원에 의존하려 하며, 상담자에게 지나치게 감정적으로 기대는 경우가 있을 수 있다. 이때, 상담자가 명확한 경계를 설정하지 않으면 내담자와의 관계가 불균형해지고, 내담자의 자율성과 회복 가능성이 저해될 수 있다.

건강한 경계 설정의 핵심은 상담자의 역할을 명확히 인식하고, 내담자의 문제를 해결하는 책임을 상담자가 모두 떠맡지 않는 것이다. 내담자가 통제감을 가지고 회복의 주체가 될 수 있도록 지원하는 것이 상담자의 중요한 역할이기 때문이다. 이를 위해 상담자는 다음과 같은 전략을 사용할 수 있다: 역할의 명확화, 감정적 경계 유지, 시간과 공간 경계 설정, 내담자의 자율성 존중.

(2) 구조화된 상담의 중요성: 치료적 효과

구조화된 상담이란 상담자가 상담 과정을 단계별로 체계적으로 계획하고, 명확한 목표와 방향성을 제공하는 것을 의미한다. 구조화된 상담이 중요한 이유는 다음과 같다.

① 통제감 제공: 외상 사건은 개인이 자신/타인/세계에 대한 통제감을 일순간에 상실하는 경험이다. 그래서, 상담자는 상담 과정에서 내담자에게 지시보다

는 질문을 통해 소통하고, 내담자가 의사결정하는 기회를 많이 제공하여, 통제감을 회복할 수 있도록 돕는다.

② 예측 가능성 강조: 외상 사건은 개인이 예측 불가능한 상황이 갑작스럽게 일어나는 사건이다. 따라서 상담 과정에서는 어떤 일이 일어나는지, 무엇을 기대할 수 있는지를 명확하게 설명함으로써 예측 가능성을 높이고 이를 바탕으로 안정감을 제공하여 상담에 대한 저항을 줄이고 안정적인 회기 운영을 가져갈 수 있다.

③ 안정감 제공: 중독자들은 중독으로 인해 일상적인 생활이 혼란스러워지고 통제력을 잃는 경우가 많다. 상담자가 일정한 구조를 제공하면 내담자는 상담 과정에서 안정감을 느낄 수 있다. 예를 들어, 매주 같은 시간에 상담을 진행하고, 상담 과정이 어떻게 진행될지 미리 설명하는 것은 내담자에게 예측 가능성을 제공하고 심리적 안정을 돕는다.

④ 명확한 목표 설정: 구조화된 상담은 내담자가 회복 과정에서 어떤 목표를 향해 나아가고 있는지 명확하게 인식하게 한다. 상담자는 내담자와 함께 단기적 목표와 장기적 목표를 설정하고, 이를 달성하기 위한 구체적인 계획을 수립한다. 이를 통해 내담자는 자신의 회복 과정을 체계적으로 추적할 수 있다.

⑤ 진행 과정의 평가와 피드백: 상담이 구조화되면, 상담자는 각 단계에서 내담자의 진행 상황을 평가하고 피드백을 제공할 수 있다. 이 과정에서 내담자가 느끼는 어려움이나 장애물을 파악하고, 필요한 경우 상담 전략을 수정하여 더 효과적인 지원을 제공할 수 있다.

⑥ 예상되는 난관 대비: 구조화된 상담에서는 중독 회복 과정에서 예상되는 어려움, 특히 재발의 위험을 미리 논의하고 대비하는 것이 가능하다. 내담자가 재발의 징후를 인식하고, 이에 어떻게 대응할지 미리 계획을 세우는 것이 중요한 부분이다.

⑦ 명확한 역할 설정: 구조화된 상담은 내담자와 상담자 간의 역할과 책임을 명확히 한다. 내담자가 상담자의 지시를 수동적으로 따르는 것이 아니라, 자신의 회복 과정을 주도적으로 이끌어 나가도록 돕는다. 상담자는 이 과정에서 내

담자를 지원하는 가이드로서 역할을 한다.

4) 초기 면접 및 선별

(1) 선별 1단계: 초기 평가 및 위험도 평가

비언어적 정보를 활용한다. 상담자는 내담자의 얼굴 표정과 말투를 관찰하여, 비언어적 신호를 통해 내담자의 정서 상태와 긴급한 욕구를 파악한다.

경도 단계로 평가되는 경우, 경청, 위로 및 심리적 안정감 제공하는 등 일반적인 상담의 형태로 진행할 수 있다. 정보 제공 및 필요한 서비스를 연계하여, 내담자가 상황을 이해하고 필요한 지원을 받을 수 있도록 도와준다.

고위험 단계로 평가되는 경우, 자살 위험, 약물치료 필요성을 평가한다. 급성기 이후 정신건강 전문가와의 연계를 진행하고, 전화 및 방문 사례관리로 등록하며 필요한 경우, 다학적 팀워크 체제를 구축한다.

표 4-2 **선별 단계에서 관심 가져야 할 잠재적 고위험군**

잠재적 고위험군
사건을 강한 충격으로 받아들이는 경우(외상 반응-재경험, 회피, 무감각)
가족, 가까운 친구, 이성 친구를 잃은 경우
생활 기반 파괴 정도가 심한 경우
재해 전 가까운 사람의 사망 등 충격 경험이 있는 경우
소아, 노인, 장해자, 상병자, 외국인
지지체계가 취약한 경우
척도에서 고위험군으로 평가된 경우
자살 위험이 있거나 약물 치료가 필요하다고 판단되는 경우
사망한 학생의 상황과 자신의 상황을 동일시하는 경우
자신이 주변 친구의 사망과 어떻게라도 관련이 있다고 생각하는 경우

⑵ 선별 2단계: 상세 평가

증상의 종류와 수준을 파악하기 위해 간단한 객관적 검사도구를 사용한다(예: PHQ-9. IES). 내담자가 원치 않을 경우, 강제하지 않고 대체 접근 방식을 사용한다. 무리하게 평가를 진행하거나 MMPI처럼 많은 문항의 검사지를 활용하는 경우, 외상자들에게 저항감이 더 커질 수 있다. 또한 외상 사건 발생 이후 7일간은 검사상의 이상 반응(Abnormal reaction)은 외상 사건(abnormal event)에 대한 정상적 반응(normal reaction)으로 볼 수 있다. 언어 면접 역량을 활용하여, 일반적인 애도 반응에 대한 경청, 지지 및 심리적 안정감 제공을 할 수 있다. 필요시 PTSD, 우울증, 스트레스, 자살 경향에 대한 평가를 진행한다.

5) 사정의 방법

상담자는 개별 면담과 내담자의 주변인들의 보고에서 얻어진 정보를 종합적으로 활용하여, 내담자의 배경, 트라우마 경험, 중독의 심각성 및 회복 가능성을 평가한다. 심리적 · 신체적 · 사회적 · 가족적 요소를 포괄하는 종합적인 사정을 실시한다. 개별 면담을 통해 기존의 정보를 보완하고, 주변인들로부터 정보를 수집함으로써 내담자에 대한 객관적이고 다각적인 정보를 얻을 수 있다. 이는 내담자의 증상을 간과하거나 과소추정하는 위험을 줄이는 데 기여한다. 다음과 같은 사정 영역을 통합하여, 종합적인 치료 계획 수립을 수립한다.

① 의뢰 상황: 치료 결정 계기 파악
② 중독 물질 사용 패턴 혹은 중독 행동 유형
③ 치료 내력 및 동기 수준 평가
④ 신체적 건강 관련 배경 정보
⑤ 정신건강 문제 관련 정보
⑥ 개인력 및 가족력
⑦ 법적 문제

⑧ 직업적 및 재정적 상황

6) 외상 사건

외상 면접(Trauma interview)은 외상 생존자의 경험을 이해하고 평가하기 위한 중요한 절차이다. 바벳 로스차일드(Babette Rothschild, 2000)의 외상 사건 분류는 외상의 유형에 따라 개인의 반응과 필요한 치료 접근법을 구분하는 데 도움을 준다. 이 분류는 외상의 반복 여부, 지원 체제의 존재, 개인의 적응유연성을 기반으로 다음과 같은 네 가지 유형을 구분한다.

표 4-3 **외상 사건 분류**

	반복 유무	지원체제	적응유연성
Type I	1회성		
Type II A	다중	안정적	
Type II B(R	다중	안정적	실패
Type II (nR)	다중	부재	부재

출처: Rothschild, B. (2000). *The Body Remembers: The Psychophysiology of Trauma and Trauma Treatment*. New York: W. W. Norton & Company.

Type I(1회성 외상)은 외상이 단발적인 사건으로 발생했으며, 일반적으로 사고나 자연재해 등 한 번의 사건으로 인한 외상이다. 이 유형의 외상 면접은 외상 당시와 이후의 감정 반응, 초기 대응 방법에 집중한다. 외상의 상세한 사건을 질문하는 것은 잠재적으로 위험하므로, 외상 생존자가 내용을 안정적 각성 수준 안에서 이야기한다면 들을 수 있다[심리적 응급처치(PFA) 참조]. 하지만, 디브리핑의 형태로 질문하지 않는다[미국 임상심리학회, debriefing에 대한 '잠재적 위험(potentially harmful)' 평가에 기초하여].

Type II-A(다발성 외상, 안정적 지원체제)은 여러 차례의 외상을 경험했으나, 안정적인 지원체제가 존재하는 경우이다. 면접에서는 다양한 외상 경험들과 각각에 대한 반응, 지원체제의 역할과 효과를 평가한다.

Type II-B(다발성 외상, 안정적 지원체제, 적응 실패)는 반복된 외상에도 불구하고 안정적인 지원체제가 있지만, 적응에 실패한 경우이다. 면접에서는 왜 안정적인 지원에도 불구하고 적응에 실패했는지에 대한 이해를 돕고, 적응 실패의 원인과 그에 대한 대처 방안을 모색한다.

Type II-non-Repetitive(다발성 외상, 지원체제 부재, 적응유연성 부재)는 여러 차례의 외상을 겪었지만, 지원체제와 적응유연성이 모두 부재한 상태이다. 면접에서는 외상의 반복적 성격, 지원체제의 부재가 개인에게 미치는 영향, 필요한 지원과 개입 전략에 초점을 맞춘다.

외상 면접은 매우 민감하고 복잡할 수 있으므로, 전문적인 훈련을 받은 치료자가 실시해야 하며, 면접 과정에서 생존자의 안전과 감정적 안정을 최우선으로 고려해야 한다. 외상 면접을 수행할 때, 다음과 같은 점들을 고려해야 한다.

① 안전과 신뢰 확립: 면접 초기에 안전하고 신뢰할 수 있는 환경을 조성한다.
② 외상 경험 탐색: 외상 경험과 그에 따른 생각, 감정, 신체적 반응을 세밀하게 탐구한다.
③ 감정적 지원 제공: 면접 중에 나타날 수 있는 강한 감정적 반응에 대해 준비하고, 적절한 감정적 지원을 제공한다.
④ 점진적 노출: 외상 사건에 대한 점진적인 노출을 통해 생존자가 외상을 처리하고 이해할 수 있도록 돕는다.
⑤ 후속 조치 계획: 면접 후 필요한 치료 계획을 수립하고, 추가 지원을 계획한다.

7) 중독자 가족에 대한 중재 목표 설정

내담자의 치료 및 회복을 위한 목표는 과학적으로 입증된 목표 설정 방법을 바탕으로 한다. 이를 위해 SMART 목표 설정 방식(Specific, Measurable, Achievable, Relevant, Time-bound)을 사용하여, 구체적이고 측정 가능한 회복 목표를 세우는 것이 중요하다.

① 중독자 가족의 회복을 위한 동기 증진: 중독자의 회복 과정에 가족들이 적극적으로 참여하고, 그 과정에서 지지를 통해 긍정적인 변화를 경험하도록 돕는 것이 중요하다. 이를 통해 가족들은 중독자의 회복 과정에 동참함으로써 자신들도 힘을 얻고, 가족 간의 관계 회복에 기여할 수 있다.

② 중독 문제에 대한 인식 증진: 가족들이 중독 문제를 더 깊이 이해하고, 이를 효과적으로 다루기 위해 상담을 통한 교육과 지원이 필요하다. 상담 기법을 통해 중독의 원인, 영향, 회복 과정에 대한 정보를 제공하여 가족들이 보다 현실적이고 객관적인 시각을 갖도록 도와야 한다.

③ 가족 내 문제 해결을 통한 회복 지원: 중독자의 회복을 방해할 수 있는 가족 내 갈등이나 문제를 인식하고, 이를 해결하는 것이 필수적이다. 가족상담을 통해 이러한 문제들을 해결하고 긍정적인 변화로 이끌어 내는 전략을 도입함으로써, 중독자가 회복 과정에서 더 나은 환경에서 치료받을 수 있도록 지원한다.

④ 현실적 기대를 형성하도록 돕기: 중독자의 회복은 시간이 필요하며, 가족들이 회복 과정에 대해 비현실적인 기대를 갖지 않도록 돕는 것이 중요하다. 상담을 통해 가족들이 현실적이고 긍정적인 기대를 설정하도록 지원하고, 이로 인해 회복 과정에서 실망이나 좌절감을 최소화할 수 있도록 한다.

⑤ 중독자 가정을 위한 장기적 지지체계 마련: 가족과 중독자가 회복 과정에서 장기적인 지원을 받을 수 있는 체계를 구축하는 것이 필수적이다. 커뮤니티 지원, 가족상담, 그리고 재발 예방 프로그램을 통해 가족들이 지속적으로 지지를 받을 수 있는 환경을 마련하는 것이 목표이다.

6. 트라우마와 중독의 평가 도구들은 무엇이 있을까

1) 초기 평가 및 사례관리

인적 사항을 포함한 기본 정보 외에 외상 사건과 반응의 양상, 대상자가 갖고 있는 위험 요인, 실질적인 요구 사항, 정신과 과거력, 지지체계 여부, 상담에 대한 기대에 대해 확인한다. 현재 주요 증상을 확인하면서 상담 작업을 요하는 주된 문제의 분야(외상 후 스트레스 증상, 우울감, 자살사고, 음주, 신체 증상 등)를 정의하고, 선별 평가의 결과를 통해 재확인한다. 외상 및 트라우마를 평가하기 위한 심리검사 도구는 다양하며, 각 도구는 특정한 측정 목적에 맞게 활용할 수 있다.

2) 평가 분야별 척도

(1) 평가 분야: 외상 후 스트레스 증상

① 사건 충격 척도 개정판(Impact of Event Scale-Revised: IES-R-K)

외상 후 스트레스 장애(PTSD)의 평가를 위해 사용되는 '사건 충격 척도 개정판 (Impact of Event Scale-Revised: IES-R)'은 외상 경험 이후의 심리적 반응을 평가하는 척도로, 초기 심리 개입이나 상담 회기 형성평가에도 유용하다. 이 척도는 와이스와 마르마르(Weiss & Marmar)에 의해 1997년에 개정되어 과각성 증상을 포함한 보다 포괄적인 평가가 가능해졌다. IES-R은 총 22개 문항으로 구성되며, 각 문항은 0점(전혀 없음)부터 4점(매우 심함)까지의 5점 리커트 척도로 평가된다. IES의 총점으로 가능한 해석 및 절단점이다.

- 0~17점: 정상 범위
- 18~24점: 부분 외상. 정기적인 추적 관찰 및 상담이 필요

• 25점 이상: 완전 외상. 정신건강의학과 진료 의뢰가 추천됨

　　IES는 또한 상대적으로 빠른 시간에 4개의 증상을 평가할 수 있다는 이점이 있
다. 예로, 전체 점수가 낮게 나와도 회피 문항에서 고득점이라면, 내담자의 낮은
점수가 회피에 기인할 것으로 해석해 볼 수 있고, 이를 바탕으로 상담 계획을 세울
수 있다. IES-R 척도의 구성은 다음과 같다.

PTSD 증상	문항 번호	총 문항 수
과각성(Hyperarousal)	4, 10, 14, 18, 19, 21	6
회피(Avoidance)	5, 8, 11, 12, 17, 22	6
침습(Intrusion)	1, 3, 6, 9, 16	5
수면 장애 및 정서적 마비, 해리 증상	2, 7, 13, 15, 20	5

자기 이해

'사건 충격 척도 적용하기'
자신의 경험을 바탕으로 사건 충격 척도(Impact of Event Scale: IES 등)를 직접 적용해 봅시다.

1. 설문 응답: 최근 경험한 스트레스나 충격적인 사건을 떠올리며, 사건 충격 척도의 문항에 따
라 솔직하게 답해 보세요.
2. 결과 해석: 점수를 분석하여 자신이 해당 사건에 대해 어떤 영향을 받고 있는지 이해해 봅
니다. 전체 점수와 PTSD 증상별 4개의 점수를 비교해 봅시다.
3. 느낀 점 정리: 결과를 통해 알게 된 점, 예상했던 부분과 달랐던 점 등을 정리해 보세요.
4. 대처 전략 탐색: 점수를 기반으로 자신에게 필요한 심리적 지원이나 대처 방법을 고민하고,
실생활에서 적용할 수 있는 전략을 찾아보세요.

② 외상 후 진단 척도(Posttraumatic Diagnostic Scale: PDS)

포아 등(Foa et al., 1997)에 의해 만들어졌으며, 국내에는 남보라 등이 번안, 타당화하였다.

총 4개의 장으로 구성되어 있으며, 제1장에는 외상 사건 12가지를 제시하여 자신이 겪은 외상 사건을 표시하고 간략하게 기술하도록 되어 있고, 제2장은 제1장에 응답한 사건 중 현재 증상에 가장 영향을 미치는 사건을 표시하고 기록하게 한다. 제3장은 지난 1개월 동안 증상을 경험한 빈도, 4장은 증상으로 인한 장애 정도를 측정한다.

제3장의 부분 척도만 사용할 시, 절단점은 20점, 21~25점은 중등도, 36점 이상은 심한 수준으로 평가한다.

③ PTSD 증상 척도-인터뷰 버전
　(Posttraumatic stress Symptom Scale-Interviewr: PSS-I)

PTSD 진단 및 심각도 평가를 목적으로 사용되는 반구조화된 인터뷰 도구이다. 이 척도는 DSM-IV의 PTSD 진단 기준을 기반으로 개발되었으며, 재경험, 회피, 과각성의 세 가지 주요 영역을 평가한다.

총 17문항으로 이루어진 4점 척도(0-증상이 없음, 1-일주일에 한 번 정도, 2-일주일에 2~3번 정도, 4-일주일에 5회 이상)로서, DSM-IV 진단 기준을 기초로 하여 재경험, 회피, 과각성 3가지 영역을 확인할 수 있다. 15점 이상을 받을 경우, PTSD 진단 가능하다. 15~19점은 가벼운 PTSD, 20~29점: 중간 수준의 PTSD, 30점 이상은 심각한 PTSD로 해석할 수 있다. CAPS(임상가를 위한 외상 후 스트레스 장애 척도, Clinician Administered PTSD Scale)가 대략 45분 정도 소요되지만, PSS-I를 사용할 시 20분을 단축함으로써 시간 효율성이 높은 도구이다. PSS-I는 정확한 PTSD 진단뿐만 아니라 치료의 효과를 모니터링하고 사전/사후 평가하는 데에도 유용하게 사용된다.

④ 복합 외상 후 장애 면접지

복합 외상 후 장애 면접지(Complex PTSD Interview: CPTSD-I)는 복합 외상 후 스트레스 장애(Complex PTSD, C-PTSD)를 평가하기 위해 설계된 반구조화된 진단 도구이다. C-PTSD는 장기간 반복된 외상 노출로 인해 발생하는 것으로, 일반 PTSD보다 더 광범위한 증상과 복잡성을 평가할 수 있는 도구가 필요하다. 이 도구는 오이멧과 동료들(Ouimette, Saxe, & van der Kolk)이 1996년에 개발했으며, 이지민이 2008년에 한국어로 번역 및 수정했다. 다음과 같은 7개의 문제 영역을 평가할 수 있다: 정서 조절 문제, 인지적 변화, 자기 인식의 변화, 대인관계의 변화, 감정의 마비 및 해리, 영구적인 경계성 증가, 체계적 불안정성. 7개 영역 중 4개 영역에서 증상이 확인되면 복합 PTSD로 판단한다(Ouimette et al., 1996). 이 중 I, II, III, V 영역은 하위 문항 중 하나만 충족되어도 그 영역의 진단 기준에 부합한다.

문항 수는 37문항으로, 0~4(5점) 척도로 구성된다. 외상의 빈도와 강도를 측정하는 문항들이며, 각 문항에서 빈도가 1 이상, 강도가 2 이상이면 해당 문항에 문제가 있는 것으로 판단한다.

⑤ 아동용 외상 후 스트레스 장애 반응 척도

(Child Post Traumatic Stress Disorder Reaction Index: CPTSD-RI)

CPTSD-RI는 어린이와 청소년을 대상으로 PTSD 증상을 평가하기 위해 특별히 고안된 도구이다. 아동의 증상 변화를 시간에 따라 추적하고 치료의 효과를 평가하는 데 유용하다. 이 척도는 프레드릭 셔피로(Fredric Shapiro)가 최초로 고안하고, 후에 로버트 피누스(Robert Pynoos)와 캐서린 네이더(Katherine Nader)에 의해 수정되었다. 재난을 경험하거나 목격한 아동의 PTSD 반응을 평가하는 데 널리 사용된다.

CPTSD-RI는 총 20개의 문항으로 구성되며, 일부 문항은 역채점을 요한다. 만 6세부터 16세까지의 취학 어린이 및 어린 청소년을 사용 대상으로 정한다. 자기 보고형 설문으로, 부모와 아동이 어른용 RI를 활용하여 같은 문항에 대하여 함께 또는 개별적으로 실시할 수 있다.

채점 방법은 '전혀 그렇지 않다'=0점, '가끔 그렇다'=2점, '대부분 그렇다'=4점이며, 각 문항의 점수를 합산하여 총점을 계산한다. 역채점을 요하는 문항은 6, 11, 14, 20번이다. 총점 범위는 0점에서 최대 80점까지이며, 높은 점수는 보다 심각한 PTSD 증상을 의미한다. 점수 해석 및 범위를 살펴보면, '0~11점: 아무 문제 없음', '12~24점: 가벼운 정도의 놀람', '25~39점: 중간 정도의 놀람', '40~59점: 심각함', '60점 이상: 매우 심각함'을 나타낸다.

(2) 평가 분야: 스트레스

한글판 지각된 스트레스 척도(Perceived Stress Scale: PSS-10)는 스트레스를 객관적으로 평가하기 위해 널리 사용되는 도구이다. 이 척도는 개인이 일상생활에서 경험하는 스트레스의 수준을 자가 보고 방식으로 측정하며, 특히 얼마나 예측 불가능하고, 통제 불가능하며, 과부하 상태로 느끼는지를 평가한다. PSS-10은 개인이나 집단의 스트레스 수준을 신속하게 평가하는 데 유용하여, 스트레스 관리 프로그램의 필요성을 판단하거나, 치료 전후의 변화를 모니터링하는 데 활용한다. 또한, 개인의 건강 관리뿐만 아니라 직장, 학교 등에서 스트레스와 관련된 건강 문제가 발생하기 전에 예방적 조치를 취하여, 직원이나 학생의 복지를 향상시키고, 생산성을 높이는 데 활용할 수 있다.

PSS-10은 총 10개의 문항으로 구성되며 역채점 문항을 포함한다. 각 문항은 0점(전혀 그렇지 않다)부터 4점(매우 그렇다)까지의 5점 리커트 척도로 평가한다.

점수 해석 및 절단점은 다음과 같다.

• 0~13점: 정상 범위. 스트레스가 낮고, 일상생활의 요구를 잘 관리하고 있는 상태를 나타낸다.
• 14~16점: 경도 스트레스. 일상적인 스트레스가 있으나 일반적으로 관리 가능한 수준이다. 스트레스 관리 기술을 개선할 필요가 있다.
• 17~18점: 중등도 스트레스. 정기적인 추적 관찰 및 상담이 필요한 수준으로, 스트레스가 일상생활에 영향을 주기 시작했음을 의미한다.

• 19점 이상: 심한 스트레스. 상당한 스트레스 수준으로, 전문가의 도움이 필요
한 상태이다. 심리적·신체적 건강 문제로 이어질 수 있으므로 적극적인 개
입이 권장된다.

(3) 평가 분야: 해리 증상

① 외상 후 위기 체크리스트(Posttrauma Risk Checklist: PRC)
PRC는 주혜선 및 안현의에 의해 2008년에 개발된 평가 도구로, 한국의 만 18세
이상의 성인 외상 생존자 집단을 대상으로 외상 사건 후 PTSD로 진전될 위험을
다각적인 측면에서 평가한다. 이 척도는 외상 사건 발생 1개월 이내에 PTSD로 진
전될 가능성이 높은 고위험군 선별하고 치료적 활용이 목적이다. 개인이 직접 자
기보고 하거나, 전문가가 면접을 통해 진행할 수 있다. 채점 및 총점 기준 해석은
다음과 같다.

• 저위험군: 0~16점. 자발적 회복이 가능한 그룹으로, 심각한 PTSD 증상 발전
의 가능성이 낮다.
• 중위험군: 17~26점. 부분 PTSD로 진전될 가능성이 있으며, 중간 수준의 증
상 심각도가 예측된다.
• 고위험군: 27점 이상. Full PTSD로 진전될 가능성이 매우 높으며, 심각한 증
상 수준이 예측된다.

② 한국판 해리경험 척도 II
한국판 해리경험 척도 II(Korean Dissociative Experiences Scale-II: KDES-II)는 번
스타인(Bernstein)과 퍼트넘(Putnam)이 1986년에 개발한 Dissociative Experiences
Scale을 기반으로 전덕인 등이 한국어로 번안하였다. 이 척도는 해리적 특성을 정
상 수준에서 병리적 수준까지 폭넓게 평가하며, 해리 경험의 빈도와 강도를 평가
한다. 해리 증상이 의심되는 경우, KDES-II 결과는 초기 스크리닝 도구로 활용한

다. 해리장애뿐만 아니라 외상 후 스트레스 장애(PTSD)와 같은 다른 정신건강 문제에서 해리적 증상이 동반되는 경우 그 상관관계를 평가한다.

KDES-II는 총 28문항이며, 성인을 대상으로 자기보고식 방식으로 실시한다. 채점 방식은 각 문항의 응답을 0%에서 100%까지의 백분율로 기록하고, 이를 0점에서 10점까지의 11점 척도로 환산한다. 총점 30 이상의 경우, 해리장애 의심이 가능하며, 추가적인 진단적 평가가 필요할 수 있다. 개별 문항에서 20~30% 이상 점수를 받은 경우, 해당 문항을 근거로 추가적인 면접 질문 탐색을 권장한다.

(4) 평가 분야: 우울감

① BDI(Beck Depression Inventory)

벡 우울 척도(Beck Depression Inventory: BDI)는 우울증을 평가하기 위해 널리 사용되는 자기보고식 심리검사이다. 에런 벡(Aaron T. Beck)이 개발한 이 도구는 개인이 최근에 경험한 우울 관련 증상의 강도와 빈도를 측정한다. 특정 우울 증상이나 태도와 관련된 우울증 수준을 초기에 평가하고, 치료 과정 중 변화를 모니터링하는 데 유용하다.

BDI는 보통 21개의 문항으로 구성되며, 각 문항은 0점(증상이 없음)부터 3점(증상이 매우 심함)까지 평가한다.

총점을 기준으로 점수 해석하면 다음과 같다.

- 0~9점: 우울증 증세가 없음. 일반적인 인구 집단에서 보이는 정상 범위의 점수이다.
- 10~15점: 약간의 우울증 증세. 우울의 초기 증상이나 경미한 우울이 있을 수 있다.
- 16~23점: 중등도의 우울증 증세. 우울증의 명확한 증상이 관찰되며, 임상적 평가가 필요하다.
- 24~63점: 심한 우울증 증세. 매우 높은 수준의 우울 증상을 나타내며, 전문

적인 치료가 필요할 수 있다.

② 역학연구센터 우울 척도
(Center for Epidemiologic Studies Depression Scalec: CES-D)

CES-D는 일반 인구에서 우울 증상의 수준을 측정하기 위해 개발된 자기보고형 검사 도구이다. 1977년에 미국 국립정신건강연구소(NIMH)의 라드로프(Radloff)에 의해 개발되었으며, 임상적 진단보다는 우울 증상의 빈도와 강도를 평가한다. 이 도구는 우울증을 가진 사람들의 진행 상황을 추적하는 데 유용하며, 다양한 문화와 인구에서 그 타당성과 신뢰성이 검증되었다. CES-D는 20개의 항목으로 구성되며, 각 항목은 지난 한 주 동안 경험한 특정 우울 증상을 얼마나 자주 느꼈는지를 4점 척도로 측정한다. 아동의 경우 점수가 16점 이상이면 유의한 우울감을 시사하며, 성인의 점수가 21점 이상이면 유의한 우울감을 나타낸다고 평가한다.

CES-D는 간단하고 짧은 시간 안에 실시할 수 있기 때문에 대규모 인구를 대상으로 한 역학 연구에서 우울 증상을 평가하는 데 널리 사용된다. 그러나 CES-D는 우울증의 임상적 진단 도구가 아니며, 결과가 높게 나온 경우 추가적인 심리평가나 정신건강의학과 진료를 필요로 한다.

③ 우울척도검사(Patient Health Questionnaire-9: PHQ-9)

PHQ-9(Patient Health Questionnaire-9)는 DSM-IV의 우울증 진단 기준에 기반한 우울증 선별 도구이며, 치료 과정 중 증상의 변화를 모니터링하는 데도 유용하다. 이 척도는 특히 일차 의료 환경에서 내담자의 우울증 증상을 신속하게 평가하고, 치료의 필요성을 판단하기 위해 설계되었다. PHQ-9은 일차 의료기관, 정신건강센터, 연구 등에서 광범위하게 사용되며, 우울증의 선별과 관리에 있어 중요한 도구로 인정받는다.

PHQ-9는 9개 문항으로 구성되면, 지난 2주간의 증상 빈도를 평가한다. 각 문항은 0점(전혀 없음)에서 3점(거의 매일)까지 평가한다.

중요한 우울 증상으로 간주되는 '1번 문항'(흥미 상실)과 '2번 문항'(우울감)은 특히 우울증 평가에서 중요하다. 1번 또는 2번 문항을 포함하여 총 5개 이상의 문항에서 '일주일 이상' 또는 '거의 매일'에 체크된 경우, 심한 우울 상태로 해석한다. 1번 또는 2번 문항을 포함하여 총 2개, 3개, 또는 4개의 문항에서 '일주일 이상' 또는 '거의 매일'에 체크된 경우, 가벼운 우울 상태로 해석하며, 점수가 높을수록 우울증의 심각성이 높음을 나타낸다.

(5) 평가 분야: 자살자고

자살사고 척도(Scale for Suicide Ideationc: SSI)는 자살 생각과 관련된 행동을 평가하기 위한 도구로, 에런 백 등에 의해 개발되었다. 이 척도는 자살 위험을 세밀하게 평가하고, 필요한 개입을 신속하게 계획하는 데 도움을 준다.

SSI는 자기보고식으로, 각 문항에 대해 제시된 세 개의 문장 중 하나를 선택한다. 각 문항은 자살사고의 빈도, 강도 및 특성을 평가한다.

각 응답 문항은 0점(자살사고 없음), 1점(자살사고 있음), 2점(자살사고 심각)으로 채점되며, 최소 0점에서 최대 38점까지 채점되며 자살 사고의 심각성을 수치화한다. 0~8점의 경우, 자살사고가 문제되지 않는 상태로, 일반적인 수준이다. 9~11점의 경우, 자살 생각을 많이 하는 상태로, 주의 깊은 관찰과 상담이 필요하다. 12~14점의 경우, 자살 생각을 상당히 많이 하는 상태로, 즉각적인 개입과 상담이 요구된다. 15점 이상의 경우, 자살 생각을 심각하게 많이 하는 상태로 긴급한 심리적 개입과 전문적인 도움이 필요하다.

(6) 평가 분야: 중독

중독 평가란 중독 증상에 대한 정확한 정보를 파악하여 치료 계획을 수립하는 종합적인 과정이다. '선별'은 중독 문제가 있는지 확인, 내담자의 심리적 욕구와 성격 특성 등 치료적 과정의 개요를 구상하는 것으로, 촉발될 수 있는 위기 상황 및 즉각적인 개입 여부를 확인한다. '진단'은『정신질환의 진단 및 통계 편람(DSM-5)』이나『국제질병분류법(ICD-11)』을 활용하여, 물질 중독, 물질 금단, 물질/약물 유발성 정신장애로 분류할 수 있다. '사정'은 내담자가 지닌 중독 문제의 특징이 무

엇인지, 중독 증상의 범위 및 영역이 어느 정도 인지, 증상의 기간 및 심각성 정도
가 어떠한지 등을 결정하는 과정으로 치료 계획을 적합한 정보를 조직화한다.

선별 도구는 대체로 진단을 내리기 위한 것이 아니라, 문제가 있을 가능성을 식
별하고, 필요한 경우 추가적인 진단이나 치료를 위해 전문가에게 의뢰하기 위한
초기 단계로 사용된다. 중독 영역별 대표적인 선별 도구는 다음과 같다.

① 약물 중독 선별 도구
■ 알코올 및 약물 사용 선별검사(CAGE Adapted to Include Drugs: CAGE-AID)

CAGE-AID는 알코올 사용 장애를 선별하는 CAGE 검사를 약물 사용 문제에
적용한 버전이다. CAGE-AID는 4가지 질문은 다음과 같다.

- Cut down: 당신은 술을 마시거나 약물을 사용하는 것을 줄여야 한다고 느낀
  적이 있습니까?
- Annoyed: 당신의 음주나 약물 사용에 대해 다른 사람들이 비판하는 것에 짜
  증이 난 적이 있습니까?
- Guilty: 당신의 음주나 약물 사용에 대해 죄책감을 느낀 적이 있습니까?
- Eye-opener: 아침에 일어나자마자 숙취 해소나 하루를 시작하기 위해 술을
  마시거나 약물을 사용한 적이 있습니까?

■ 약물 남용 선별검사(Drug Abuse Screening Test: DAST)

DAST는 약물 남용을 선별하기 위한 도구로, 알코올을 제외한 기타 약물(불법
약물 또는 처방 약물 남용)을 대상으로 한다. 10개 또는 28개의 항목으로 구성되는
데, 일반적으로 DAST-10이 많이 사용되며, 10개의 예/아니요 질문으로 약물 사
용에 따른 문제를 확인한다.

② 알코올 중독 선별 도구
세계보건기구(WHO)에서 개발한 알코올 사용 장애 검사(Alcohol Use Disorders

Identification Test: AUDIT) 등이 포함되며, 음주 빈도, 음주량, 음주로 인한 문제를
평가하여, 위험도를 조기 식별한다.

자기 이해

'카페인 척도 활용하기'

1. 설문 응답: 카페인 척도를 사용하여 자신의 하루 평균 카페인 섭취량과 습관을 점검해 보
   세요.
2. 결과 분석: 점수를 바탕으로 자신의 카페인 의존도(예, 어떤 상황에서 커피를 마시고 싶은
   지 등)와 그에 따른 신체적·심리적 영향을 이해해 봅니다.
3. 느낀 점 정리: 예상과 비교하여 자신의 카페인 섭취 패턴을 되돌아보고, 필요하다면 조절할
   부분을 정리해 보세요.
4. 실천 계획: 카페인 섭취 조절이 필요하다면, 보다 건강한 섭취 습관을 만들기 위한 구체적
   인 실천 계획을 세워 보세요.

AUDIT-C는 자기보고식 설문지로, 개인의 음주 행태와 관련된 문항으로 구성
되어 있다. AUDIT-C는 AUDIT의 소비 부분만을 포함한 축약형으로, 음주 빈도,
음주량, 고위험 음주의 3개 문항으로 구성된다. 각 문항은 음주 행태에 따라 0점
에서 최대 4점까지 총점은 0점에서 12점까지 가능하며, 점수가 높을수록 알코올
사용 관련 문제의 심각성이 증가한다. 0~7점은 일반적인 음주 수준으로, 의학적
으로 문제가 되지 않는 범위이다. 8점은 문제 음주로 이 점수는 음주로 인해 건강
이나 사회적 문제가 발생할 가능성이 있는 상태를 나타낸다. 9~10점은 알코올 사
용 장애의 초기 징후가 있음을 의미하며, 정기적인 추적관찰 및 상담이 필요하다.
11점 이상의 경우, 알코올 의존 가능성이 높음을 나타내며, 즉각적인 평가와 전문
적인 개입이 요구된다.

③ 담배중독 선별 도구: 니코틴 의존도 자가진단표
(Fagerstrom Test for Nicotine Dependence)

니코틴 의존도 자가진단표(Fagerstrom Test for Nicotine Dependence: FTND)는 니코틴 중독의 정도를 평가하기 위한 도구로, 흡연자가 얼마나 니코틴에 의존하고 있는지를 측정한다. FTND는 흡연자의 행동과 습관을 기반으로 간단하게 평가할 수 있는 설문 형식으로 구성되어 있다. 원래 Fagerstrom Tolerance Questionnaire(FTQ)로 개발되었으나, 이후 6개 문항으로 개정되어 간단하고 신뢰성 높은 FTND가 되었다.

점수 범위는 0점에서 10점까지이며, 점수에 따라 니코틴 의존도의 수준이 결정된다. 0~2점은 낮은 의존도로 금연 시 큰 어려움이 없을 가능성이 크다. 3~4점은 중간 의존도로 금연 프로그램이나 보조 요법이 도움이 될 수 있다. 5~7점은 높은 의존도로 니코틴 대체 요법(NRT) 또는 금연 보조제를 사용하는 것을 권장한다. 8점 이상은 매우 높은 의존도로 니코틴 대체 요법, 행동치료, 상담 등이 권장된다.

④ 도박 중독 선별 도구

■ 도박 중독 자기평가(Gamblers Anonymous: GA)의 20문항 척도

도박 중독자의 자조 모임에서 도박 중독 여부를 판단하기 위한 20가지 질문으로 구성된 자가평가 도구이다. 7문항 이상에 '예'로 답할 경우, 도박 중독 가능성이 높다고 간주한다.

■ 한국형 도박 중독 선별검사(South Oaks Gambling Screen: K-SOGS)의 17문항 척도

K-SOGS는 미국의 South Oaks Gambling Screen(SOGS)을 기반으로 개발된 한국형 도박 중독 선별 도구이다. K-SOGS는 도박 중독의 심각성을 평가하는 데 효과적이며, 한국 사회에 맞게 조정된 문항들을 포함하고 있다. K-SOGS는 예/아니요 질문으로 총점의 범위는 0점에서 17점이다. 0~2점의 경우, 도박 문제가 거의 없거나 중독 가능성이 낮다고 판정한다. 3~4점의 경우, 도박 문제의 경계선, 도박 중독 가능성이 있다고 보며, 5점 이상은 도박 중독 가능성이 매우 높다고 평가

하여 전문적인 치료를 추천한다.

⑤ 인터넷중독 선별 도구

한국형 인터넷 중독 척도(K-Scale)는 인터넷 사용 빈도, 온라인 활동으로 인한 문제, 일상생활에서의 방해 정도 등을 40개 문항으로 평가한다. Likert 척도(5점 척도)로 구성되어 있으며, 20점 이하: 비중독군, 21~40점: 경계군, 41점 이상: 고위험군으로 평가한다.

자기 이해

'인터넷 · 게임 · SNS 중독 척도 활용하기'

1. 설문 응답: 인터넷, 게임, SNS 중독 척도를 활용하여 자신의 사용 습관을 점검해 봅시다.
2. 결과 분석: 점수를 해석하며 인터넷, 게임, SNS 사용이 일상생활, 정서, 학업/업무 등에 미치는 영향을 이해해 봅니다.
3. 느낀 점 정리: 자신의 사용 패턴을 돌아보고, 예상과 다른 부분이나 개선이 필요한 점을 정리해 보세요.
4. 실천 계획: 균형 잡힌 디지털 생활을 위해 조절이 필요한 부분을 정하고, 실천할 수 있는 전략을 세워 보세요.

⑥ 성격평가 도구 중 중독 관련 척도를 포함하는 도구

성격평가 도구 중 중독 관련 척도를 포함하는 두 가지 주요 도구로는 다면적 인성검사(Minnesota Multiphasic Personality Inventory-2: MMPI-2)와 성격평가 질문지(Personality Assessment Inventory: PAI)가 있다.

MMPI-2의 3개의 보충 척도에서 물질 사용 장애를 평가할 수 있다. '알코올 중독 척도 개정판(MAC-R)'은 알코올 사용에 대한 태도와 행동을 평가하여 일상생활에 미치는 영향을 측정한다. '중독인정 척도(AAS)'는 개인이 자신의 중독 문제를 어느 정도 인정하고 있는지를 평가하여 자기 인식의 수준을 진단한다. '중독 가능성 척도(APS)'는 중독 발달 가능성을 예측하여 잠재적인 중독 경향을 식별한다.

PAI의 임상 척도에서 '알코올 문제 척도'는 알코올 사용으로 인한 행동 및 경험을 12개 문항으로 측정하며, 충동성, 자극 추구, 적개심과 같은 특성과 높은 상관관계를 가지며, 알코올 사용이 개인의 심리적 및 행동적 측면에 미치는 영향을 평가한다. '약물문제 척도'는 약물 사용, 남용, 의존을 포함한 문제를 평가하며, 그결과로 인한 대인관계 및 일상생활의 어려움을 진단한다. T점수가 70점 이상인경우, 일상적인 생활 기능에 심각한 손상이 있음을 나타낸다.

7. 트라우마와 중독 생존자의 사례 개념화를 어떻게 할까

트라우마와 중독은 복잡하게 얽혀 있는 문제로, 이 두 가지 요인을 동시에 고려한 통합적 사례 개념화는 내담자의 회복을 위한 병렬적인 치료 계획 수립에 있어매우 중요하다. 사례 개념화는 내담자의 외상 경험과 중독 문제를 통합적으로 이해하고, 이들이 어떻게 상호작용하며 내담자의 행동, 사고, 감정에 영향을 미치는지를 체계적으로 파악하는 과정이다. 이를 통해 상담자는 내담자의 욕구에 맞는개입을 설계하고 실행할 수 있다. 트라우마와 중독치료의 주요 목표는 안전의 확보, 기억과 애도의 처리, 일상생활로의 복귀의 구조적 접근을 통해 내담자가 중독에 기대지 않고 트라우마를 극복하고 건강한 삶을 영위할 수 있도록 지원하는 것이다. 이를 위해, 외상과 중독을 동시에 다루기 위한 구체적인 치료 목표를 설정하고, 그 목표를 달성하기 위한 단계별 계획을 수립한다.

1) 외상 경험의 분석

트라우마를 기반으로 한 사례 개념화의 첫 번째 단계는 외상 경험을 분석하는것이다. 이 단계에서는 외상 사건이 내담자의 삶에 어떻게 영향을 미쳤는지, 그로인해 발생한 심리적 · 정서적 반응을 파악하는 것이 중요하다. 언제, 어디서, 어떻게 외상 사건이 발생했는지, 그 사건이 내담자에게 어떤 충격을 주었는지를 이해한다. 외상 사건 이후 내담자가 경험한 감정(불안, 공포, 죄책감, 수치심 등), 행동(회피, 과잉 각성 등), 신체 반응 등을 분석한다. 외상이 개인의 자기 인식이나 세계관에 미친 영향을 파악하여, 왜곡된 신념(예: "나는 무가치하다", "세상은 위험하다")을 식별한다.

2) 중독 행동의 평가

중독은 외상으로 인해 발생한 부정적 감정을 완화하기 위한 도피 전략일 수 있으며, 이는 내담자의 생존 메커니즘의 일환으로 나타날 수 있다. 내담자가 언제, 왜 중독 행동을 시작했는지 파악하고, 그 중독이 어떻게 발전했는지 분석한다. 중독 행동이 내담자의 정신적 · 신체적 건강에 미친 영향을 평가한다. 예로, 중독 행동이 스트레스를 줄이는 데 사용되는지, 아니면 중독으로 인해 새로운 문제(건강 악화, 관계 문제 등)가 발생했는지 파악한다. 중독이 내담자에게 미치는 긍정적 · 부정적 영향을 구분하여, 중독이 어떻게 유지되고 있는지 탐색한다. 중독의 사례 개념화는 면담, 심리검사, 행동관찰을 통해, 다음을 평가하여 반영한다.

① 현재 중독 상태 평가
② 중독자의 현재 생리 · 심리 · 사회적 및 기능적 평가
③ 중독자의 변화 준비도 평가
④ 중독자의 서비스 욕구 파악

일반적으로 확인해야 할 중독 증상 목록의 예시는 다음과 같다.

• 중독 물질 사용/중독 행위: 빈도, 강도, 유형, 패턴(지속성, 순환성 등)
• 갈망: 사용/행위 전 경험하는 추동 혹은 갈망의 강도(예: 0~10점)
• 조절 실패(예: 술을 마실 때마다 경험하는 조절 실패 빈도)

• 피해나 폐해(예: 중독으로 인해 발생한 대인관계 및 직업적 피해의 유형 및 크기)

3) 외상과 중독의 관계 분석

외상 사건이 어떻게 중독을 유발하거나 악화시키는 역할을 했는지, 중독이 외상 반응을 어떻게 변형시키는지에 대한 종합적 평가가 필요하다. 외상으로 인해 발생한 감정적 고통을 완화하기 위한 중독 행동을 어떻게 사용하는지 분석한다. 어떤 상황적 여건 속에서 특정 중독이 선택된 것인지, 접근성, 현저성, 매력도 등의 측면을 분석한다. 중독이 외상 사건 이후 발생한 생리적·정서적 반응(예: 불안, 무기력, 우울증 등)을 완화하는 데 어떻게 작용했는지 탐색한다.

4) 심리적·환경적 요인 평가

사례 개념화에서는 내담자의 심리적 요인(예: 성격, 자존감, 대처 능력)과 환경적 요인(예: 가족, 사회적 지지, 경제적 상황)도 고려해야 한다. 이 요인들은 외상과 중독 문제에 대한 반응 및 치유 가능성에 중요한 영향을 미친다.

① 심리적 자원: 내담자가 중독과 외상을 극복하기 위해 사용할 수 있는 심리적 강점과 자원(예: 회복력, 문제해결 능력)을 평가한다.
② 사회적 지원: 중독과 외상을 다루는 과정에서 내담자가 이용할 수 있는 사회적 네트워크와 지원(가족, 친구, 치료자 등)을 파악한다.
③ 중독 관련 요인(원인, 촉진 혹은 유지 요인)
  • 생물학적 수준의 변형을 살펴본다. 중독자의 뇌 상태는 중독의 원인이 아니라, 중독이 지속된 결과로 나타난다. 특히, 도파민과 세로토닌과 같은 신경전달물질의 불균형은 중독의 결과로서 뇌의 보상 체계에 변화를 일으켜, 중독을 더욱 강화하거나 유지시키는 역할을 한다.
  • 심리/행동적 요인으로, 성격적 또는 기질적 취약성, 역기능적 주의 및 비합

리적인 신념이나 기대와 같은 인지적 요인을 살핀다. 부정적 정서, 충족되지 않은 욕구, 위험한 행동 성향과 중독의 연관성을 탐색한다.
- 사회문화적 및 경제적 요인으로는 부모의 낮은 교육 수준과 어린 시절 부모의 무관심이 포함되며, 중독 물질이나 행동에 친화적인 대인관계를 형성하는 경향이 있다. 예를 들어, 도박에 쉽게 노출될 수 있는 환경은 중독 위험을 높인다.

5) 통합적 사례 개념화

개념화는 내담자의 외상 경험, 중독 문제, 외상 경험과 중독의 상호작용을 통합적으로 이해하여, 치료 계획을 수립하는 기초 자료로 사용된다. 외상 경험이 중독을 어떻게 강화하거나 유지하는지에 대한 종합적인 이해를 통해, 외상과 중독을 동시에 다루기 위한 구체적인 치료 목표를 설정하고, 그 목표를 달성하기 위한 단계별 계획을 수립한다. 이 계획은 다음 단계를 포함한다.

① 문제의 우선순위 정하기: 내담자가 직면한 문제 중에서 가장 긴급하고 중요한 문제를 식별한다. 이는 해독 등 물리적 안전이 될 수도 있다. 위기 상황이 아니라면, 트라우마의 영향력, 중독의 심각도, 내담자의 현재 상태를 고려하여 결정한다.

② 사례 개념화에 기반한 맞춤형 치료법 선택하기: 예로, 상담(전화, 대면, 개인, 집단, 부부, 가족 등), 집단상담(동기강화상담, 인지행동치료, 재발 방지, 12단계 프로그램 등) 교육, 입원치료, 직업재활, 대안요법, 자조모임 참석 등을 고려한다.

③ 치료 과정을 단계별로 구분하고 각 단계에서 달성해야 할 과제들을 명확히 하기: 이는 상담자가 병렬적 치료의 진행을 체계적으로 관리하고, 내담자가 통제감을 가지고 치료 과정을 이해하고 참여할 수 있도록 돕는다.

6) 트라우마 상담의 3단계의 활용

문제의 우선순위를 정함에 있어, 트라우마 상담의 3단계를 적용한다. 안전 확보는 트라우마 치료에서 가장 중요한 초기 단계의 과제로서, 안전 관련 문제가 우선순위이다. 안전 관련 과제는 다음과 같다.

① 환경적 안전: 내담자가 안전한 생활 환경을 갖추고 있는지 확인한다. 필요한 경우, 위험 요소를 제거하고 안전한 환경 조성에 도움을 제공한다.
② 신체적 안전: 내담자의 신체적 건강과 안전이 보장되는지 점검한다. 트라우마로 인한 신체적 합병증이나 자해 행위에 주의를 기울인다.
③ 정서적 안전: 내담자가 정서적으로 안정감을 느낄 수 있는 환경을 조성한다. 이는 정서적 지지체계를 강화하고, 스트레스 요인을 최소화하는 방식으로 이루어진다.

안전이 확보된 상황에서, 트라우마에 대한 기억을 처리하고, 경험한 손실에 대해 애도가 2단계의 과제이다. 이 과정에서 내담자는 경험한 사건을 회상하고, 그로 인한 감정을 표현하며, 사건의 의미를 재해석한다. 마지막 단계의 상담 과제는 일상생활로 복귀이다. 이 단계에서는 일상적인 활동에 참여하고, 사회적 관계를 회복하며, 외상 후 성장을 경험할 수 있는 기회를 제공한다. 이 과정은 내담자가 자신의 강점을 인식하고, 새로운 삶의 목표를 설정하는 데 중점을 둔다.

8. 중독상담: 안정화 전략으로서 중독치료

1) 중독상담 시작하기

(1) 중독 수준에 따른 초기 평가

안전 단계에서 중독의 단계를 같이 파악하도록 한다. 중독의 단계에 따라 중독자의 치료 태도나 동기가 다르기 때문이다. 중독자의 수준과 욕구가 어느 단계인지를 파악함으로써, 이를 고려한 심리상담 및 프로그램을 결정한다. 원스톱 서비스 체계, 외래상담센터, 거주시설, 쉼터, 중간집, 직업재활시설 등에 의뢰하거나 협업이 필요할 수 있다. 동기강화상담(Motivational Interviewing)에서 자주 사용하는 변화의 단계 이론(Stages of Change Model)에 기반하여, 개인이 행동 변화를 준비하고 실행하는 과정을 단계별로 설명하면 다음과 같다.

① 전 숙고 단계(pre-contemplation): 물질 사용/중독 행동을 하고 있으면서 절제하고자 하는 동기를 전혀 가지고 있지 않은 단계
② 숙고 단계(contemplation): 절제를 고려하나 준비는 하지 않는 단계
③ 준비 단계(preparation): 절제의 의지를 가지고 준비하는 단계
④ 실행 단계(acting): 절제 시작 시기를 정하고 실제 행동에 옮기는 단계
⑤ 유지 단계(maintenance): 절제를 계속 유지하는 단계
⑥ 재발 단계(relapse): 절제에 실패하여 다시 물질 사용/중독 행동하는 단계

(2) 외상 경험과 유관(contingency)된 중독 발생 원인 파악

특정 중독을 유발하는 기본적인 원인을 파악한다. 예로, 인터넷 및 스마트폰의 일반적으로 알려진 사용 욕구는 다음 10가지로 정의될 수 있다: 온라인 관계 형성, 현실친구 소속 인정, 괜찮은 자기 확인, 정서 표현, 정보 습득, 스트레스 해소, 게임조작 성취, 생각과 의견 표현, 재미.

나아가 외상 생존자의 경우, 특정 촉발 상황에서 중독의 특성이 어떻게 조건화되었는지를 자가치유적 관점에서 탐색하는 것이 중요하다. 또한, 그 중독이 어떻게 지속성을 유지하고 있는지에 대한 요인도 함께 분석되어야 한다. 예로, 검정 모자가 촉발제였던 한 대학생이 캠퍼스에서 검정 모자를 본 순간 강렬한 마비 반응을 경험하고, 거의 무의식적으로 학교 앞의 피어싱 가게로 들어가 피어싱하게 된다. 피어싱으로 생긴 신체의 상처는 '천연 마약'으로 불리는 진정성 신경전달물질 엔도르핀(endorphins)을 체내에서 분비시켜, 이 대학생은 외상 반응이 진정되는 것

을 경험하게 된다. 결국, 이 대학생은 촉발 상황에서 피어싱을 통해 진정된다는 조건화를 학습하게 되어, 이후 유사한 상황에서 반복적으로 피어싱을 하게 된다.

엔도르핀(Endorphins)은 신체에서 자연적으로 생성되는 오피오이드 펩타이드로, 통증을 완화하고 쾌감이나 진정 효과를 유발하는 역할을 한다. 엔도르핀은 뇌의 보상 시스템에 작용하여, 고통을 줄이고 긍정적인 감정을 촉진시킴으로써, 외부 자극에 대한 심리적 · 신체적 반응을 조절한다. 엔도르핀은 특정 신체 활동이나 자극(운동, 부상, 스트레스 등)으로 인해 분비되며, 진정 및 통증 완화 역할을 하므로 '천연 마약'이라 불린다.

(3) 초기 평가 및 진단

AUDIT(알코올 사용 장애 검사), DAST(약물 남용 선별검사) 등과 같은 표준화된 진단 도구를 사용하여, 외상 생존자가 사용하는 물질의 종류, 사용 빈도, 사용 양 등 중독의 심각도를 심층평가한다. 중독의 회복 시기에 따라 다르게 접근한다. 예로, 물질의존이 심각해서 금단 증상이 현격할 것으로 예상되는 경우, 전문병원에서 절주나 금주계획을 시작하는 것도 좋다. 외상 생존자가 경험한 트라우마 사건의 유형, 빈도, 지속 기간, 트라우마로 인한 현재의 증상(PSTD, 불안, 우울 등)과의 상관성, 인과성을 평가한다. 외상 생존자의 전반적인 정신건강 상태를 평가하고, 동반되는 정신건강 문제를 파악한다.

중독으로 인한 신체적 손상을 평가하기 위해 혈액 검사, 간 기능 검사 등 의학적 평가를 통해 중독과 트라우마로 인한 신체적 영향을 확인한다. 외상 생존자의 가정 환경, 직장 상황, 사회적 관계 등 전반적인 생활 환경을 탐색하고 현재의 외상 후 증상과 중독 간의 영향/상관성을 평가한다.

① 통합된 맞춤형 치료 계획 수립

외상 생존자의 중독과 트라우마를 모두 고려한 통합된 치료 계획을 수립한다. 상담 초기 절제에 관한 단기 목표 설정을 설정하고 외상 생존자와 합의된 계약서를 작성한다. 여기에는 금단 증상 관리, 안전한 환경 조성, 즉각적인 정서적 안정

등을 포함한다.

중독과 트라우마로부터의 회복, 재발 방지, 사회적 통합 등을 장기 목표로 설정한다. 필요하다면, 정신과 의사, 심리치료사, 사회복지사, 간호사 등 다양한 다학제 전문가들과 팀을 구성하여 사례관리를 한다.

② 금단 관리 및 의학적 개입

중독 문제에서 벗어나기 위한 초기 단계에서 금단 증상이 나타날 수 있으며, 이는 트라우마 증상을 악화시킬 수 있다. 그렇다면 의학적 해독 프로그램: 금단 증상을 안전하게 관리하기 위해 의료 시설에서 전문적인 해독 치료 프로그램에 참여하게 한다. 또한 금단 증상 완화와 중독 치료를 위해 적절한 약물(예: 메타돈, 부프레노르핀)의 복용을 권유할 수 있다.

• 위급 시 계획 구축

중독은 종종 우울, 불안, 성격장애, 충동조절장애 등의 이중장애와 동반되는 경우가 많다. 또한, 중독으로 인한 자살률이 높기 때문에 조기 발견과 이를 위한 응급 시스템의 구축 후, 상담에 들어간다.

청소년 중독자의 경우, 부모 상담이 필수적이며, 부모에게는 자녀 양육 및 중독과 관련된 교육을 제공하여, 협업체계를 구축한 후 상담 작업에 들어간다.

• 의뢰, 각 기관마다 중독 치료 프로그램이나 기관에 대한 정보를 비치해 둔다. 예를 들어, 지역 내 중독관리통합지원센터, 알코올 전문병원 등에 대한 정보를 정기적으로 업데이트한다. 병원의 경우 주로 자살과 타살에 대한 위험이 있거나 건강이 매우 나쁘거나 또는 외래센터를 이용하기에 어려움이 있는 분들에게 의뢰한다. 알코올 중독자 자조모임(Alcohol Anonymous: AA), 알코올중독자 가족모임인 알아넌(Al-Anon), 알코올 중독자 자녀모임인 알라틴(Alateen)이 있다.

2) 중독상담 이어 가기

중독치료에서는 외부 문제와 내면 문제에 대한 균형 잡힌 접근이 필요하다. 외부 문제에 초점을 맞춘 접근법의 주된 목표는 내담자가 스스로를 비난하거나 부정적으로 바라보는 것을 방지하고, 문제의 원인을 객관적으로 분석하여 해결할 수 있도록 돕는 것이다. 이를 통해 내담자는 자신을 비난하거나 부정적으로 평가하는 대신, 문제 해결에 긍정적인 태도를 유지할 수 있다. 또한, 문제를 객관적으로 분석하고 이해할 수 있도록 도와주어 구체적인 해결 전략을 수립하는 데도 기여한다. 이러한 방식은 치료 과정에서 실질적인 변화를 가져오는 데 효과적이다.

하지만 중독은 내면의 갈등, 정서적 문제, 인지 왜곡과 밀접하게 관련되어 있기 때문에, 외부 문제뿐 아니라 내면의 문제를 함께 다루는 통합적 접근이 필요하다. 특히 외상 반응을 자가치유하는 기제로 중독을 가져왔다면, 중독을 대신할 대안적 활동이나 치유기제를 먼저 찾고 연습해야 한다. 이를 보조하기 위해 스트레스 관리 프로그램이나 자조 모임의 참여를 병행할 수 있다. 중독의 회복은 단순히 절제뿐만 아니라, 삶의 전반적인 태도 변화가 필요하다. 이를 위해, 일상에서의 새로운(대안적) 즐거움 찾기와 마음챙김이 도움이 된다.

* 자조집단은 집단원들 간의 교류를 통해 정서적 · 도구적 · 사회적 지지를 얻고 고립감을 해소하고 문제의 보편성을 인식하며 통제감이 증진되는 변화가 이루어진다는 가정에 기초를 두고 있다. 최근에는 상호 자조집단이라고 부르기도 한다. 나아가 심리치료 집단을 병행하여, 내담자가 현재 행동의 근원을 탐색하고 통찰력을 향상시켜 부적응적인 행동 패턴을 적응적 행동 패턴으로 대체하도록 도울 수 있다.

(1) 조건화된 중독적 사용/행동갈망

조건화된 내성은 파블로프/고전적 조건화(Pavlovian conditioning)에 기반을 둔다. 조건화된 내성의 경우 어떤 약물과 연합된 조건 자극이 주어지면 곧 들어올 것으로 예상되는 약물의 효과를 상쇄하거나 감소시키기 위하여 자동적으로 약물효과와는 반대 방향의 생리적 반응이 나타난다. 따라서 동일한 약물 용량이라도 효과가 줄어들며, 내성은 더 강해진다. 예로, 특정 장소에서 반복적으로 약물을 사용한 경우, 그 장소는 조건 자극이 되어 신체가 약물 효과를 줄이기 위한 반대 반응(조건 반응)을 일으킨다. 이로 인해 약물의 실제 효과가 감소하고, 내성이 발생한다. 또한 조건자극만 제시되고 약물이 들어오지 않으면 금단 증상(조건화된 금단 증상)이 나타나게 된다. 조건화된 내성의 작용 기제는 다음과 같다.

① 조건 자극(Conditioned Stimulus: CS): 약물 사용과 연합된 자극(예: 특정 장소, 시간, 사람)
② 무조건 자극(Unconditioned Stimulus: US): 실제 약물 자체
③ 무조건 반응(Unconditioned Response: UR): 약물이 일으키는 생리적 효과(예: 진정, 흥분, 쾌락)
④ 조건 반응(Conditioned Response: CR): 조건 자극에 의해 유발된 약물 효과와 반대되는 반응

외상 생존자는 특정 자극(촉발제)과 연결된 조건화된 반응을 경험할 수 있다. 이러한 촉발제는 외상 사건과 관련된 상황, 사람, 장소, 감정 등이 될 수 있으며, 이로 인해 외상 반응이 불수의적으로 재활성화된다. 조건화된 중독적 사용도 이와 유사하게 특정 자극(예: 외상 반응)에 의해 갈망이 활성화되며, 이는 중독 행동을 촉발할 수 있다. 예로, 외상 경험이 있는 사람이 특정 상황에서 강렬한 스트레스나 불안을 느낄 때, 그 불편한 감정을 완화하기 위해 조건화된 방식으로 약물 사용이나 중독적 행동(예: 음주, 도박)을 반복할 수 있다. 즉, 외상에 의해 촉발된 불안이 중독적 사용을 유발하는 메커니즘이 형성될 수 있다.

외상에 의해 유발된 불안이나 고통스러운 감정은 중독 행동을 통해 일시적으로 완화될 수 있지만, 반복적으로 중독 행동이 조건화되어 갈망과 의존을 강화하게 된다.

외상 치료에서는 이러한 조건화된 반응을 풀고, 새로운 건강한 반응 패턴을 형성한다. 예로, 중독적 사용을 대체할 긍정적인 대응 전략(예: 마음챙김, 심리적 안정화 기법)을 학습함으로써, 외상 촉발제가 중독 행동을 유발하는 조건화된 경로를 차단할 수 있다.

내담자는 특정 환경이나 자극에 의해 약물 갈망이나 조건화된 금단 증상을 경험할 수 있기 때문에, 치료 과정에서 이러한 조건 자극을 통제하거나 자극과의 연합을 약화시키는 것이 필요하다. 가장 근본적인 방법은 약물 사용과 연관된 환경이나 자극을 피하는 방법이다. 하지만 모든 촉발제로부터 회피하는 것은 현대인에게는 불가능에 가깝다. 주로 사용되는 기법은 자극 노출치료와 자극 조절법이다.

행동치료에서는 중독의 요소에서 강력한 강화물(성적 쾌감)과 연합되어 있는 자극들을 다루기 위해 포만, 재조건화, 소거 등의 방법을 활용한다.

(2) 인지행동치료

인지행동치료는 선행 사건을 분석하고 강화 패턴을 찾으며, 합리적인 사고를 통해 삶의 균형을 되찾는 것 등을 목표로 한다. 삶의 목표를 정하고, 그를 이행하기 위한 단기 목표 및 장기 목표 수립한다. 자신의 과도한 중독 행동 직전의 일을 검토하여 선행사건을 분석하고 촉발 요인을 식별하기 위해 일지를 작성하게 하고, 중독 행동과 그 결과를 기록하여 다른 관점에서 행동을 이해할 수 있도록 돕는다. 자기 통제를 위해 비용을 산출하는 기법을 활용하여, 중독을 벗어났을 때와 유지할 때의 손익분석을 실시하여 절제에 대한 동기를 인지적으로 강화해 나간다. 중독을 지지하는 자신의 인지를 검토하고 영향을 미칠 수 있는 다양한 요인들에 대한 대처 카드 및 대처 전략을 개발한다.

① 인지행동치료 전략

내담자가 중독적인 사용 또는 행동을 인식하고, 절제 준비를 시작하는 데 중점을 둔다. 이를 위해 중독의 패턴을 분석하고, 외상 촉발 상황이나 외상 후 증상과 연결되는지 분석한다. 절제 동기와 사회적 지원 등을 파악하여 내담자가 변화에 대비할 수 있도록 지원한다.

첫째, 내담자가 언제부터 중독적인 사용이나 행동을 시작했는지, 첫 물질 사용 시의 느낌과 현재 중독 패턴을 분석한다. 과거와 현재의 중독적 사용/행동을 비교 하여 물질 의존 정도를 파악하고, 환경적 요인을 함께 탐색한다.

둘째, 절제 시도 횟수, 절제 유지 기간, 사용했던 방법을 검토하고, 만약 절제 시 도가 없었다면 그 이유를 분석한다. 다시 중독 행동을 하게 된 이유와 상황을 파 악하여 실패 원인을 분석한다.

셋째, 내담자가 절제를 위해 받을 수 있는 사회적 지원을 탐색하며, 가족의 참 여와 지지를 유도한다. 사회적 지원은 절제 과정에서 중요한 요인으로 작용할 수 있다.

넷째, 내담자가 절제를 결심한 이유를 파악하여 절제 동기를 분석한다. 이를 건 강, 사회적 이유, 자신감 회복, 경제적 이유 등으로 구분하여 평가한다.

다섯째, 내담자가 중독적 행동의 단점과 절제의 이득을 비교하여, 양가감정을 명확하게 인식하도록 돕는다. 내담자에게 절제 동기를 되새기고, 이를 강화할 수 있는 문구 등을 적극적으로 활용하여 동기를 고취한다.

여섯째, 절제에 대한 초기 자신감을 평가하고, 내담자가 짧은 시간 동안 목표를 달성할 수 있도록 실현 가능한 절제 목표를 설정하여 자신감을 높여 준다.

일곱째, 갈망을 일으키는 상황을 파악하고, 위험 상황에 대한 대처 전략을 마련 한다.

소크라테스식 질문법을 사용하여 내담자가 스스로 대처 방법을 발견하도록 유 도하고, 대안 행동과 금단 증상에 대비하는 계획을 세운다.

여덟째, 절제 시작일을 상담을 시작하면서 바로 정한다. 완전 절제일 필요는 없 으나, 점차 혹은 바로 절제하겠다는 계획은 초기 면접에서 세워야 한다. 절제에 들어가기 전에, 중독적 사용/행동 대신 외상 후 반응과 촉발제를 대처할만한 전략 과 기법을 먼저 훈련시켜야 한다.

② 인지행동치료 기법

인지행동치료 기법은 중독적 사용/행동과 같은 부정적인 행동을 교정하기 위해 내담자가 자신을 인식하고 행동을 변화시키도록 돕는 다양한 기법을 포함한다. 주로 자기관찰, 조건 자극 제한, 혐오 조건 형성, 논박과 같은 기법을 통해 내담자의 행동을 체계적으로 조정한다.

- 자기관찰(Self-monitoring): 내담자가 자신의 행동 패턴을 파악할 수 있도록 돕는 중요한 기법이다. 예로, 중독적 사용/행동일지(smoking log)를 작성하여 중독적 사용/행동 시간, 중독적 사용/행동 시 함께한 사람, 중독적 사용/행동 욕구 수준 등을 기록한다. 외상 생존자는 촉발제, 외상 후 반응과 연관된 자신의 중독적 사용/행동 습관을 보다 명확히 인식하게 된다.

- 조건 자극 제한(Narrowing): 자극 조절법의 한 종류로, 중독 사용을 유발하는 환경적 자극의 수를 제한하는 기법이다. 중독사용 시간, 장소, 상황을 특정 범위로 좁혀 가며 자극의 수를 줄여 나간다. 이는 중독적 사용의 질을 통제하는 데도 적용되며, 반복적인 자극 노출에도 강화가 없으면 갈망이 줄어든다.

- 실제 혐오 조건 형성(Aversive conditioning): 중독적 사용/행동을 혐오 자극과 짝지어 물질에 대한 부정적 반응을 형성하는 기법이다. 예로 전기 충격, 구토 유발 약물, 오래된 마른 담배 등을 사용하여 중독적 사용/행동 행동을 혐오스럽게 느끼도록 유도한다.

- 논박(Disputing): 내담자가 중독적 사용/행동과 절제에 대해 가지고 있는 비합리적 사고를 수정한다. 예로, "담배가 없으면 불안을 통제할 수 없다", "담배를 끊은 사람과는 자식을 결혼시키지 말아야 한다"는 등의 비합리적인 믿음을 분석하고 논박하여, 보다 현실적이고 합리적인 사고로 교정한다.

- 상상증감법(Covert Sensitization): 상상증감법은 실제 상황에서 혐오 자극을 사용하지 않고, 상상을 통해 혐오 조건을 형성하는 기법이다. 내담자는 절제의 목표와 반대로 중독적 사용/행동할 때 발생할 수 있는 부정적 결과를 생생히 상상하게 된다. 예를 들어, 중독적 사용/행동 후 구토나 불쾌한 감각을 경

험하는 것을 상상함으로써 중독적 사용/행동에 대한 욕구를 줄이고, 절제 행동을 강화한다.

• 절제 행동 강화(Reinforcement): 절제 행동 강화는 강화를 통해 절제 행동을 유지하도록 돕는 기법이다. 내담자가 절제를 성공적으로 지속했을 때 보상을 경험할 수 있도록 하며, 이는 내적(자기 보상) 또는 외적 보상(금전적 인센티브, 사회적 인정 등)을 포함한다. 자기강화(self-reinforcement) 또한 중요한 요소로, 내담자가 스스로 절제 성공을 평가하고 이를 긍정적으로 강화함으로써 절제 행동이 지속되도록 한다.

③ 절제 행동의 유지 및 재발 방지

중독 행동의 재발, 금단 증상, 자기 이미지 형성 등을 다루며, 내담자가 장기적으로 중독 행동을 통제할 수 있도록 지원한다. 먼저, 내담자가 절제 시작일을 지키지 않았을 때 질책 대신, 새로운 시작일을 다시 정하고 행동으로 옮길 수 있도록 격려한다. 두 번째 계획을 따르지 않을 경우, 일시적으로 상담을 종료하고, 하루 정도 절제를 시도한 후 다시 상담을 요청하도록 제안한다.

중독적 사용/행동이 재발한 내담자의 경우, 재발을 학습의 기회로 삼아, 내담자가 같은 실수를 반복하지 않도록 돕는다. 절제 위반 효과를 설명하고, 단 한 번의 중독적 행동도 재발의 위험성을 증가시킬 수 있음을 설명한다. 그리고 재발이 실수일 수 있음을 설명하고, 한 번의 실수로 전체를 포기하지 않도록 격려한다.

내담자가 금단 증상을 예상했더라도 실제로 경험하면 혼란스럽고 고통스러울 수 있다. 금단 증상이 무해하며 일시적임을 설명하고, 얼마나 지속될 것인지 정보를 제공하여 내담자를 안심시킨다. 금단 증상을 극복하려는 노력에 대해 긍정적 피드백을 준다.

절제 후 겪었던 위험 상황과 그때 사용한 대처 방법을 분석하고, 더 나은 대처 전략을 개발하도록 돕는다. 위험 상황을 극복하는 과정에서 내담자는 점차 자신의 통제력을 강화할 수 있다.

지속되는 금단 증상을 호소하는 내담자의 경우, 중독 행동과 연합된 자극에 노출될 때 심리적 금단 증상이 나타날 수 있음을 심리교육한다. 피할 수 없는 상황에 대비하여 구체적인 대처 전략을 세우고 실행하도록 내담자를 훈련시킨다.

비중독적 사용/행동자로서 자기 이미지를 갖도록 훈련시킴으로써, 중독적 행동과 절제된 삶 사이에서 인지 부조화를 해소하고, 절제를 시작한 내담자가 자신을 비중독자로 인식하도록 도우며, 금연 또는 절제된 삶을 스스로에게 자연스럽게 받아들이도록 유도한다.

재발을 예방하기 위해, 중독과 트라우마를 유발하는 상황을 인식하고, 대처하는 방법을 교육한다. 촉발제에 건강하게 대처할 수 있는 스트레스 관리 기술(심호흡, 명상, 이완 기법 등)을 훈련시킨다. 정기적인 상담과 지원 그룹 참여를 통해 지속적인 지지를 제공한다.

종결 상담은 한두 회기 동안 진행되며, 상담자의 지원 없이도 내담자가 절제를 지속할 수 있도록 돕는 것이 목표이다. 그동안 사용했던 대처 전략을 계속 사용하도록 격려하고, 아직 경험하지 못한 재발 위험 상황에 대해 준비하도록 지도한다.

3) 통합적 접근

중독 문제와 트라우마를 동시에 다루는 통합적 심리치료를 활용한다. 외상후 증상을 관리하기 위해 중독을 자가치유기제로 활용하는 사례에서 그 인과관계를 학습하는 것 자체가 대체로 커다란 치료 동기로 작동한다. 추가하여, 내담자의 변화 동기를 강화하기 위해 동기강화치료(MET)를 활용할 수 있다. 심호흡, 이완 훈련, 마음챙김 등을 통해 내담자가 정서적 안정을 찾을 수 있도록 지원하고, 안전이 구축된 상담 환경에서 노출치료(PE) 및 안구 운동 둔감화 및 재처리(EMDR)를 활용하여, 트라우마에 대한 처리와 해소를 돕는 전문적인 심리치료 기법을 적용한다. 중독과 트라우마로 인한 부정적인 생각과 행동을 긍정적으로 변화시키는 데 인지행동치료(CBT)를 활용할 수 있다.

재발을 예방하기 위해, 중독과 트라우마를 유발하는 상황을 인식하고, 대처하는 방법을 교육한다. 촉발제에 건강하게 대처할 수 있는 스트레스 관리 기술(심호흡, 명상, 이완 기법 등)을 훈련시킨다. 정기적인 상담과 지원 그룹 참여를 통해 지속적인 지지를 제공한다.

4) 사회적 통합 및 재활

외상 생존자가 사회에 성공적으로 통합될 수 있도록 돕는 직업 재활 프로그램을 제공한다. 새로운 기술을 배우고, 직업을 구할 수 있도록 직업 훈련을 지원한다. 또한 취업을 위한 상담과 실제적인 지원(이력서 작성, 면접 준비 등)을 제공하거나 진로/취업전담기관에 의뢰하여 협업한다. 예로, 대학 내에는 진로/취업상담센터가 별개의 기관으로 있는 경우, 이를 적극 활용하도록 한다.

외상 생존자가 강력한 사회적 지지체계를 구축할 수 있도록 돕는다. 가족 및 친구와의 관계 회복뿐만 아니라 지역사회 내 다양한 자원(자원봉사, 지역 클럽 등)과의 연결을 통해 연결감을 향상시킨다.

5) 지속적인 모니터링 및 평가

치료 성과를 평가할 수 있는 구체적인 지표(예: 절주, 금주 등)를 설정한다. 치료 진행 상황을 정기적으로 참여도와 적극성을 평가하고, 필요에 따라 치료 계획을 조정한다. 매 회기 체크인에서 절주의 진행 상황을 모니터링한다. 중독 심각도, 트라우마 증상, 사회적 기능 등의 변화를 측정한다. 외상 생존자에게 진행 상황에 대한 피드백을 항상 제공하고, 필요한 지원을 조정한다. 치료의 효과를 평가하고, 피드백 성과관리체계를 활용한다. 치료 성과를 분석하여 상담을 지속적으로 개선한다. 설문지, 평가 도구 등을 사용하여 정량적 데이터를 분석할 뿐만 아니라, 면담, 관찰 등을 통해 정성적 데이터를 수집하고 분석한다.

6) 중독자 가족상담

가족 참여가 내담자의 회복 과정에 미치는 영향은 가족 기능의 변화, 내담자의 회복을 위한 가족의 지원 증가, 내담자의 회복에 대한 동기 강화 등이다. 이를 통해, 중독 문제에 대한 가족의 이해 향상, 회복을 지연시키는 가족관계 파악, 가족 치료적 관점에서 중독의 원인과 결과를 이해할 수 있다. 이처럼 중독자의 회복 과정에서 가족의 역할은 결정적이다. 동시에 중독의 가장 큰 피해자는 바로 가족이기도 하다. 따라서 가족들도 중독자와 동일하게 치료와 지원이 필요하다.

가족들이 중독으로 인해 겪는 고통을 자각하고 인정하는 것이 치료의 첫걸음이된다. 중독의 심각하고 만성적이었을 경우, 중독자 가족은 정서적으로 독립되지 않고 중독자에게 의존하는 경향이 있으며, 이를 '공동의존'이라고 한다. 이들은 중독자와 유사한 심리적 및 정서적 문제를 경험하므로, 병원이나 상담센터를 통한 적극적인 치료가 필요할 수 있다.

이를 위해서 가족들은 중독은 단순한 의지의 나약함이나 도덕적 결핍이 아니라, 전문적인 치료가 필요한 질병이라는 인식개선이 필요하다. 가족들은 중독자에게 냉정한 사랑과 동시에 일관성 있는 태도를 유지하는 것이 필요하다. 이를 통해 중독자가 회복을 위한 책임을 지게 하는 것이 중요하다. 또한 가족들은 중독자에 대한 자신의 솔직한 감정을 표현하여 내면의 갈등을 해소하고 문제 해결을 위한 감정적 발산의 기회를 갖는 것이 필요하다. 중독자 가족들도 자조모임에 참여하여 비슷한 경험을 공유하고, 서로의 문제를 이해하며 지원받는 것이 도움이 된다. 이러한 모임은 감정적 지지를 제공하고, 회복 과정에서의 중요한 네트워크 역할을 할 수 있다. 마지막으로, 중독의 영향을 받는 자녀들에게는 지속적인 관심과 사랑이 필요하다. 이는 자녀의 정서적 안정감을 유지하고 중독으로 인한 부정적인 영향을 최소화하고 방임과 같은 아동학대 범죄를 예방하는 데 도움이 된다.

(1) 중독자의 가족체계

머레이 보웬(Murray Bowen)의 가족체계 이론(Family Systems Theory)에 따르면,

가족은 단순히 개별 구성원의 집합체가 아니라, 각 구성원이 서로에게 영향을 미치는 하나의 상호 의존적 역동적 체계로 작용한다. 중독자와 그 가족 간의 중독적 상호작용 패턴이 시간이 지나면서 적응하고 변화하고 중독에 대응하는 방식이 4단계에 걸쳐 발달한다.

① 부인 단계: 가족 서로 간, 타인에게 가족 구성원의 중독 행동을 인정하지 않거나 숨기려고 하며, 중독자나 가족 구성원 사이에서 문제를 부인하는 경향이 강하다. 타인에게 중독 문제를 노출하지 않기 위해 중독자를 보호하려는 행동을 보이기도 한다.

② 중독자의 중독 행동을 통제하는 가내 치료 단계: 가족은 중독자를 직접 통제하려고 시도하며, 중독 문제를 해결하기 위해 가족 구성원의 관심과 에너지가 중독자에게 집중하게 된다. 이로 인해 다른 가족 구성원의 어려움, 필요와 역할은 방치되는 등 가족 역할에 큰 변화가 일어난다.

③ 혼돈의 단계: 중독 문제로 인한 부정적인 결과가 가족 전체에 미치며, 가족 내 갈등과 불안이 증가한다. 이로 인해 배우자와 자녀들은 정서적·심리적·신체적 문제를 경험하며 가족 내 혼란이 극대화된다.

④ 통제 단계: 가족은 중독이 큰 문제임을 인식하고 통제를 위한 마지막 시도로 강력하게 개입하거나, 중독자의 행동을 통제하려는 전략(예: 감금, 이혼, 별거)을 시도하나 이는 종종 실패로 이어진다. 이 단계에서 무기력해진 가족은 결국 외부의 도움(예: 치료, 상담)을 찾게 된다.

(2) 중독자 가족의 항상성

중독자 가족의 경우, 한 구성원의 중독 문제는 가족의 기존 균형을 무너뜨리며, 이에 따라 가족체계는 항상성을 유지하려는 경향을 보인다. 즉, 나머지 가족 구성원들이 중독 문제를 인정하지 않고, 중독자의 행동에 맞추어 자신의 행동을 변화시키면서 균형을 회복하려고 시도한다. 이러한 과정에서 중독자는 자신의 행동으로 인한 부정적인 결과에 대한 책임을 지지 않게 되며, 중독 행동은 유지된다.

예로, 도박 중독자의 가족이 반복적으로 그의 도박 빚을 갚아 주게 되면, 도박 중독자는 자신의 행동에 대한 책임을 지고 그로 인한 대가를 경험할 기회를 잃게 된다. 이러한 상황은 중독자의 문제행동을 지속시키는 악순환을 형성한다.

(3) 중독자 가족체계의 가족 규칙과 역기능적 역할

벡샤이더(Wegscheider, 1981)에 따르면, 중독자 가족의 체계에서는 임의적·비논리적 적용에 있어서 일관성이 없으며 처벌에 초점에 두는 규칙이 형성된다. 이 규칙들은 중독자의 행동을 중심으로 작동하며, 다음과 같은 특성을 보인다.

- 가족의 일상은 중독자의 중독 행동을 중심으로 이루어진다.
- 중독자가 자신의 중독 행동에 대해 책임을 느끼지 않도록 한다.
- 중독자의 중독 행동과 가족 문제는 관련이 없다고 믿게 된다.
- 가족은 항상 현 상태를 유지하려고 노력한다.

또한, 블랙(Black, 1981)이 제시한 중독자 가족의 규칙에는 '말하지 않기', '믿지 않기', '느끼지 않기'가 포함되며, 이러한 규칙들은 가족 구성원들에게 방임과 같은 외상 사건으로 작용할 수 있다. 이로 인해 가족 구성원들은 관계 외상의 위험에 노출되며, 생존을 위해 싸움-도피 반응을 보이게 된다. 그 결과, 가족 내에서 각자는 역기능적 가족 역할을 맡게 된다. 벡샤이더(1981)가 제안한 중독자 가족 자녀의 역기능적 역할 4가지는 다음과 같다.

① 가족의 영웅(Hero): 중독자의 문제를 덮기 위해 과도하게 책임감을 지고, 가족 내에서 성취를 통해 긍정적 이미지를 유지하려고 노력한다.
② 희생양(Scapegoat): 가족의 문제를 자신에게 전가하여, 중독자 외의 다른 문제가 있다고 느끼게 만든다. 이들은 반항적이거나 문제를 일으키는 경우가 많다.
③ 잊혀진 아이(Lost Child): 가족 내에서 감정적으로 소외되며, 다른 사람들과의

교류를 피하고 고립을 선택한다.

④ 마스코트(Mascote): 가족 내 긴장을 해소하기 위해 유머나 경박한 행동으로 분위기를 전환시키는 역할을 맡는다.

이러한 역할들은 가족 구성원들에게 부정적인 영향을 미치며, 중독 문제의 근본적 해결을 방해하는 요소로 작용한다. 가족 내에서 형성된 규칙과 역할은 중독자의 행동을 지지하고 유지하는 구조를 만들어 내며, 가족 구성원들 모두에게 장기적인 심리적 · 정서적 영향을 미치게 된다.

(4) 중독자 가족의 경계선

중독자 가족의 경계선은 일반적으로 경직되고 유리되며 모호한 특성을 보인다. 이러한 경계선은 가족 구성원들 간의 관계와 상호작용을 왜곡시키며, 가족의 기능에 부정적인 영향을 미친다. 중독자 가족에서 나타나는 주요 특성은 다음과 같다.

① 빈약한 의사소통: 가족 구성원 간의 의사소통이 단절되거나 불명확하게 이루어진다. 중요한 문제나 감정에 대해 솔직하게 표현하지 않으며, 문제를 회피하는 경향이 강하다.

② 높은 수준의 부정성과 갈등: 중독 문제로 인해 가족 내 부정적인 감정과 갈등이 자주 발생한다. 중독자의 행동으로 인한 스트레스가 높아져 가족 구성원 간의 비난과 분노가 표출되기 쉽다.

③ 미숙한 문제해결 기술: 가족 구성원들은 문제를 효과적으로 해결하는 능력이 부족하다. 중독 문제에 대한 부인이나 회피가 일상화되어, 건설적인 문제 해결이 이루어지지 않고 갈등이 지속되거나 악화된다.

④ 조직성과 일관성 부족: 가족 내의 조직적 구조와 일관성이 부족하다. 가족의 역할이 명확하게 정의되지 않거나, 중독자의 행동에 따라 규칙과 기대가 자주 변동한다. 이로 인해 가족 내 질서가 혼란스러워진다.

⑤ 낮은 정서적 친밀감: 중독 문제로 인해 가족 구성원 간의 정서적 유대가 약해
지고, 친밀감이 감소한다. 가족들은 서로 감정적으로 소통하지 않으며, 서로
에게 정서적 지원을 제공하지 못한다.

이러한 경계선의 특성은 가족이 중독자의 행동에 적응하려는 과정에서 나타나
는 부적응적인 결과이다. 가족의 경계선이 경직되거나 유리되면, 가족 구성원 간
의 연결성이 약해지고, 문제 해결을 위한 상호 협력과 지원이 어려워지며, 가족
전체의 기능이 저하된다.

(5) 공동의존(codependency)

멜로디 비티(Melody Beattie)는 공존의존자를 "타인이 자신의 행동에 영향을 미
치도록 내버려두면서 남의 행동을 조절하려는 성향을 가진 사람"이라 정의한다.
공존의존자는 자신의 정체성을 상실하거나 정체감이 불안정하며, 자기 자신을 방
치하고 낮은 자존감을 가지고 있다. 이들은 중독자와의 관계에서 과도하게 의존
하고, 자신의 역할을 왜곡하여 중독 문제를 해결하려는 비생산적인 패턴을 보인
다. 공존의존의 여러 유형은 다음과 같다.

① 순교자(Martyr): 배우자의 중독 문제를 자신의 탓으로 돌리는 경향이 있다. 희
생과 헌신을 통해 문제를 해결하려고 시도하며, 자신의 고통을 과시하거나
강조하는 모습이 보인다. 예로, 1년 넘게 남자친구의 자살 협박 전화에 몇 시
간씩 상담해 주고 힘들어하면서도, 전문기관은 믿을 수 없다면서 병원에 의
뢰하지 않는다. 결혼해서 자신이 남자친구에게 정서적 안정을 주면 괜찮아
질 것이라고 믿는 경우도 있다.
② 박해자(Persecutor): 자신의 불행을 외면화하고, 배우자의 중독 행동을 비난하
며 문제를 극대화한다. 책임을 상대방에게 돌리며, 갈등을 조장하고 상대방
을 통제하려는 경향을 보인다.
③ 공모자(Enabler): 중독 문제를 해결하기보다는 오히려 중독 상태를 유지하도

록 치유를 방해하는 역할을 한다. 배우자가 중독을 끊으려는 시도를 무의식
적으로 저지하거나, 그들의 행동을 정당화한다.

④ 동반자(Companion): 알코올 중독자나 기타 중독자의 친구로서, 중독자의 술
친구 역할을 자처하며 문제를 심화시킨다. 좋은 관계를 유지하려는 의도에
서 같은 중독 문제를 스스로 선택하고, 중독 행동을 공유한다.

⑤ 냉담한 동반의존자(Detached Co-dependent): 배우자의 중독 문제에 대해 감정
적으로 냉담하며, 무감각한 태도를 보인다. 중독 문제에 대해 인생의 희망이
나 의미를 포기한 상태로, 더 이상 개선의 여지를 기대하지 않는 모습이다.

이러한 공존의존적 행동은 중독 문제를 해결하기보다는 오히려 악화시키는 역
할을 하며, 공존의존자는 자신의 정체성과 감정을 상실하면서 중독자의 행동에
지나치게 의존하게 된다. 이는 가족체계 내에서 부정적인 역동을 강화하고, 중독
문제를 유지시키는 주요 요인이 될 수 있다.

7) 중독 예방

(1) 중독 예방의 종류

중독 문제는 발생 전보다 예방하는 것이 중요하며 비용절감 효과 역시 더 크다.
또한 중독의 정도나 자기 통제력 상실이 극단적일 때 개입하는 것보다 예방이 더
효과적이다. 1차 예방은 장애가 전체적으로 일어나지 않도록 하는 게 목표이며
일반인들을 대상으로 한다. 2차 예방은 1차 예방보다 대상이 선택적이며, 일반인
보다 중독 위험 요인(심리적·사회적·생물학적 요인)이 높은 하위 집단에 초점을
둔다. 3차 예방은 중독으로 진단된 사람들을 대상으로 중독으로 인한 부작용을
예방하거나 최소화하며 개인의 기능을 회복하는 것을 의미한다.

(2) 중독 예방의 목표

중독 예방에서는 흔히 중독에 대한 개인적 취약성을 감소시키고, 탄력성을 증

진시키면서, 효능감과 자아존중감을 키우는 것을 목표로 한다. 개인적 수준에서 작용하는 위험 요인과 보호 요인에는 심리적 요인, 성격 변인, 가치나 태도, 생애 초기부터 지속된 문제행동, 물질 사용이 포함되며, 가족 간의 관계, 부모의 역할, 가족 구조, 가족 분위기와 같은 가족 차원에서도 작용한다. 지역사회 차원의 위험/보호 요인은 약물에 대한 접근성을 통해 내담자의 위험행동에 영향을 미친다.

상황에 초점을 둔 예방은 중독의 환경적 원인을 감소시키거나 제거하는 것이 목표로 하며, 환경을 변화시키는 것을 추구하여 중독을 야기하는 환경이 스트레스가 덜 되게 한다. 반면, 능력에 초점을 둔 예방은 중독을 유발하는 조건에 대처하는 능력을 증진시키는 데 목표를 둔다. 다양한 스트레스 유발 상황이 발생하더라도 좀 더 저항력을 갖도록 만들기 위해 사람의 대처 능력을 강화시킨다.

8) 행위 중독

셰퍼와 동료들(Shaffer et al., 2004)은 물질이든 행동이든 무언가에 중독이 되면 보상체계의 변화를 경험하게 되고, 새로운 중독이 발달할 가능성이 높아진다고 보고 한다. 행위 중독(Behavioral addiction)은 물질 사용 없이도 특정 행동에 대해 강박적 집착을 보이고, 그로 인해 개인의 일상생활, 사회적·직업적 기능에 심각한 영향을 미치는 상태를 말한다. 물질 중독이 약물, 알코올 등 특정 물질에 의존하는 반면, 행위 중독은 도박, 쇼핑, 성행위, 인터넷 사용, 운동, 일, 게임 등과 같은 일상적 활동에 대한 지나친 몰입과 통제가 불가능한 충동을 특징으로 한다. 이러한 중독은 보상체계(reward system)에 변화를 일으켜 쾌락을 느끼는 과정에서 뇌의 신경전달물질, 특히 도파민(dopamine)이 중요한 역할을 한다.

(1) 행위 중독의 정의와 개념

행위 중독은 특정 행동에 대한 통제 불능 상태로, 반복적인 행동이 부정적인 결과(대인관계 문제, 직업적 기능 저하, 심리적 불안정성 등)를 가져오더라도, 이를 인식하지 못하거나 무시한 채 반복적으로 같은 행동을 지속하는 것을 의미한다.

DSM-5-TR에서는 공식적으로 도박 중독(Gambling Disorder)만을 행위 중독으로 인정하고 있지만, 인터넷 게임 장애(Internet Gaming Disorder) 역시 추가 연구가 필요한 진단 범주로 포함되어 있다.

(2) 주요 행위 중독의 종류

DSM-5-TR에서 공식적으로 포함된 유일한 행위 중독은 도박 중독(gambling addiction)이며, ICD-11에서는 인터넷 중독(internet addiction)이 공식적으로 행위 중독으로 포함되었다. 그 외에 성 중독(sexual addiction), 운동 중독(exercise addiction), 쇼핑 중독(shopping addiction) 등이 대표적인 행위 중독으로 알려져 있다.

그러나 이러한 중독의 정의는 연구자마다 차이가 있는 것도 사실이다. 예를 들어, 일중독(workaholism)은 끊임없이 일을 하고자 하는 욕구나 일에 대한 강박적 충동을 통제하지 못하는 상태(Oates, 1971)로 정의되지만, 이는 과도하게 일하는 것(excessive work)과 혼용되며, 성취 지향적인 사회에서는 바람직한 태도와 행동으로 평가되기도 한다. 다양한 문화권에서는 일을 우선시하는 것을 긍정적으로 보기도 한다. 따라서 일중독은 긍정적인 면과 부정적인 면을 동시에 지니고 있다고 볼 수 있으며, 일중독자와 열심히 일하는 사람을 구분하는 것이 중요하다. 긍정적인 측면, 즉 열정과 동기가 높고 성취 지향적인 태도를 보인다면 이를 성취 지향적인 사람으로 구분할 수 있으며, 부정적인 측면, 즉 강박적인 욕구로 인해 판단력이 손상되고 성격의 와해가 나타난다면 이를 일중독으로 구분할 수 있다.

또한 관계 중독은 자신에게 해로운 관계임에도 불구하고 상대방과 함께 있어야 한다는 강박에 사로잡혀, 사랑에 대한 감정이나 행동을 통제하지 못하는 경우를 말한다(Martin, 1990). 비록 공식화된 진단명은 아니지만, 도파민, 옥시토신, 아드레날린, 엔도르핀과 같은 흥분성 또는 마약성 신경전달물질들이 관여하는 행위 중독의 일종으로 간주할 수 있다.

(3) 행위 중독의 원인

행위 중독의 원인은 생물학적 · 심리적 · 환경적 요인이 복합적으로 작용하는 것으로 알려져 있다. 최근 연구에서는 외부 자극, 환경 단서에 대해서, 즉 쉽게 접속이 되는 할 수 있는 매개가 중독으로 이어질 수 있음을 강조한다.

① 생물학적 요인: 행위 중독은 충동성과의 정적 상관관계를 나타내며, 중독의 주요 원인 중 하나로 뇌의 보상 시스템의 변화를 꼽을 수 있다. 특정 행동을 할 때 도파민이 분비되어 쾌락을 느끼게 하며, 이로 인해 해당 행동을 반복하려는 강한 충동이 일어난다. 또한, 유전적 요인 역시 영향을 미칠 수 있으며, 중독 성향이 있는 사람들은 행위 중독에 더 취약하다.

② 심리적 요인: 불안, 우울, 스트레스, 낮은 자존감 등 심리적 문제는 행위 중독으로 이어질 수 있다. 사람들은 종종 이러한 감정적 고통을 회피하기 위해 특정 행동에 과도하게 몰두하는데, 이는 일종의 자기 위안 기제로 작동한다. 예를 들어, Type 2 외상 생존자의 경우, 외상으로 인해 안전한 친밀 관계에 대한 경계와 개념이 무너졌기 때문에 성/관계 중독이나 데이트 폭력 등에 취약해질 수 있다.

③ 환경적 요인: 스트레스가 많은 환경, 사회적 고립, 가족 기능의 저하 등은 행위 중독의 발생 위험을 높인다. 또한, 기술 발전으로 인해 스마트폰, 인터넷, 게임과 같은 자극에 대한 접근성이 높아지면서, 행위 중독의 위험성이 증가하고 있다.

(4) 행위 중독의 영향

행위 중독은 개인의 삶에 다양한 부정적인 영향을 미친다. 첫째, 심리적 손상으로 인해 우울증, 불안, 정서적 불안정이 발생할 수 있으며, 자존감 저하와 같은 심리적 문제를 초래할 수 있다. 둘째, 사회적 관계의 손실이 발생할 수 있다. 과도한 중독 행동으로 인해 가족, 친구, 직장 동료와의 관계가 악화되며, 심할 경우 사회적 고립을 초래한다. 셋째, 경제적 손실도 빈번히 발생한다. 예를 들어, 도박 중독은 개인의 재정 상태를 파탄으로 이끌 수 있으며, 쇼핑 중독은 과도한 소비로 인해 부채 문제를 초래할 수 있다.

(5) 치료 및 중재

행위 중독의 치료는 각 중독별로 적합한 검사 도구를 활용하여 정밀한 평가와 초기 면접을 통해 시작된다. 예를 들어, 관계 중독의 경우 앤 스미스(Ann Smith)의 관계 중독 관련 질문을 사용하여 평가할 수 있다. 또한, 내담자의 공존병리를 면밀히 탐색하고 이를 치료 계획에 반영할 필요가 있다. 예를 들어, 음식 중독과 폭식증을 함께 가진 사람은 폭식증만 있는 사람보다 더 심각한 병리적 증상을 나타낸다. 음식 중독은 우울, 신체 수치심, 부정적 정서, 정서적 어려움과 높은 관련이 있다.

행위 중독의 치료는 인지행동치료(CBT), 동기강화치료(MET), 그리고 지지 그룹 및 12단계 프로그램[익명의 도박 중독자 모임(GA), 성중독자 모임(SAA) 등]을 활용하여 심리적·행동적·약물적 중재를 적용할 수 있다. 약물적 중재는 심리치료의 초기 단계에서 내담자의 통제감을 향상시키는 데 도움이 된다. 예를 들어, 날록손과 같은 오피오이드 길항제는 맛있는 음식을 섭취할 때 발생하는 쾌락 반응을 감소시켜, 과도한 음식 섭취를 조절하는 데 기여할 수 있다.

또한, 행위 중독 치료의 목표는 해당 행동을 완전히 금지하는 것이 아니라, 적절하고 조절 가능한 수준에서 유지하는 것이다. 예를 들어, 운동, 일, 음식 등에 대

표 4-4 Ann Smith의 관계 중독에 대한 질문

Ann Smith의 관계 중독에 대한 질문
• 누군가가 당신을 '특별한 방법'으로 사랑한다면 당신의 여생이 행복할 것이라고 생각한 적이 있습니까?
• 노래나 영화, 소설에서와 같은 방식으로 당신이 사랑에 빠질 것이라는 생각에 몰입하고 있습니까?
• 지금 당장 사랑이 필요해서 실제로는 좋아하지 않는 사람에게 사랑하는 것처럼 말하려고 시도한 적이 있습니까?
• 사랑을 설명하기 위해 '천생연분'이라는 단어를 사용합니까?
• 관계가 끊어진 후 새로운 사람을 찾아 연인으로 대체하지 않고 일정 기간 마음을 돌이키고 치유하기 위한 시간을 가질 수 있습니까?

한 중독치료에서는 이러한 방식을 적용할 수 있다.

사회적으로 긍정적인 인식을 가진 대상과 중독적 관계를 형성할 경우, 이러한 관계를 소거하는 것은 매우 어려울 수 있음을 염두에 두어야 한다. 학습 이론의 행동 강화를 적용하면, 개인이 일을 수행하면서 칭찬이나 보너스와 같은 긍정적 보상을 받으면 해당 행동의 빈도가 증가하게 된다. 예를 들어, 일중독과 관련된 행동으로 인해 비난이나 해고와 같은 부정적인 결과를 회피할 수 있으면, 그 행동은 더욱 강박적으로 반복될 가능성이 높아진다.

9) 중독적 성향

이 책에서는 외상 경험–중독의 인과적 가정하에 기술되었다. 하지만 중독적 취약성을 가진 사람이 외상 경험을 만나서 중독 행동이 강화되는 경우도 있다.

중독적 성향은 개인이 물질 사용, 행위 중독, 또는 기타 형태의 중독에 더 취약한 경향을 보이는 성격 특성들을 말하며, 이는 심리적 · 생리적 · 환경적 요인들이 복합적으로 작용한 결과로 볼 수 있다. 중독적 성향은 단일한 성격 유형으로 정의되지는 않지만, 특정 성격 특성들이 중독 행동의 발달과 유지에 중요한 역할을 할 수 있다.

(1) 중독적 성향의 정의와 개념

중독적 성향이란 특정 성격적 특성들이 중독적 행동과 관련되는 경향이 있음을 의미한다. 그러나 중독적 성향은 단순히 중독에 빠지기 쉬운 성향을 말하는 것이 아니라, 특정 심리적 · 행동적 특성이 중독적 행동을 유발하거나 유지하는 방식으로 작용하는 것까지 포함한다. 즉, 중독적 성향이란 내적 스트레스와 불안, 부적응적인 대처 메커니즘으로 인해 외부 자극이나 행동에 지나치게 의존하려는 성향을 포함한다. 중독적 성향 특성은 중독 행동의 원인보다는 취약성을 높이는 경향이라 볼 수 있다.

(2) 중독적 성향의 특성

① 충동성(Impulsivity)

충동성은 중독적 성향과 밀접한 연관이 있는 주요 특성 중 하나이다. 충동적인 개인은 즉각적인 보상이나 만족을 추구하는 경향이 강하며, 장기적인 결과에 대한 고려가 부족할 수 있다. 충동적인 사람들은 위험한 행동에 대한 경계를 덜 느끼며, 중독적 행동의 위험성을 인식하지 못하는 경우가 많다.

② 감정 조절의 어려움(Difficulty with Emotional Regulation)

중독적 성향을 가진 사람들은 부정적 감정을 처리하고 조절하는 데 어려움을 겪는 경우가 많다. 이들은 스트레스, 불안, 우울과 같은 부정적인 감정을 완화하기 위한 자기 치료(Self-medication)책으로 물질 사용이나 중독적 행동에 의존할 수 있다.

③ 높은 민감성과 취약성(High Sensitivity and Vulnerability)

중독적 성향을 가진 사람들은 높은 정서적 민감성을 보이며, 외부 자극에 대한 반응이 강하고 스트레스에 취약한 경향이 있다. 이러한 민감성은 외부 환경의 압박에 쉽게 영향을 받아 중독적 행동으로 이어질 수 있다. 외부 환경이나 대인관계에서의 갈등과 같은 스트레스 상황에서 회피적인 대처 기제로 중독적 행동을 선택하는 경향이 높다.

④ 낮은 자존감(Low Self-Esteem)

자존감이 낮은 개인은 자신에 대한 긍정적인 평가가 부족하기 때문에, 자기효능감을 느끼기 어렵고, 이를 보상하기 위한 일시적인 방법으로 중독적 행동에 의존할 수 있다. 낮은 자존감은 중독적 행동의 유지 요인이 될 수 있다.

⑤ 강박성(OCD 성향)

중독적 성향은 때때로 강박적 행동과도 연관될 수 있다. 이러한 성향을 보인 사람들은 특정 행동이나 물질에 대해 집착하게 되어, 그 행동을 반복함으로써 불안감을 완화하려는 경향을 보인다. 중독적 행동이 개인에게 심리적 안정을 제공한다는 인식이 있을 때, 반복적이고 집착적인 행동이 유지될 수 있다. 예로, 관계 폭력 피해자들은 촉발제로 만연한 집을 안전한 곳으로 만들려는 의도에서 일련의 방범체크 행동을 강박적 의식(rituals)으로 구현해 놓는 경우가 많다.

⑥ 모험 추구 성향(Sensation Seeking)

새로운 자극을 추구하는 경향이 강한 개인은 중독적 행동에 더 쉽게 빠질 수 있다. 이들은 신체적·심리적 자극을 강하게 필요로 하며, 물질 사용이나 위험한 행동을 통해 이러한 욕구를 충족하려는 경향이 있다. 이들은 새로운 경험을 지속적으로 찾으며, 중독적 행동은 이들에게 일시적인 흥분이나 쾌락을 제공할 수 있다.

(3) 중독적 성향과 중독 행동의 관계

중독적 성향 특성을 가진 개인들은 중독에 빠질 가능성이 더 높을 뿐만 아니라, 중독 행동을 유지하는 경향도 강하다. 중독 행동은 단순한 일시적 대처 메커니즘이 아니라, 이러한 성격 특성이 강화되고 고착화되는 방식으로 작용할 수 있다. 예로, 충동성은 즉각적인 보상 추구로 이어지고, 이는 중독 행동의 지속을 촉진한다. 중독적 행동은 중독적 성향의 특성을 더욱 강화시킴으로써 고착된 행동 패턴을 형성한다.

(4) 중독적 성향과 치료적 개입

PTSD와 중독의 고위험군으로 초기 면접부터 상담자의 면밀한 관리가 필요할 것이다. 중독적 성향을 가진 내담자들은 중독 치료에서 개인화된 접근이 필요하다. 성격 특성에 기반한 치료적 개입은 내담자가 중독적 행동을 유지하는 심리적 메커니즘을 인식하고, 이를 효과적으로 대처할 수 있는 방법을 배우는 데 도움을 준다.

인지행동치료(Cognitive Behavioral Therapy: CBT)를 활용하여, 내담자의 자동적 사고와 왜곡된 사고 패턴을 인식하고, 이를 수정하는 훈련을 한다. 정서 조절 기술 훈련(Emotional regulation training)을 적용하여, 중독적 성향의 핵심인 감정, 특히 불안이나 우울감을 대처하기 위한 건강한 대처 전략을 개발한다. 동기강화상담(motivational interviewing)을 활용하여, 낮은 자존감과 중독 유지 동기를 탐색하고, 변화의 동기를 강화한다. 사회적 지원을 의뢰하여 외부의 스트레스에 대한 대처 능력을 강화하고, 중독적 성향 특성이 발현되지 않도록 예방하는 접근도 병행한다.

9. 정서 조절이 중요한 이유는 무엇일까

1) 정서 조절이 중요한 이유와 정서 상태 관리

정서 조절은 트라우마와 중독 치료에서 필수적인 요소로서, 극단적인 정서 경험은 정서가 아니라 고통의 경험으로 변질되어 회복 과정에 큰 장애가 된다.

정서 조절은 일상생활에서의 기능을 유지하고, 사회적·직업적 관계를 지속하는 데 필수적이며, 전반적인 심리적 안정감을 제공하며, 치료 과정에서의 지속적인 참여와 중도 탈락 예방에 도움이 된다. 또한 정서 조절 유능감은 스트레스와 역경을 극복하는 회복력을 강화한다.

극단적 정서 상태에 빠지는 이유는 다양하다. 과거의 외상 경험이 현재의 스트레스 상황에서 재활성화되면, 과도한 정서 반응을 일으킬 수 있다. 또한 감정을 회피하려는 경향이 오히려 그 감정을 강화시키고, 극단적인 정서 상태로 이어질 수 있다. 트라우마로 인해 신경계가 과도하게 활성화되어 교감신경계가 만성적으로 과잉항진 상태에 놓일 수 있다.

외상 상기 요인(Traumatic reminder)은 외상 생존자가 재경험 상태에 빠지게 하는 특정 환경적 자극을 말한다. 이는 내담자가 현재의 환경을 위협으로 인식하게 만들어 정서적 조절에 어려움을 초래할 수 있다. 예로, 특정 소리, 냄새, 장소, 사람, 상황 등이다. 이러한 요인들을 이해하고 관리하는 것은 외상 치료에서 중요한 첫 단계이다.

재경험 상태의 내담자를 돕는 첫 단계는 내담자의 환경 내에서 이 반응을 지속시키는 자극제가 무엇인지 알아내는 것이다. 내담자와의 면담, 관찰, 자기 보고 등을 통해 어떤 자극이 외상 상기 요인이 되는지 파악한다. 예로, 내담자가 소음이 심한 환경에서 압도감을 느낄 때, 소음이 외상 상기 요인일 수 있다.

외상 생존자는 과거의 외상 경험으로 인해 안전한 환경의 요소들(benign elements)도 위협으로 인식할 수 있다. 예로, 일반적인 소음이나 특정 냄새가 갑자기 위협적으로 느껴질 수 있다. 이는 정서적 조절 곤란으로 이어질 수 있으며, 내담자는 과거 외상 경험을 재경험하게 된다.

위기 상황(해리, 공황발작, 자해 등)에서는 외상 상기 요인을 즉각적으로 최소화하여 2차 외상으로부터 내담자를 안정/보호하는 것이 중요하다. 소음을 줄이거나, 자극을 차단하는 등 즉각적인 환경 조정을 시도한다. 예로, 분노 유발 환경에서 벗어나 30분 조용한 장소로 이동하거나 산책을 할 수 있다.

외상 상기 요인이나 스트레스 원인의 제거는 일시적으로 효과가 있을 수 있지만, 내담자가 조절된 상태로 돌아오면 다시 조절 훈련을 이어 간다. 정서 상태에 따라 중재 접근은 달라질 수 있다. 극단적 정서 상태에서는 즉각적인 안정화가 고통 수준을 낮추고 재외상화를 예방할 수 있다. 호흡 운동, 근육 이완, 현실 검증, 그라운딩 기법 등의 정기적인 훈련과 연습을 통해 내담자가 자극에 대한 반응을 조절 역량을 향상시킨다.

주관적 불편감 척도(Subjective Units of Distress Scale)는 내담자가 주관적으로 느끼는 스트레스 수준을 0에서 10까지의 위계표를 작성한다. 각각의 단계에 대표적인 신체 신호, 행동, 상황에 대한 위계표를 작성해야 하는데, 외상 생존자들이 10단계의 다른 감각을 알아차리기 어려울 수 있다. 이 경우, 3단계나 5단계로 시작해서, 점차 감각 훈련을 통해 위계표를 넓혀 갈 수 있다. 내담자가 특정 상황이나 기억을 떠올릴 때 느끼는 스트레스 수준을 평가하고, 중재 전후의 변화를 기록한다. 주관적 불편감 척도 점수가 60% 이상이면, 이는 내담자가 상당한 스트레스를 느끼고 있으며, 이 상태에서는 신중한 접근이 필요하다. 내담자와 합의하여, 정서적 안정화를 우선적으로 진행할 수 있고, 필요에 따라 중재 방법을 조정한다. 그밖에 벡 우울 척도(Beck Depression Inventory: BDI), 상태-특성 불안 척도(State-Trait Anxiety Inventory: STAI) 등 다양한 심리평가 도구를 사용하여 정서 상태를 객관적으로 측정한다.

신체 각성 위계표를 기반으로 심호흡, 근육 이완, 시각화 기법 등 다양한 안정화(stabilization) 기법을 시행한다. 특히, 내담자가 현재 순간에 집중하고, 압도적인 부정적 정서로부터 안전하게 거리를 두는 객관화 전략인 그라운딩(grounding; Najavits, 2002)을 활용할 수 있다. 그라운딩 기법의 효과를 평가하기 위해, 기법을 사용하기 전과 후에 내담자의 주관적 불편감 척도 점수를 확인한다. 그라운딩을 활용할 때, 내담자에게 판단이나 선호를 피하도록 하고, 오감을 통해 인식한 사실에만 주의를 집중하며 답하도록 유도하는 것이 중요하다.

또한, 신체감각을 통해 정서적 균형을 유지하는 신체기반 기법(SE, SP)은 신체 스캔, 근육 이완, 심박수 조절, 자세 조정, 운동, 감각 집중 등 다양한 기술을 활용할 수 있다. 이러한 접근은 내담자의 정서적 안정과 자기조절 능력을 효과적으로 향상시키는 데 도움을 준다.

2) 정서 상태의 3요소와 정서 조절

정서 상태는 의식(Awareness), 정서(Affect), 행동(Action)의 세 가지 주요 요소로 구성된다. 정서 조절은 이 요소들을 포함한 인지, 생리적 반응, 행동 수준에서 자신의 경험을 효과적으로 다루는 능력을 말한다.

(1) 정서 상태의 3요소
의식은 자신의 내면 상태를 인식하는 능력이다. 이는 현재 경험하고 있는 정서와 감정을 자각하는 것을 포함한다. 예로, "지금 나는 불안감을 느끼고 있다"는 정서는 감정이나 기분 상태를 의미한다. 정서는 긍정적일 수도 있고 부정적일 수도 있으며, 그 강도와 지속 시간은 다양하다. 예로, 기쁨, 슬픔, 분노, 두려움 등이 있다. 행동은 정서와 관련된 행동 반응을 의미한다. 이는 정서적 상태에 따라 취하는 구체적인 행동을 포함한다. 예로, 불안할 때 손톱을 물어뜯거나, 화가 나서 소리를 지르는 것이다.

(2) 정서 조절

정서 조절은 정서적 경험을 인지, 정서, 생리, 행동 수준에서 효과적으로 다루는 능력으로서, 다음과 같은 요소들을 포함한다. 인지(Cognition)는 정서적 경험에 대한 생각과 해석을 다루는 능력으로, 부정적 사고 패턴을 긍정적으로 재구조화하는 것이 포함된다. 인지 재구조화, 문제해결 기술을 활용한다. 정서(Affect)는 감정의 강도와 지속 시간을 조절하는 능력으로, 감정을 인식하고 표현하는 방법을 포함한다. 감정 일기 쓰기, 감정 표현 연습과 같은 기법을 활용할 수 있다. 생리(Physiology)는 신체적 반응을 다루는 능력이다. 신체적 긴장을 풀고 안정감을 유지하는 것이 포함된다. 호흡 조절, 근육 이완을 활용할 수 있다. 행동(Action)은 정서적 반응에 따른 행동을 조절하는 능력이다. 건설적인 행동을 선택하고, 파괴적인 행동을 피하는 것이 포함되면, 대처 전략 개발, 행동 계획 수립 등의 기법을 활용할 수 있다.

3) 신경계와 정서 조절

[그림 4-7]은 외상 사건에 대한 시간에 따른 신경계 활성화 과정을 시각적으로 보여 준다.

외상 사건 전에는 '활성화-안정화-휴식'이 정상적 범주 안에서 일어난다. 이는 인간에게 적절한 각성 수준과 충분한 휴식을 제공하여 건강한 몸과 마음을 통해 일상을 영위하게 도와준다.

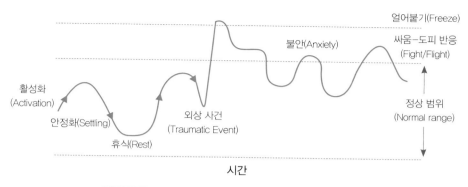

출처: Levine, P. A. (1997). *Waking the Tiger: Healing Trauma*. North Atlantic Boosks.

그림 4-7 외상 사건에 대한 시간에 따른 신경계 활성화

휴식(Rest)은 신경계가 안정되고 이완된 상태를 나타난다. 개인은 정상적인 일상 활동을 수행하며, 스트레스 수준은 낮다. 활성화(Activation) 상태는 외부 자극이나 스트레스 요인에 반응하여 신경계가 점차 활성화되는 상태를 말하며, 일상적인 스트레스 요인에 대한 반응으로, 신경계는 경계 상태로 전환된다. 안정화(Settling: 신경계가 다시 안정 상태로 돌아가는 단계로써, 초기 활성화) 상태 후 스트레스 요인이 제거되거나 감소되면 신경계는 휴식 상태로 회복된다.

외상적 사건(Traumatic event)이 발생하면 신경계는 정상 범위를 넘어서 급격히 활성화된다. 이는 싸움-도피 반응(fight or flight response), 돌봄과 보살핌과 같은 외상 반응을 유발하며, 이로 인해 신체는 극도의 스트레스와 공포를 경험한다.

이 단계에서는 아드레날린과 코르티솔 같은 스트레스 호르몬이 분비되며, 신체는 생존 모드로 전환된다. 극심한 스트레스와 공포로 인해 신경계가 과도하게 활성화되면, 일종의 보호 메커니즘으로 동결 반응(freeze response)이 발생할 수 있다. 이는 신체가 움직이지 않거나 반응하지 않는 상태를 말한다. 외상적 사건 후, 신경계는 높은 각성 수준을 유지하면서 지속적인 불안(anxiety) 상태로 머물 수 있다. 이처럼 신경계가 정상 범위로 회복되지 않고, 과도한 경계와 불안 상태가 지속되는 단계에서는 다양한 외상 후 증상으로 발전될 수 있다.

치료의 효과나 시간이 지남에 따라 신경계가 점차 정상범위로 회복(return to

normal range)될 수 있다. 안정화 기법, 심리치료, 약물 치료 등이 동원된다. 신경계가 정상 범위로 돌아가면, 개인은 일상적인 스트레스에 보다 적절히 반응하고, 외상 사건의 기억을 보다 건강하게 처리할 수 있게 된다.

4) 각성

각성의 창(Window of tolerance)은 신경과학자이자 정신과 의사인 대니얼 시겔(Daniel J. Siegel)에 의해 1999년에 소개되었다. 이 개념은 스트레스와 감정적 자극에 대한 신경계의 반응 범위를 설명하며, 개인이 감정적으로 안정된 상태에서 최적의 기능을 할 수 있는 범위를 의미한다. 각성의 창은 다음과 같은 세 가지 주요 영역으로 나뉜다.

최적의 각성 상태(Optimal arousal zone)에서 개인은 감정적으로 안정적이고, 스트레스에 적절히 반응하며, 최적의 심리적 기능을 발휘할 수 있다. 여기서는 감정 조절이 잘 이루어지며, 스트레스 상황에서도 적응적 대처가 가능하다. 전전두엽

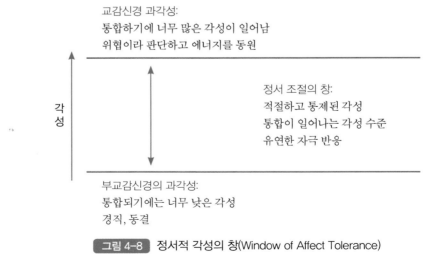

그림 4-8 정서적 각성의 창(Window of Affect Tolerance)

Siegel, D. (1999). *The Developing Mind*: How Relationships and the Brain Interact to Shape Who We Are. New York, NY: The Guilford Press.

활성화를 극대화함으로써, 이성적 사고, 문제해결 능력, 감정 조절, 사회적 상호 작용, 업무/학업 생산성이 원활하게 이루어진다.

과각성 상태(Hyperarousal zone)는 각성의 창 위쪽에 위치하며, 과도한 스트레 스나 위협에 대한 반응 영역이다. 신경계가 과도하게 활성화되어, 싸움-도피 반 응(fight or flight response)이 지배적으로 나타난다. 불안, 과민반응, 충동적 행동, 공격성, 집중력 저하 등이 나타나서, 자신의 욕구나 의도만큼 수행이 나오지 않거 나, 역행하기도 한다.

저각성 상태(Hypoarousal zone) 영역은 각성의 창 아래쪽에 위치하며, 감정 적 또는 신경생리학적 반응이 억제된 상태를 나타낸다. 이는 무기력, 동결 반응 (freeze response), 분리 또는 해리 현상과 관련이 있다. 이 상태에서는 무기력, 감 정적 마비, 주의력 결핍, 사회적 철회 등이 나타날 수 있다.

트라우마는 감정 허용의 창을 좁히고, 개인이 과각성 상태나 저각성 상태로 쉽 게 이동하도록 만든다. 트라우마를 겪은 개인은 일상적인 자극에도 과도한 불안 이나 공포를 느낄 수 있다. 이는 과거의 외상 경험이 현재의 자극과 연관되어 신 경계가 과도하게 반응(과각성 상태)하기 때문이다. 반면, 트라우마를 겪은 개인은 감정적으로 마비되거나, 해리 상태(저각성 상태)에 빠질 수 있다. 이는 감정적 고 통을 피하기 위한 무의식적인 방어 기제로 작용할 수 있다.

각성의 창을 넓히기 위한 치료적 접근으로는, 호흡 운동, 이완 기법, 마음챙김

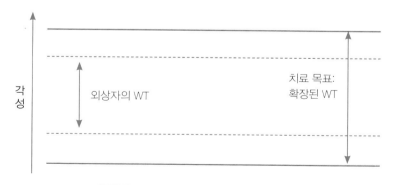

그림 4-9 각성의 창(WT)과 트라우마 치료

명상 등을 통해 신경계의 안정화를 도모하는 안정화 기법(Stabilization Techniques)
이 있다. 과각성 상태에서 최적의 각성 상태로 이동하는 데 도움을 준다. 노출 요
법(Exposure therapy)은 점진적으로 트라우마 기억이나 자극에 노출시켜, 신경계
가 이에 적응하고 과도한 반응을 줄이도록 한다. 이러한 노출작업을 통해, 감정
허용의 창을 넓히는 데 도움을 준다. 인지 재구조화(Cognitive restructuring)를 활
용하여, 부정적 사고 패턴을 긍정적이고 현실적인 사고로 수정하여, 감정적 반응
을 조절하는 데 기여할 수 있다. 감정 조절 훈련(emotion regulation training)을 통
해, 감정을 인식하고 건강하게 표현하고 조절하는 기술을 습득하게 도울 수 있다.

[그림 4-10]은 트라우마 2단계에서 일어나는 기억 재처리와 애도 반응을 다
룰 때, 각성 수준을 어떻게 활용하여 노출치료를 진행할 수 있는지 보여 준다.
노출치료 시 활용하는 상담자료는 내담자에게 정서적으로 버거운 기억과 감정
이 된다. 이러한 상담 자료들은 각성의 창에서 저각성(hypoarousal)과 과각성
(hyperarousal) 경계 영역에 위치하게 된다. 언제든지 재외상화가 될 수 있는 위험
영역이다. 하지만, 노출치료에서는 내담자의 각성이 너무 '안정 영역'에서 이루어
질 경우, 고통스러운 정서를 다루는 경험 자체를 할 수 없으므로 치료적 효과가 덜
하거나 더디다고 말한다. 따라서 트라우마 상담 1단계에서 이미 안전감을 확보
한 후 2단계 작업을 할 때는 '안전하지만 지나치게 안전하지 않은(Safe but not too

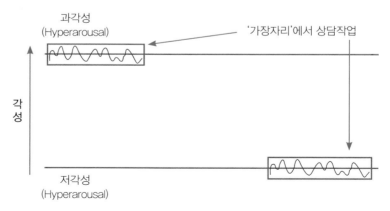

그림 4-10 트라우마 2단계와 각성의 창

safe)' 영역 상태를 시도하는 것이 치료적 효과성을 얻을 수 있다.

5) 정서 조절 가이드: TST를 중심으로

정서 조절 가이드는 내담자가 자신의 정서 상태를 인식하고 효과적으로 조절할 수 있도록 돕는 도구이다. 개인별 기록표를 활용하여 각 단계에서의 신호와 중재 방법을 구체적으로 기록하고, 이를 상담 회기 내외에서 적극적으로 활용함으로써 보다 체계적이고 효과적인 정서 조절이 가능해진다. 정서 조절 가이드는 상담 회기 내뿐만 아니라 내담자의 일상생활에서도 활용될 수 있도록 구성하는 것이 중요하다.

[그림 4-11]은 정서 강도와 시간에 따른 단계별 정서 조절 가이드를 보여 준다. 정서 조절은 이 과정에서 각 단계에 맞는 적절한 중재 방법을 사용하여 내담자가 안정된 상태를 유지하도록 돕는 것이 목표이다. 다음은 각 단계별 접근 과제이다.

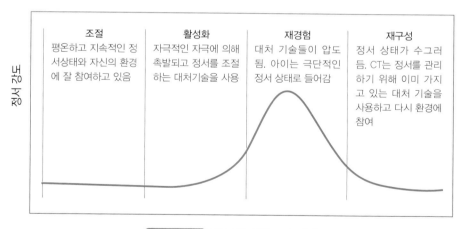

그림 4-11 정서 단계별 조절 과제

출처: 김동일 역(2011). 아동·청소년 위기 상담: 트라우마 체계 치료. 학지사.

(1) 조절 상태(Regulated State)

평온한 호흡, 안정된 심박수, 침착한 태도와 같은 신체 신호를 통해, 평온하고 지속적인 정서 상태를 유지하며, 내담자가 자신의 환경에 잘 참여하고 있는 단계이다. 정서 과각성을 예방하기 위해 촉진 요인을 최소화하는 것을 목표로, 명상, 심호흡, 신체 이완 기법을 통해 이 상태를 유지한다. 정서 상태를 인식하고, 긍정적인 자기 대화를 지속한다.

(2) 활성화(Activation), 흥분 상태(Excited State, Hyperarousal)

자극적인 자극에 의해 정서적 흥분이 촉발된 상태로, 과각성이나 재경험 상황에 빠지지 않도록 정서를 조절하는 대처 기술을 사용하는 단계이다. 빠른 호흡, 심박수 증가, 약간의 근육 긴장와 같은 신체 신호를 경험할 수 있다. 촉발되었을 때 정서를 조절하는 것을 목표로, 심호흡, 근육 이완, 현실 감각 찾기, 부정적 사고 패턴을 인식하고, 긍정적인 사고로 재구조화하는 기법을 활용할 수 있다.

(3) 재경험 상태(Re-experiencing State)

정서 조절 대처 기술들이 압도됨으로 인해, 극단적인 정서 상태, 즉 외상의 재경험에 들어가는 단계이다. 강렬한 감정, 과거 사건의 생생한 회상, 혼란스러움과 같은 신체 신호를 경험하게 된다. 이 시간 동안 안전을 유지하는 것이 목표이고, 안전한 장소 시각화, 즉각적인 현실 감각 찾기, 심호흡, 근육 이완, 지원자와의 신뢰 관계를 통해 안정감을 찾도록 개입한다.

(4) 회복 상태(Recovery State)-재구성(Reconstruction)

정서 상태가 서서히 안정되며, 내담자가 다시 현실적 세상과 연결되고 환경에 참여하는 단계이다. 호흡이 안정되고, 심박수가 정상으로 돌아옴, 차분한 태도와 같은 신체 신호를 볼 수 있다. 정서를 관리하고, 다시 세상과 연결하고 환경에 참여하도록 돕는 것을 목표로 한다. 지속적인 안정화 기법, 정서적 지지 제공, 긍정적 자기 대화를 활용할 수 있다.

각 정서 상태(조절, 흥분, 재경험, 회복)를 확인할 수 있는 구체적인 신체 신호를 기록한다. 예로, '조절 상태−평온한 호흡, 흥분 상태−빠른 심박수, 재경험 상태− 과거 사건의 생생한 회상, 회복 상태−안정된 호흡' 해당 정서 상태를 변화시키기 위한 중재 방법도 구체적으로 기록한다. 예로, '흥분 상태에서 재경험 상태로 가지 않기 위해 심호흡과 근육 이완 기법을 사용'이 자료를 사례 관리 및 사례 분석에 활용하여, 보다 효과적인 상담 계획을 수립할 뿐만아니라, 과제 등에 활용하여 내 담자의 일상에서도 정서 조절이 구현되도록 돕는다.

인간의 몸은 자극 및 스트레스에 가장 예민하게 반응하는 부위가 다르므로, 개 인별 정서 조절 가이드를 만드는 것이 필요하다. 개인별 기록표의 기재 내용은 다 음과 같다.

① 촉발 요인(Triggers): 정서 조절 실패 상태에 빠지게 하는 구체적인 상황이나 사건을 기록한다. 예로, '큰 소음이 나는 상황에서 불안감이 급격히 상승함'
② 전조 신호(Warning Signs): 흥분, 과각성, 또는 해리의 전조를 보이기 시작할 때 나타나는 신체적 · 정서적 · 행동적 신호를 기록한다. 예로, '손에 땀이 나 기 시작하고, 호흡이 빨라짐'
③ 중재 방법(Intervention Methods): 흥분, 과각성, 또는 해리 상태에 있을 때 사 용 가능한 적절한 중재 방법을 기록한다. 예로, '심호흡, 근육 이완, 현실 감 각 찾기'

정서 조절은 각 단계에서 적절한 중재 방법을 사용하여 내담자가 안정된 상태 를 유지하고, 극단적인 정서 상태를 피할 수 있도록 돕는 과정이다. 정서 상태의 변화에 따른 단계별 접근 방법을 통해 내담자는 점차적으로 정서를 조절하고, 일 상생활에서의 기능을 회복할 수 있다. 이 과정에서 정서 상태를 인식하고, 신체 신호를 통해 적합한 기법을 적용하는 것이 중요하다.

6) TST 기반 정서 탐색 질문

인식(의식)	감정(정서)	활동(행동)
무엇을 보고 있나요?	감정은 어땠나요?	어떤 행동을 했나요?
당신이 주목한 것이 무언가 달라 보이나요?(주의)	당신의 감정에 변화가 있었니?	당신의 행동에 변화가 있었나요?
당신의 주변에서 일어나는 일들에 주의 집중하기 힘들었나요?(주의)	그 감정이 얼마나 강했나요? ? 전보다 더 또는 덜 강렬했나요? 아니면 비슷했나요? 더 많이 화가 났나요?	때때로 아이들은 당신이 설명한 것과 같은 감정을 느낄 때 물건을 던지거나 때리거나 도망가는 것과 같은 매우 안전하지 못한 행동을 하곤 한다. 당신도 이런 행동을 하고 싶은 감정을 느끼는지 궁금하네요. 당신은 어떻습니까?
어떠한 일이 일어났는지에 대해 당신을 무엇을 기억하고 있나요?	당신은 슬픔을 느끼나요? 당신은 더 두렵나요?	
무슨일이 일어났는지 기억하는데 문제가 있나요?(주의)	이런 감정이 덜 느껴지나요?	소리 지르거나 울거나 그런 행동을 하고 싶다고 느꼈나요?
전에 일어났었던 일이 다시 일어난 것과 같은 기분이 드나요?(오리엔테이션)		당신이 하는 행동에 대해 주변 사람들은 어떠한가요? 그 사람들은 당신이 달라 보인다는 것을 알고 있나요?
그것이 얼마 동안 지속되었나요? 그것을 기록하기는 어려웠나요?(오리엔테이션)		스스로 자학하고 싶은 감정이든 적이 있나요? 혹은 그렇게 해본 적은 있나요?
어디서 발생했나요? 어딘지 잊었나요?(오리엔테이션)		무엇을 하는 것이 당신의 기분을 나아지게 하나요? 다른 사람들이 어떻게 하는 것이 당신의 기분을 나아지게 하나요? 무엇이 도움이 될 거라고 생각하나요?
그 안 좋은 일이 일어난 시간이나 장소로 돌아간 것 같나요?(오리엔테이션)	사람들은 한순간에 한 가지 이상의 기분을 느끼기도 한다. 당신은 다른 감정을 느껴 본 적이 있나요? 그런 감정들에 대해 말해 주세요.	마약이나 음주 경험이 있나요?

당신의 몸은 어떻게 느끼고 있나요? 당신의 몸은 다르게 느끼나요?(자아 의식)		때때로 아이들은 정말로 기분이 안 좋을 때 사적인 공간에서 다른 아이를 만진다거나 성적인 말을 건네는 것과 같은 성적인 행동을 하곤 한다. 당신이 그런 행동을 하고 싶은 감정을 느낀 적이 있나요? 그런 행동을 한 적은 있나요?
당신이 어려(혹은 늙어) 보이는 것 같나요?(자아 의식) 당신이 다른 사람처럼 느껴지나요?(자아 의식)		식습관은 어떻습니까? 그 기간 동안 당신의 식습관은 어떠하였는지 말해 주세요. 먹기는 했나요? 아니면 먹었던 걸 없애 버렸나요?

7) 정서 조절 가이드 만들기

정서 조절 가이드를 만들 때, 주요 목표는 외상 생존자가 자신의 감정을 인식하고, 그것을 효과적으로 관리할 수 있도록 지원하는 것이다. 이 가이드는 특히 해리 증상 및 PTSD(외상 후 스트레스 장애)에 대한 이해와 개입을 중심으로 구성되었다.

해리 증상은 현실감 손실, 기억상실, 신체화 증상 등 다양한 형태로 나타나며, 이러한 증상은 개인이 생존을 위해 외상 경험을 처리하는 과정에서 의식적·무의식적으로 발생할 수 있다.

특히, 내담자가 안전하다고 느낄 수 있는 환경을 조성하여 안전감을 회복하고, 현재의 시간, 장소, 상황을 인지하도록 돕는 인지적 기술을 연습한다. 예로, '5가지 감각 사용하기' 등의 그라운딩 기술을 활용할 수 있다. 심리치료를 통해 해리된 기억을 점진적으로 통합하고 처리한다.

PTSD는 극심한 불안, 악몽, 불안정한 감정 상태 등이 특징이며, 그 강렬한 정서를 안전한 상황에서 노출하고 재경험하여 처리하는 노출치료가 많이 활용된다.

(1) 조절 상태

조절 상태(Regulated state)는 단순히 긍정적인 정서를 경험하는 것을 의미하지 않으며, 다양한 감정을 경험하더라도 개인이 이를 조절 가능한 범위 내에서 관리할 수 있는 능력을 말한다. 이는 감정의 긍정성 여부와 무관하게, 슬픔이나 좌절과 같은 부정적 정서를 포함한 모든 감정을 자신이 감당할 수 있는 범위에서 인식하고 적절히 반응하는 상태를 의미한다.

많은 외상 생존자들은 감정이 외상 경험과 파블로프 조건화(classical conditioning)되어서 감정이 고통으로 경험되고, 이 경험들이 일반화되어서 감정이나 감각 자극을 회피하거나 억제하는 방식으로 자가 치료를 한다. 결과적으로 감정은 자신의 통제 영역이 아니게 되어, 일상 장애는 더욱 심화된다.

조절 상태에서는 감정이 지나치게 억제되거나 감정에 압도되지 않으며, 감정을 수용하면서도 이를 조율할 수 있는 능력을 발휘되는 상태이다. 예로, 슬픔을 느끼면서도 그 슬픔에 압도되지 않고, 좌절감을 겪더라도 이를 관리할 수 있는 마음의 여유가 있다. 이는 감정 조절 능력이 개인의 강점(strength)과 연관되어 있으며, 조절할 수 있는 상태에서는 개인의 심리적 회복력과 적응력이 발휘되기 때문이다.

조절 상태를 유지하는 능력은 트라우마 치유의 중요한 지표로 간주되며 자신의 안전감을 독립적으로 유지할 수 있다. 즉, 자신의 자원과 강점을 동원하여 스트레스와 도전 상황을 효과적으로 대처할 수 있다고 판단하여, 2단계 트라우마 치유로 들어갈 수 있게 된다. 정서 조절은 자기 인식(self-awareness)과 정서적 유연성을 바탕으로 이루어진다. 정서 조절 전략은 다음과 같다.

① 감정 인식 향상: 일기 작성, 감정 일람표 사용 등을 통해 어떤 감정을 느끼고 있는지 정확히 인식하는 연습을 한다.
② 감정 표현 기술: 건강한 방법으로 감정을 표현하도록 돕는 기술, 예를 들어, 예술 치료, 작문 등의 창의적 활동을 포함할 수 있다.
③ 강점기반 접근: 개인의 강점과 자원을 활용하여 감정을 조절하는 기술을 개발한다. 예를 들어, 개인의 취미나 장점을 활용하여 긴장을 완화시키는 활동을

찾는다.

상담자[3]: 지금까지 당신이 겪고 있는 여러 문제에 대해 이야기를 나눴어요. 이제 제가 좀 더 알고 싶은 것은, 당신이 정서적으로 힘들지 않을 때, 즉 모든 것이 잘 흘러가고 있을 때의 당신 모습이에요. 약간 당황스럽거나 두려운 순간이 있었지만, 그래도 스스로 조절할 수 있다고 느낀 때를 기억해 볼 수 있을까요?

내담자: 음, 오늘은 기분이 괜찮아요. 여기 오는 게 조금 꺼려지긴 했지만, 지금은 괜찮은 것 같아요.

상담자: 그랬군요. 여기 오는 게 조금 꺼려졌지만, 지금은 괜찮다고 느끼는군요. 그렇다면 이 순간을 예로 들어 이야기해 볼게요. 당신이 조금은 불편했지만, 이제는 괜찮다고 느낀다고 했죠? 그 '괜찮다'고 느끼는 감정에 대해 조금 더 이야기해 볼게요. 당신은 어떻게 스스로가 괜찮다고 느끼는지 알 수 있나요?(내담자 침묵) 약간 어려운 질문일 수 있어요. 사실, 인간의 감정은 종종 신체적인 반응으로 나타나기도 하거든요. 그 불편한 감정이 들 때, 몸에서 어떤 반응을 느꼈던 거 같나요?

(2) 흥분 상태

흥분 상태는 감정이 과도하게 증폭되어 자기 조절이 어려워진 상황을 의미한다. 이러한 상태에서는 감정이 폭발적으로 분출될 수 있으며, 이는 외상 후 스트레스 장애(PTSD) 또는 해리 증상과 같은 정신건강 문제에서 자주 관찰된다. 흥분 상태의 관리는 재경험 상태에 이르지 않도록 예방하고, 조절 상태로의 빠른 회복을 돕는 것을 목표로 한다. 다음은 이를 위한 전략이다.

---

3) 출처, TST의 예시를 변경함.

① 인식을 향상하고 조기 경보 시스템을 개발한다. 흥분 상태로 이어지는 초기 신호를 인식하고, 이를 조기에 감지하여 적절한 조치를 취하는 것이 목표이다. 이를 위해, 일기 작성, 감정 일람표 사용을 통해 감정의 변화를 기록하고, 특정 감정이나 생각이 나타났을 때의 상황을 분석한다. 이를 통해, 흥분 상태로 이어지는 촉발제를 식별하고 이에 대한 대비를 한다.

② 호흡 및 이완 기술을 활용하여, 과도한 감정적 흥분을 조절하고 신체적 긴장을 완화한다. 깊은 호흡, 점진적 근육 이완, 명상, 그라운딩 등의 기술을 활용한다.

③ 정서적 인식과 표현을 통해, 흥분 상태에서 느껴지는 감정을 인식하고, 건강하게 표현한다. 감정 표현의 예로는 대화, 예술 활동, 또는 체육 활동 등이 있다.

④ 긍정적 자기 대화 및 인지 재구성을 통해, 부정적인 자기 대화를 긍정적인 대화로 전환하여, 정서적 흥분을 관리한다. 예로, '나는 이 상황을 제어할 수 없다'는 생각을 '나는 내 감정을 관리할 수 있는 기술을 가지고 있다'로 재구성한다.

⑤ 지원 시스템의 활용, 즉 사회적 지지를 통해 감정적 흥분 상태를 조절한다. 가족, 친구, 지지 그룹, 치료사 등의 지원을 받으며, 정기적인 상담을 통해 감정을 공유하고 조언을 얻는다.

> 상담자: 예를 들어, 가슴이 뛰거나 손바닥에 땀이 날 때처럼, 우리는 몸의 변화를 통해 자신이 어떤 감정을 느끼고 있는지 알 수 있어요. 그리고 그 감정은 우리가 어떤 행동을 하는지에도 영향을 미치죠. 예를 들어, 기분이 좋으면 활발히 움직이거나, 반대로 기분이 나쁠 때는 표정이 굳어지는 것처럼요. 즉, 우리가 하는 행동은 우리가 느끼는 감정을 반영하기도 해요. 이걸 염두에 두고 다시 한번 살펴볼까요? (내담자가 고개를 끄덕임) 지금 이 방에 있고, 기분이 괜찮다고 말했는데, 어떤 행동이 당신의 기분이 괜찮다는 것을 보여 주는 것일까요?

내담자: 음……. 그냥 앉아서 이야기하고 있어요…….

상담자: 그렇죠. 지금 앉아서 나와 대화를 나누고, 내 말에 집중하고 있어요.
이런 행동들이 당신이 기분이 괜찮다는 신호일 수 있어요. 기억나나
요? 예전에 기분이 많이 나빴을 때는 앉아서 이야기하기 어려워했잖
아요. 그때 당신은 방에 들어가 혼자 있고 싶어 했다고 했었죠. 그래
서 오늘 당신이 기분이 괜찮을 때는 "앉아서 대화를 나눈다"라고 적
어둘까요? 좋아요, 그럼 이번에는 어머니께 여쭤볼게요. 당신이 기
분이 좋을 때는 어떤 모습을 보이시나요?

어머니: 가끔 그녀가 조용히 노래를 흥얼거리는 것을 들었어요.

(3) 정서의 3요인의 객관적 확인을 통한 가이드라인 만들기(예시, TST 참조)

정서의 3요인을 객관적으로 확인하기 위해, '타인에게 물어보기'와 '스스로에
게 물어보기'를 활용한다. 타인의 관찰을 통해 자신의 감정 표현, 신체 언어, 상호
작용 방식에 대한 피드백을 받는다. 예를 들어, "내 표정이 어땠나요?", "내 목소리
톤에서 어떤 감정이 느껴졌나요?" 등을 물어본다. 자기 자신에게 질문하여 현재
의 감정 상태와 생각을 명확히 한다. 예로, "지금 어떻게 느끼고 있나?", "내 몸이
어떻게 반응하고 있나?", "주변 상황에 얼마나 집중하고 있나?"

표 4-5 **정서의 모니터링**

타인에게 물어보기	스스로에게 물어보기
정서: 나의 표정이 어떠한가? 나는 기분이 어떠하다고 말을 하고 있는가? 입을 꽉 다물고 있다. 미소를 더 이상 짓지 않고 있다. 나는 주먹을 쥐었다. 나는 사람들에게 미칠 것 같다고 이야기한다.	**정서:** 어떻게 느끼는가? 내 몸이 어떻게 느껴지는가? 화가 난다. 미칠 것 같다.

인식: 나는 지금의 멍해져 있는가? 아니면 상황에 주의를 기울이고 있는가? 얼마나 잘 주의를 집중하고 있는가? 엄마가 말하길 내가 그녀에게 대답을 하지 않았고, 그녀가 있는지도 알아차리지 못했다고 해요. 나는 때때로 학교에서 집중을 하지 못해 곤란해지곤 해요.	인식: 내 주위에서 무슨 일이 벌어지고 있는가? 나는 무슨 생각을 하고 있는가? 모르겠다.
행동: 나는 무슨 행동을 하고 있는가? 나는 무엇을 말하는가? "내 앞에서 사라져. 나를 혼자 있게 해 줘."라고 말하였다.	행동: 나는 어떠한 행동을 하고 싶은가? 나는 누군가를 때리고 소리 지르고 싶다.

표 4-6 **세부 점검표**

	타인	자기 자신
정서	"나의 표정이나 몸짓에서 어떤 감정이 느껴지나요?"	"지금 무엇을 느끼고 있나요? 기분이 어떠한가요?"
신체	"내 몸짓이나 자세가 어떠한가요? 긴장된 부분이 보이나요?"	"내 몸에서 어떤 느낌이 드나요? 긴장, 통증, 혹은 불편함이 있나요?"
인식	"내가 대화 중에 얼마나 주의를 기울이고 있었나요? 분산된 징후가 있었나요?"	"나는 지금 멍해져 있는가? 주변에서 무슨 일이 벌어지고 있는지 잘 알고 있는가?"

(4) 회복 단계를 돕는 몇 가지 기술

회복 단계는 정서적 또는 심리적 스트레스로부터 건강을 회복하고 일상으로 복귀하는 과정이다. 이 단계를 지원하는 데 효과적인 몇 가지 기술은 이완과 미러링(mirroring)이다. 이 두 기술은 각각 신체적 이완과 대인관계에서의 공감 능력을 증진시키는 데 도움을 준다. 연습을 통해 자신의 감정 조절 능력을 향상시키고, 다른 사람과의 관계에서 더욱 긍정적인 상호작용을 할 수 있게 된다. 이러한 기술들은 심리치료실에서뿐만 아니라 일상생활에서도 유용하게 활용할 수 있다.

① 이완 기술은 신체적·정신적 스트레스를 감소시키고, 전반적인 안녕을 증진

시키는 데 도움을 준다. 다음은 몇 가지 이완 기술이다.

- 깊은 호흡: 편안한 자세로 앉거나 누워서, 천천히 깊게 숨을 들이마시고, 천천히 숨을 내쉰다. 숨을 들이마실 때 배가 부풀어 오르고, 숨을 내쉴 때 배가 들어가도록 집중한다. 이 과정을 5~10분간 반복한다. 점진적 근육 이완 신체의 한 부분씩 근육을 긴장시킨 다음 완전히 이완시키는 연습을 한다. 발에서 시작하여 점차 상체로 올라가면서 순차적으로 진행한다. 각 근육을 약 5초간 긴장시키고, 10초간 이완한다.
- 안전한 가상 이미지: 눈을 감고 평화롭고 행복한 장소를 상상한다. 이곳의 풍경, 소리, 냄새 등 세부적인 감각을 떠올리면서 마음을 그 장소에 완전히 몰입시킨다. 이 상태를 10분 이상 유지하면서 전신의 이완을 느낀다.

② 미러링(mirroring)은 대화 상대의 몸짓, 언어, 감정을 반영함으로써 상호 이해와 공감을 높이는 기술이다. 미러링 실습 방법은 다음과 같다.

- 상대방과 마주 앉아 서로의 몸짓, 표정, 말투를 세밀하게 관찰한다.
- 상대방이 어떤 자세를 취하면 그 자세를 유사하게 따라 한다.
- 상대방의 말투나 감정을 음성의 높낮이나 속도로 반영하여 대화한다.
- 이 과정에서 상대방의 감정이나 의도를 더 깊게 이해하려고 노력한다.

복습

(사례 이야기/역할극/실습) 정서 조절이 안 되는 외상 생존자의 경우

성급하게 비자발적으로 본격적인 상담작업을 시작하지 않는다.

감정에 대해 지지해 준다. 감정에 대한 지지란 같이 흥분하거나 울지 말라고 이야기를 하는 것이 아니라 자연스럽게 반응을 할 수 있도록 옆에서 반응을 공감해 주는 과정이다.

외상 생존자가 원한다면, 손을 잡거나 어깨를 두드리는 정도의 접촉을 시도한다.

섣부르게 다음과 같은 말을 하지 않는다.

  × "지금 어떤 기분인지 알아요."
  × "누구나 그때는 그럴 수밖에 없었을 거예요."

× "아마 지금 좋은 곳에 가 있을 거예요."

× "다른 얘기를 하도록 하지요."

× "이 일을 극복하도록 노력하셔야 해요".

× "당신은 곧 나아지실 거예요."

× "당신이 할 수 있는 최선을 다하셨어요."

× "당신은 지금부터 충분히 애도를 하셔야 한다."

× "그건 아마 신의 뜻이었을 겁니다."

서두르지 않는다. 본인이 계속 옆에 있어 줄 수 없는 경우 이를 대신해 줄 수 있는 사람에게 부탁한다. 심호흡을 이용한 이완 요법을 시도하고 숙지할 수 있도록 연습시킨다. 다소 진정되면 도움을 받을 수 있는 방법에 대해 간결하고 명확히 전달한다.

(5) 대처 전략: 도움이 되는 방법 VS. 도움이 안 되는 방법

대처 전략은 스트레스나 위기 상황에 직면했을 때 사용하는 행동과 생각의 방식이다. 효과적인 대처 전략은 문제 해결에 도움을 주고, 부적절한 대처 방법은 상황을 악화시킬 수 있다.

도움이 되는 대처 전략에는, 첫째 문제의 원인을 직접 해결하려는 문제 중심 대처가 있다. 예로, 스트레스를 주는 일정을 재조정하거나, 시간 관리 기술을 개선하여 업무 부담을 줄인다. 둘째, 감정의 관리에 초점을 맞추는 정서 초점 대처가 있다. 예로, 감정 일기를 작성하거나, 치료사와 상담하여 스트레스를 받는 감정을 표현하고 관리한다. 셋째, 가족, 친구, 동료, 전문가 등 외부의 지원을 받으면서 사회적 지지를 찾을 수 있다. 문제에 대해 친구와 이야기하거나, 전문가의 도움을 받아 문제를 해결하는 방법을 모색한다. 넷째, 변화하는 상황에 유연하게 반응하여 적응유연성을 개발한다. 예로, 새로운 상황이나 변화에 개방적인 태도를 유지하고, 필요에 따라 새로운 기술이나 방법을 배우려고 노력한다.

도움이 되지 않는 대처 전략에는, 첫째 문제를 직면하지 않고 피하려는 회피적 대처가 있다. 예로, 스트레스를 주는 상황을 인정하지 않거나, 필요한 조치를 취하

표 4-7   대처 전략

도움이 되는 방법	도움이 안 되는 방법
문제 중심 대처	회피적 대처
정서 초점 대처	자기비난
사회적 지지 찾기	정서적 억제
적응유연성 개발	부정적인 대처 방식

지 않아 문제가 더 악화된다. 둘째, 문제 발생 시 자신을 탓하거나 비하하는 자기비난이다. 예로, 실패를 개인적인 결함으로 보고, 자책감에 빠져 문제 해결보다는 자신을 비난하는 데 에너지를 소모한다. 셋째, 자신의 감정을 숨기거나 억제하는 정서적 억제이다. 예로, 스트레스를 받고 있음에도 불구하고, 감정을 표현하지 않아 심리적 압박이 증가한다. 넷째, 알코올이나 마약 같은 물질을 사용하여 일시적인 해소를 추구하는 방식이다. 예로, 스트레스를 해소하기 위해 음주나 약물 사용을 늘리면, 장기적으로 중독과 같은 더 많은 문제를 초래할 수 있다.

효과적인 대처 전략은 자신의 감정을 건강하게 관리하고 문제를 해결하는 데 중점을 둔다. 반면, 비효과적인 대처 방법은 문제를 임시적으로 회피하거나 더 큰 스트레스를 초래할 수 있다. 문제에 직면했을 때 이러한 구분을 인식하고, 자신에게 도움이 되는 방법을 선택하는 것이 중요하다.

10. 인지 재처리가 중요한 이유는 무엇일까

트라우마는 단순한 기억이 아니라, 신체적 · 정서적 · 인지적 요소가 산산조각으로 해제된 상태에서 모든 조각이 분리되거나 단절되거나 복잡하게 얽혀 있는 경험이다. 인지 재처리(Cognitive restructuring)는 이러한 모든 해리된 기억 구성 요소의 통합을 목표로 한다. 이러한 과정은 외상 치유뿐만 아니라, 해리와 재외상화를 예방하고 내담자가 일상생활에서 더 잘 기능할 수 있도록 돕는다.

외상 경험은 인간의 사고방식을 왜곡하고 부정적인 신념과 고정관념을 형성하여, 개인이 세상, 자신, 타인에 대해 비합리적인 인식에 갇히게 한다(예: '나는 도움이 필요 없다', '내 고통은 끝나지 않을 것이다'). 중독자는 자신의 중독 행동을 합리화하거나 왜곡된 방식으로 인식하는 패턴을 가지며(예: '나는 이 정도는 통제할 수 있어', '한 번만 더 하면 그만둘 수 있다'는 식의 자기합리화), 중독의 유지와 인지 왜곡 사이의 악순환에 갇히게 된다. 외상이 만든 부정적 핵심 신념(예: '나는 무가치하다', '세상은 위험하다')은 중독과 관련된 행동을 강화하는 메커니즘으로 작동한다. 외상 촉발 상황에서 왜곡된 사고가 다시 활성화되어 중독을 유발하는 사고 패턴으로 이어진다(예: '이것만이 나의 고통을 멈출 수 있어'). 따라서 인지 재처리는 이들이 가진 부정적 사고 패턴을 수정하고 심리적 유연성을 높여 상황에 맞는 적절한 대응하여 자기 통제력과 건강한 사고방식을 회복하는 작업이다.

외상 사건에 대해 이야기하는 것은 많은 사람들에게 어려운 일이다. 그러나 인지 재처리를 통해 내담자는 외상 사건에 대해 더 잘 이야기하고 견딜 수 있는 힘을 얻게 된다. 외상 사건을 이야기하는 능력이 향상되면서, 내담자는 자신의 경험을 더 잘 처리하고 표현할 수 있다. 또한 인지 재처리는 트라우마 경험과 연결된 강력한 감정의 강도를 줄이는 데 도움을 준다. 외상에 대한 생각과 연합된 감정의 강도가 감소하면, 내담자는 더 안정된 상태에서 일상생활을 영위할 수 있다.

인지 재처리는 내담자가 비상시에 독립적으로 대처할 수 있는 기술을 개발하는 데 도움을 준다. 이는 위기 상황에서 내담자가 효과적으로 대응할 수 있게 한다. 내담자는 위기 상황에서도 자신의 감정을 조절하고, 독립적인 문제를 대처/해결하는 능력을 키운다.

트라우마는 종종 외부와의 소통을 단절시킨다. 인지 재처리는 내담자가 가족, 친구 및 다른 사람들과 외상에 대해 의사소통하는 능력을 향상시킨다. 내담자는 외상에 대한 자신의 경험을 가족과 친구들과 더 잘 공유하고, 도움을 청하는 경험을 더 잘 수행하며 지지를 받는 경험을 확대할 수 있다.

1) 증거기반 이론(Empirically Supported Therapy: EST)

미국 임상심리학회(Society of Clinical Psychology)가 효과를 인정한 트라우마와 중독치료법 중 인지 재처리 단계에 유용한 기법은 인지행동치료(Cognitive Behavioral Therapy: CBT)가 주요하다.

① 지속적 노출치료(Prolonged Exposure: PE): 지속적 노출치료는 내담자가 외상 기억에 점진적으로 노출되도록 하여, 외상 기억에 대한 감정적 반응을 감소시키고, 회피 행동을 줄임으로써, 외상 기억의 재처리하고 불안 감소를 목표로 한다.

② 현재중심치료(Present-Centered Therapy: PCT): 현재중심치료는 현재의 스트레스 요인과 그에 대한 대처 방법에 중점을 두는 치료법으로, 내담자가 현재의 삶에 집중할 수 있도록 하여, 현재 생활에서의 기능 향상과 스트레스 관리를 목표로 한다.

③ 인지처리치료(Cognitive Processing Therapy: CPT): 인지처리치료는 트라우마 경험으로 인해 형성된 부정적 사고 패턴을 재구성하여, 내담자가 현실적이고 긍정적인 사고를 할 수 있도록 하여, 궁극적으로 사고 패턴의 변화와 정서적 안정을 도모한다.

④ 안전기반치료(Seeking Safety): 안전기반치료는 트라우마와 중독을 동시에 다루는 치료법으로, 안전한 치료 및 일상 환경 구축과 중독 및 트라우마 증상 완화를 목표로 한다.

⑤ 안구 운동 둔감화 및 재처리(Eye Movement Desensitization and Reprocessing: EMDR): 안구 운동 둔감화 및 재처리는 내담자가 외상 기억을 회상하면서 눈의 움직임을 유도하여, 외상 기억을 재처리하고 통합하여, 감정적 고통 감소를 도모한다.

그 외에, 외상과 높은 상관연구 결과를 보이는 경계선 성격장애의 치료법으로 변증법적 행동 치료(Dialectical Behavior Therapy: DBT) 등이 있다.

2) 인지 재처리에 들어가기 전에

기억 처리는 특정 전제 조건이 충족될 때 신중하게 접근해야 한다. 이를 통해 해리나 재외상화를 예방하고, 효과적인 상담 작업이 가능해진다. 우선, 내담자가 안전감(safety)을 충분히 느끼고 있는 상태에서 기억 처리를 시작한다. 안정화 작업이 충분히 이루어지지 않은 상태에서 기억 작업을 시작하면, 내담자는 재외상을 경험할 수 있다.

내담자가 충분히 신체적 · 심리적 안정감 회복한 후에만 기억 작업을 진행한다. 심리교육(psychoeducation)을 통해, 내담자가 트라우마와 그 영향에 대해 충분히 이해하고 심리교육(psychoeducation)을 통해, 내담자가 트라우마와 그 영향에 대해 충분히 이해하는 역량도 인지 재처리에 들어가기 전에 완성되어야 한다. 상담자와 내담자 간의 신뢰 관계(치료동맹)가 구축되어야 한다. 내담자의 가족이나 친구는 내담자가 정서적으로 안정될 수 있도록 도와줄 수 있다. 이들은 내담자가 외상 기억에 대해 이야기할 때 정서 조절을 지원할 수 있다. 가족, 친구 등 지원자는 내담자의 정서 조절을 도와줄 수 있도록, 미리 그라운딩(Grounding) 기법을 학습한다.

나아가 외상 생존자가 현재 법적 소송 등으로 기억을 검증해야 할 상황을 앞두고 있다면, 인지 재처리 과정 미루기를 권장한다. 외상 작업 중 상담자에 의해서 과거 기억이 유도되거나 왜곡될 가능성에 대한 합리적 의심이 재판에서 제기될 경우, '유도된 거짓 기억'을 완벽하게 반박할 과학적 근거가 충분하지 않기 때문이다.

3) 인지 재처리 과정 중에

트라우마 기억은 암묵적 기억과 명시적 기억으로 구성되며, 인지 재처리는 이 두 가지 기억을 통합하는 것을 목표로 한다. 신체기반 접근을 통해 신체 기억(암묵적 기억)과 인지적 기억을 통합하여 트라우마 기억을 처리한다. 신체기반 접근에서는 상향식으로 신체 기억으로 작업하고, 이를 통해 알아차림(전전두엽)을 증가시킨다.

외상 경험은 강렬한 감정(예: 분노, 죄책감, 수치심)과 결합하여 부적응적 인지를 강화할 수 있으며, 이는 기억 처리를 어렵게 만든다. 따라서 효과적인 기억 재처리를 위해 자각(awareness)과 인지적 개입이 필요하다. 내담자가 자신의 감정과 생각을 인식하고 자각하는 것은 기억 재처리의 첫걸음이며, 자각을 통해 내담자가 현재 상태를 이해하고, 변화의 필요성을 인식하게 된다. 합리적 정서행동치료(REBT)는 내담자의 비합리적 신념을 도전하고, 보다 합리적인 사고로 대체하는 데 유용하다. 예로, '나는 무능력하다'는 비합리적 신념을 '나는 어려운 상황에서도 최선을 다하고 있다'로 대체한다.

또한, 내담자가 자신의 부적응적 사고 패턴을 인식하고, 이를 보다 적응적인 사고로 대체하도록 돕는 것이 중요하다. 예로, "나는 잘못했다"에서 "그 상황에서 최선을 다했다"로 전환한다. '틀렸다'보다는 '도움이 되지 않는다'로 전환한다. 내담자가 자신의 비합리적 신념에 대해 논쟁을 벌이고, 이를 합리적인 사고로 대체하는 과정(REBT)도 유용하다.

내담자가 자신의 생각과 행동의 비용과 이익을 객관적이고 합리적으로 평가(cost & benefit analysis)하도록 돕는다. 예로, "이 생각이 나에게 도움이 되는가? 아니면 해가 되는가?" 예로, "내가 실패하면 모든 것이 끝난다"는 생각에 대해 "실패는 성장의 기회일 뿐이다"로 논박한다.

4) 인지 재처리의 주요 기법

내담자의 사고, 정서, 행동을 면밀히 관찰하고 외상 경험을 효과적으로 처리하기 위해 다양한 기법을 사용하여 침입적 사고를 방해한다. 침입적 사고를 방해하는 기술에는 침입적 사고가 떠오를 때 "그만!"이라고 말함으로써 그 생각을 중단시키는 '사고-정지 기술(thought stopping techniques)', 손목에 고무 밴드를 끼고, 침입적 사고가 떠오를 때 고무 밴드를 튕겨서 신체적 감각으로 사고를 방해하는 물리적 기술, 부정적이고 비현실적인 생각을 긍정적이고 현실적인 생각으로 대체하는 '인지 대처 기술(cognitive coping techniques)', 긍정적인 혼잣말(positive self-talk) 등이 있다.

① 점진적 노출(Graded exposure): 불안 자극의 수위를 낮은 것부터 높은 쪽으로 점차 강도를 높이는 기법이다. 불안 자극에 반복적으로 노출함으로써 그 자극에 대한 두려움을 점차 감소시키는 것이 목표이다. 불안 유발 자극을 낮은 강도에서 높은 강도로 점진적으로 노출하며, 내담자가 자극에 익숙해지도록 한다. 노출 과정에서 주로 이완 기법을 사용하지 않고, 불안 자체를 경험하게 하는 경우가 많다. 즉, 노출 자체에 중점을 두며, 이를 통해 내담자가 두려운 상황에 대한 실제 위험성이 크지 않다는 점을 학습하는 경험을 하게 한다.

② 체계적 둔감법(Systematic desensitization): 불안을 유발하는 자극에 대해 단계적으로 노출시키되, 이완 기법을 동시에 사용하여 불안을 줄이는 치료법이다. 불안 자극에 대한 조건화된 두려움을 완화하는 동시에, 불안을 이완 반응으로 대체하는 것이 목표이다. 내담자는 이완 기법(예: 심호흡, 근육 이완법)을 배우고, 그 상태에서 불안 자극에 단계적으로 노출된다. 자극의 강도는 점차적으로 증가하며, 내담자는 각 단계에서 이완을 유지한다. 이렇게 자극에 대한 이완 반응을 학습시키는 데 중점을 두며, 이완 상태에서 불안 자극에 직면함으로써 두려움이 감소하는 경험을 하게 된다.

③ 점진적 노출: 이완 기법을 따로 사용하지 않고 불안 자극에 반복적으로 노출시키는 데 중점을 두는 반면, 체계적 둔감법은 이완 기법을 함께 사용하여 불안을 줄이는 과정을 중시한다. 점진적 노출은 불안 자극 자체에 대한 내성(익숙해짐)을 강화하는 반면, 체계적 둔감법은 이완과 불안 자극을 동시에 경험하게 하여 두려움의 감소를 촉진하는 점에서 차이가 있다.

5) 최근 기법

(1) 외상 이야기 치료

외상 이야기 치료(Trauma narrative)는 내담자가 자신의 외상 경험을 글로 서술

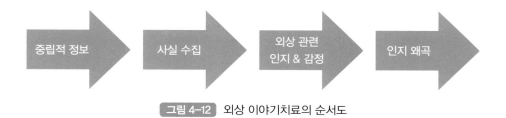

그림 4-12 외상 이야기치료의 순서도

하거나 이야기로 표현함으로써 자신의 감정과 생각을 통합하고 외상 경험을 재구성하여 통제감을 회복하는 데 기여한다(Cohen et al., 2001). 외상에 대해 글을 쓰거나 이야기하는 활동 자체가 치료적이다(Donnelly & Murray, 1991; Esterling, L'Abate, & Murray, 1999; Pennebaker & Francis, 1996).

외상 이야기를 작성할 때 내담자는 다음의 질문에 답하면서 자신의 경험을 서술한다: 나는 무슨 생각을 했는가? 나는 무엇을 느꼈는가? 나는 무엇을 했는가? 이러한 질문들은 내담자가 자신의 경험을 구체적으로 표현하고, 자신의 감정, 다른 사람의 정서나 반응에 대한 관찰, 추가 외상 측면을 명확히 하는 데 도움을 준다.

답서(Rescripting)는 자신의 이전 이야기를 확장하고 구체화하여, 자신의 외상 경험을 재구성하는 과정을 말한다. 이는 내담자가 외상 경험의 결말을 다시 쓰는 시도로, 통제감을 회복에 도움이 된다. 구체화된 답서를 통해 내담자가 적응적이지 않은 생각을 찾아내는 데 유용하다. 또한 답서는 뇌의 맥락적 처리체계(brain's contextual processing system)를 다루는 효과적인 도구로, 외상 경험의 맥락을 재구성하고 통합하는 데 기여한다. 답서를 작성할 때 내담자는 다음의 질문에 답한다: 나는 어떻게 다르게 생각할 수 있었을까? 나는 무엇을 어떻게 다르게 느낄 수 있었을까? 나는 어떻게 다르게 행동할 수 있었을까?

외상 이야기 작성 시, 전체 이야기가 작성되기 전에는 상담자가 내담자의 인지적 왜곡을 다루기 시작해서는 안 된다. 특히 법적 관련 문제가 진행 중인 경우, 상담자가 내담자의 기억에 영향을 주거나 왜곡된 기억이 유도되지 않도록 유의한다.

(2) 신체기반 접근의 외상 기억 재처리

신체기반 접근의 외상 기억 재처리(Ogden, 2006)는 내담자가 과도한 각성
(hyperarousal) 상태에 빠지지 않도록 돕고, 신체감각(sensation)에 집중함으로써
정보처리량을 줄이고 과부하를 방지하는 방법이다. 또한 암묵적 기억을 떠올려
구체적으로 표현하게 하고, 절차적 기억을 방해하고, 내담자가 사건 당시의 무력
감을 극복할 수 있는 행동을 수행하도록 돕는다.

① 신체감각에 머물기

내담자가 과도한 각성(hyperarousal) 상태에 있을 때, 상담자는 내담자가 신체감
각에 집중하도록 돕는다. 내담자가 내용, 감정, 인지에 압도되지 않도록 신체감각
에 집중하게 하여 정보처리량을 줄인다. 이를 위해, 신체의 특정 부위에 집중하게
하거나, 특정 감각(예: 심박수, 호흡)에 집중하게 한다. 이를 통해, 내담자의 각성
상태가 안정되고, 이후 재처리 작업을 이어갈 수 있는 준비 상태가 된다.

② 암묵적 기억 떠올리기

내담자가 무의식에 저장된 기억을 떠올리고 이를 의식적으로 처리하도록 돕는
다. 내담자가 강한 이미지, 움직임, 정서, 오감 정보, 자율신경계 상태(ANS 상태)를
구체적으로 말하게 한다. 그 결과, 내담자는 암묵적 기억을 인식하고, 이를 통해
트라우마 경험을 재구성할 수 있게 된다.

③ 절차적 기억 방해하기

트라우마의 절차적 기억(procedural memory)은 특정 상황에서 자동으로 반응
하는 행동 패턴을 말한다. 이를 방해하고 새로운 행동 패턴을 학습하는 것이 중요
하다.

내담자가 사건 당시의 무력감을 극복할 수 있는 행동을 수행하게 하여 트라우
마 기억과 연결된 신체감각을 처리한다. 이를 위해, 내담자가 당시 상황에서 할
수 있었던 행동을 상상하거나 실제로 수행하게 한다. 예로, "만일 그때 당신이 할

수 있었다면 어떤 행동을 했을 것 같습니까?"라고 물어보고, 그 행동을 시도하게
한다.

이를 통해, 내담자는 무력감을 극복하고, 신체감각을 통해 트라우마 기억을 처
리할 수 있다.

④ 트라우마 기억과 신체감각 연결하는 Van der Kolk(2002)의 접근

외상 생존자가 사건 당시 할 수 있었던 행동을 수행함으로써 무력감을 극복하
고, 트라우마 기억과 연결된 신체감각을 표현하게 한다. 내담자가 사건 당시의 상
황을 재현하고, 당시 할 수 있었던 행동을 상상하거나 실제로 수행하게 한다.

11. 안전한 자료를 사용하는 트라우마 상담 2단계 작업

복합 외상(Complex trauma)의 경우, 내담자가 자신의 기억과 감정을 스스로 처
리할 수 있도록 최소한의 개입만을 제공할 것을 권유한다. 재닛(Janet)과 베셀 반
데어 콜크(Bessel van der Kolk) 같은 외상치료 전문가의 연구에서 외상 경험이 뇌
와 신경계에 미치는 영향을 강조하며, 치료 과정에서 지나친 개입이 내담자에게
해로울 수 있음을 경고하기 때문이다. 외상 경험에 대한 새로운 정보를 찾아내
어 기존의 기억과 통합적 기억 처리가 되도록 돕는다. 예로, "만일 ○○가 그랬다
면……." 내담자가 가지고 있지만 쉽게 떠오르지 않는 정보나 관점을 탐색하고 이
를 통합하도록 막연함과 미결정의 시간을 같이 하는 것도 필요하다.

상담 중 노출한 외상 경험으로 인해 편도체가 과다활성화되면 내담자는 성인의
관점을 취하기 어려워지며, 이는 외상 기억의 재처리를 방해 요소가 될 수 있다.
따라서 내담자가 현재의 성인 관점에서 외상 경험을 재해석하도록 돕는 것이 필요
하다. 예로, "그때는 너무 두려웠지만, 지금의 나는 안전하다는 것을 알고 있다."

특정 내담자들에게는 노출치료의 재외상화 우려가 클 수 있다. 따라서 보다 안
전한 상담자료를 활용하여 트라우마 상담의 2단계 작업을 선택할 수 있다.

1) 감정 접촉의 어려움과 안전한 상담 자료

외상 생존자는 종종 외상 기억과 관련된 감정에 직접적으로 접근하는 것이 어려우며, 감정 접촉에 어려움을 겪는 경우가 많다. 그래서 노출치료와 같은 전통적인 접근법은 일부 외상 생존자에게 감정적으로 지나치게 과도하거나 위험할 수 있다. 이에 따라, 강렬한 노출이 아니라, 안전한 상담 자료를 활용해 외상 경험을 다루는 대안적인 방법으로 애도와 기억 재처리 작업을 진행할 수 있다.

외상 생존자는 생존을 위해 외상 사건 후 감정과의 연결을 차단하거나, 심리적으로 무감각하거나 분리한다. 이는 PTSD와 관련된 방어 메커니즘의 일환으로, 감정적 접촉을 시도하는 과정에서 불편함이나 강한 반발을 경험할 수 있다. 강렬하고 직접적인 감정 기억의 접촉은 외상 생존자에게 촉발제가 되어 과잉 활성화된 신경 반응을 유발할 수 있으며, 이는 치료의 부작용(예: 중도탈락)으로 이어질 수 있다. 이러한 외상 생존자의 특성은 전통적인 노출치료와 같은 치료적 접근이 효과를 제한하게 된다.

노출치료는 외상 생존자가 외상과 관련된 감정과 기억에 반복적으로 접촉함으로써, 그 감정에 대한 반응을 둔화시키고 회복을 촉진하는 방식이다. 그런데 감정 접촉에 어려움을 느끼는 외상 생존자에게는 노출치료가 심리적 스트레스를 악화시키거나 과부하를 유발할 수 있다. 외상 경험을 지나치게 강렬하게 재경험하는 과정에서 감정적 회피가 더 심해지거나, 치료 중단으로 이어질 수 있다. 실제로 중도 탈락률까지 포함한 자료에서 과연 노출치료가 증거기반 기법이 될 수 있는지 의구심을 보고한 연구물도 있다.

재외상화, 중도 탈락, 재발 등은 PTSD와 중독의 치료를 어렵게 만드는 요인으로 악명이 높은데, 이를 관리하는 방법으로 안전한 자료만을 활용하여 트라우마 상담의 2단계 작업을 진행할 수 있다. 외상 생존자가 감정적으로 안전하다고 느낄 수 있는 자료를 활용하는 것은 매우 중요하다. 이는 심리적 보호막 역할을 하며, 내담자가 자신의 정서 반응에 대한 통제감을 유지하게 한다. 허먼(Herman, 1992)이 제안한 트라우마 상담 2단계의 과제는 애도와 기억 재처리인데, 외상 사건에 대한 상실, 기억, 고통이 상담자료가 된다. 이러한 자료들은 대체로 주관적 불편감 척도의 수준이 7 이상이며, 노출치료에서는 활용하는 핵심 순간(hot spot)의 주관적 불편감 척도는 10에 가깝다.

2단계에서 안전한 자료란 처음부터 주관적 불편감 척도 6 이하의 정서와 기억이 될 수 있고, 두 번째는 충분한 안전 단계를 거치면서 주관적 불편감 척도 6 이하로 내려간 정서와 기억이다. 즉, 처음에는 주관적 불편감 척도 9~10 수준의 상담자료였으나, 안전 단계를 거치면서 고통 수준이 낮아진 자료이다. 즉, 2단계에서 안전한 자료의 정의는 초기 면접에서 규정된 주관적 불편감 척도의 고통 수준에 따라 결정되는 것이 아니라, 시간에 따라 변화된 주관적 불편감 척도에 따른다. 예로, 한 데이트폭력 피해자의 초기 면접에서 가해자인 남자친구가 썼던 검정 모자가 주관적 불편감 척도 7의 상담 자료였다. 6개월의 충분한 안전 단계를 거친 후, 검정 모자는 더 이상 내담자에게 주관적 불편감 척도 7의 고통을 주지 않는다. 아마도 주관적 불편감 척도 5라면, 2단계의 인지 재처리 과정에서 이 검정 모자와의 조건화를 소거하는 작업은 안전한 상태에서 진행할 수 있다. 즉, 검정 모자가 안전한 상담자료가 되는 것이 아니라, 그 촉발제가 가진 주관적 불편감 척도가 2단계의 안전한 자료를 가늠하는 기준이 된다.

언어가 직접적인 감정과의 접촉이라면, 매체의 활용은 간접적인 접촉이 될 수 있다. 이를 위해, 사진, 그림, 글쓰기, 예술치료, 은유나 이야기를 사용할 수 있다.

외상 생존자가 감정을 직접적으로 마주하지 않고, 안전한 자료를 통해 간접적으로 접근하는 것은 감정적 안정성을 유지하면서도 치료적으로 유의미한 작업을 가능하게 한다. 내담자는 안전한 자료를 통해 스스로 감정과의 접촉을 조절할 수 있게 되며, 이는 외상으로 인해 발생한 과잉 각성이나 과도한 스트레스를 예방할 수 있다. 전전두엽이 활성화된 상태에서, 외상 기억이 신경과학적으로 통합되도록 돕고, 과거의 경험을 현재와 연결하여 현실감을 회복하도록 도울 수 있다.

2) 저항의 이해와 안전한 상담 자료의 활용

외상 생존자는 그들의 외상 경험과 관련된 감정 및 기억에 접근하는 과정에서 심리적 저항을 보이는 경우가 많다. 이러한 저항은 단순한 치료적 방해 요소가 아니라, 그들이 생존하기 위해 발달시킨 방어 메커니즘이며, 그들의 심리적 안전을 지키기 위한 필수적인 요소로 볼 수 있다. 일상에서 내담자들이 발달시킨 심리적 안전을 위한 방어 메커니즘이 중독일 수 있다.

모든 저항에는 이유가 있으며, 이러한 저항을 이해하고 수용하는 것이 중요하다. 저항은 종종 내담자가 자신에게 맞는 치료 접근 방식을 찾는 과정에서 나타나는 자연스러운 반응이다. PTSD와 중독의 경우, 외상에 대한 직접적인 감정 접촉이 재활성화되면 치료 과정에서 심리적 악화를 경험할 수 있다. 감정적 안정성을 유지하고, 부정적 감정을 회피/억제하는 기제로 중독을 취하게 된다. 따라서 외상 생존자에게 중독은 생존과 심리적 안정성을 위한 중요한 메커니즘으로 이해될 수 한다. 안전한 상담 자료를 활용하여 2단계 상담을 진행하는 것은 내담자가 중독의 필요성을 덜 느낀다는 의미도 된다. 이를 위해, 외상 생존자가 안전한 자료를 활용하여 감정과 기억을 처리하는 것은 감정적 안정성을 유지하는 데 도움이 된다. 안전한 자료를 사용하면 내담자가 감정을 점진적으로 탐색할 수 있게 하며, 이는 외상 생존자가 자신감을 갖고 감정적으로 더 깊이 접촉할 수 있도록 돕는다. 안전한 자료는 외상 생존자가 감정을 회피하지 않고도(중독을 사용하지 않고도) 고통을 안전하게 다룰 수 있는 도구이다. 이를 통해 내담자는, 중독에 기대지 않고, 외상과 관련된 감정과 기억을 더 자유롭게 표현할 수 있다.

12. 외상 생존자에게 일상으로의 복귀는 무슨 의미일까

외상 생존자에게 일상으로의 복귀는 단순히 일상 활동을 재개하는 것을 넘어, 외상 경험을 통합하고 삶 속에서 새로운 의미를 형성하는 것을 포함한다. 이는 내담자가 외상 경험에서 배운 것을 인식하고, 이를 통해 세계관, 자기관, 미래 계획 등을 새롭게 설정하는 과정을 의미한다. 또한, 외상 경험과 관련된 지속 가능한 활동을 찾아내어 삶에 통합하는 것이 중요하다.

외상 생존자가 일상으로 복귀하기 위해서는 이전 단계에서 충분한 준비가 필요하다. 안전(Safety) 단계에서 신체적 · 정서적으로 안전감을 획득하고, 심리교육 (psychoeducation)을 통해 외상 반응과 회복 과정이 자신에게 어떤 방식으로 일어 났는지를 이해하고 대처한다. 내담자와 상담자 간의 치료동맹을 통해, 세상과의 연결감을 유지한다. 2단계에서는 애도 반응 등 부정적인 정서를 충분히 표현하고, 정서 조절과 인지 처리를 통해, 외상 반응에 대한 통합적인 조절력을 가지게 된다.

1) 증상 돌봄에서 기능 돌봄으로

외상 후 증상이란 외상 후 스트레스 장애(PTSD), 우울증, 불안 등의 정신적 · 신체적 증상을 의미한다. 이러한 증상들은 외상 생존자의 일상생활에 큰 영향을 미치며, 회복 과정에서 지속적인 관리와 치료가 필요하다. 트라우마 상담의 1, 2단계는 이러한 증상을 정상 범위로 가져와서, 일상생활 장애를 소거하거나 최소화하는 작업이다. 트라우마 상담 3단계에서는 증상 소거 후, '기능'에 초점을 둔다. 외상 생존자가 일상생활에서 어떻게 기능하는지를 살피는 작업이다. 직장 생활, 대인관계, 자기 돌봄, 여가 활동 등 다양한 영역을 포함한다. 이는 외상 생존자가 미래에 증상이 재발하지 않도록 예방 전략을 개발하는 것도 중요하다. 예로, 학교 중퇴 청소년들이 일정 프로그램을 수료하고 6개월마다 정기적인 추후 상담을 갖는 것이다. 자기 돌봄 기술 강화와 스트레스 관리 기법 습득하도록 도울 수 있다.

2) 외상 경험의 의미 형성과 통합, 외상으로부터 배운 것의 인식과 표현

외상 생존자가 외상 경험에서 배운 것들을 인식하고, 이를 통해 새로운 의미를 형성한다. 예로, "외상 경험을 통해 내가 배운 것은 무엇인가?" 외상 경험을 이야기하고, 이를 통해 얻은 내용이나 긍정적 변화를 표현하도록 한다. 외상 경험을 자신의 삶 속에 통합하여, 이를 통해 성장하고 발전한다. 예로, 외상 경험을 통해 강해진 자신을 인정하고, 이를 기반으로 새로운 목표를 설정한다.

외상 생존자가 외상으로부터 배운 것들 중에는 부정적인 관점도 있으며, 이를 통해 자신의 삶과 타인과의 관계에서 변화와 성장을 경험하게 된다. 예로, '강간 피해자는 어둡고 낯선 길은 혼자 가지 않는다'와 같은 일상생활의 경계가 생겨날 수도 있다. 그러한 제한을 가진 새로운 자신을 인식하고 수용하며 명확하게 표현한다. 일기 쓰기, 그림 그리기, 이야기 나누기 등 다양한 방법을 통해 외상 경험과 그로부터 얻은 내용을 표현한다. 외상 경험이 추가되어, 새로운 자아의 세계관, 자기관, 미래 계획을 새롭게 세운다. 예로, "내가 앞으로 나아가고 싶은 방향은 무엇인가?", "내가 달성하고 싶은 목표는 무엇인가?"

3) 새로운 자아의 발견

외상 경험은 종종 개인의 자아 인식과 정체성에 깊은 영향을 미친다. 외상 생존자가 과거의 비극에 매이지 않고, 현재와 미래의 긍정적인 점에 초점을 두고 새로운 자아를 발견하고, 이를 통해 성장할 수 있다. 예로, 외상 경험을 통해 자신이 더 강하고 회복력이 있다는 것을 깨닫게 된다. 감사 일기 작성, 긍정적인 경험 공유, 목표 설정과 달성을 통한 자기효능감 강화 등의 상담과제를 활용한다. 빅터 프랭클에 따르면, 인간은 단순히 존재하는 것이 아니라 그의 존재가 어떻게 될지, 다음에 어떻게 될지를 매 순간 결정할 '변화의 자유'를 가지고 있다. 외상 생존자는 자신의 현재 상태를 인식하고, 앞으로 나아갈 방향을 스스로 결정하는 연습을 하도록 돕는다.

4) 기억과 애도 단계 이후의 정체성 변화

기억과 애도 단계 이후에도 외상 생존자는 자기에 대한 정체성이 악화될 수 있다. 신체적 외상 후 흉터가 남듯이, 정신적 외상도 심리적 흉터를 남길 수 있다. 우리는 성형외과 수술의 이기(利器)에 빌어 보기 싫은 흉터를 제거하는 세상에 살고 있지만, 아직 심리적 흉터를 제거하는 레이저 수술법은 비상용화 단계이다. 제거할 수 없는 흉터를 가진 자신의 몸일지라도 사랑하고 돌보듯이, 우리의 심리적 상흔을 가진 자기를 여전히 사랑하고 돌보는 것이 필요하다. 흉터를 가진 자기 모습이 예전보다 완벽하지 않을 수는 있겠으나, 굳이 싫어하며 부정하고 살 일도 아니다. 자신의 불완전함을 수용하고 자기평가에 있어 연민을 가지며, 자기개념 명확성(self-concept clarity)을 재조정해 나간다. 외상 경험을 자신의 삶의 일부로 받아들이고, 이를 통해 더 이상 과거에 매이지 않고 미래로 나아갈 수 있도록 돕는다. 2단계와 이어져서, 외상 경험에 대한 이야기 나누기를 계속하고, 외상 경험을 바탕으로 한 창작 활동(글쓰기, 그림 그리기)과 외상 경험을 다른 사람들에게 나누는 활동 등을 추가할 수 있다.

외상 경험으로 인해 생긴 부정적인 자기 인식을 끌어내고, 이를 실제의 자신과 비교하면서 긍정적인 변화를 추구하는 데는, 외상과 그 결과를 바라보는 새로운 시선이 필요하다. 인지 재구성 기법을 통해 외상 경험에 대한 새로운 의미 부여, 긍정적인 재해석을 통한 자기 인식을 강화하고, 외상 경험을 통해 새롭게 형성된 자아를 수용한다.

5) 외상 반응과 상실의 감정

외상 반응은 상실의 감정과 뒤이어서 일어나는 다양한 복잡한 감정들을 모두 포함한다. 외상 사건으로 인한 상실에 추가하여, 성적 저하, 친구 관계의 불편함, 부모와의 갈등, 경제적 어려움 등 다양한 스트레스 요인은 외상 생존자가 더 복잡한 감정들을 경험하게 만들 수 있다. 또한, 지지하는 관계망이 적을수록 힘들어하는 정도가 더 클 수 있다. 혼자 지내는 경우, 자신의 감정을 나누거나 공유하지 못해 더 힘들어할 수 있다. 따라서 지지 그룹 참여, 가족 및 친구와의 연결 강화, 지역사회 자원 활용 등이 이어져야 한다.

이차 상실(Secondary loss), 즉 친구나 부모의 상실로 인해 정체성과 관계가 달라질 수 있다. 기억과 애도 단계 이후에도 자기에 대한 정체성이 악화될 수 있으며, 이는 새로운 정체성을 형성하는 데 어려움을 겪게 만들 수 있다. 예로, 부모를 잃은 경우, 외상 생존자는 고아라는 새로운 정체성에 맞닥뜨리게 된다. 부정적인 자기 인식을 끌어내고 그것을 실제의 자신과 비교하면서 새로운 정체성에 적응하고, 관계를 재구성할 수 있도록 돕는다.

6) 영적 반응과 의미 찾기

외상 생존자는 영적인 믿음을 강화하거나 약화시키는 경험이 될 수 있다. 외상 사건 후 죽음의 의미와 같은 깊은 질문을 던지며, 영적인 믿음을 재평가할 수 있다. 예로, 선교사 남편에게 가정 폭력을 당해 온 부인이 한동안 지역사회의 종교 활동을 거부했다. 다행히, 여성 목사가 운영하는 교회를 만나면서, 재정립한 영적인 믿음을 강화하거나 새로운 의미를 찾을 수 있었다.

『선한 이에게 나쁜 일이 생겼을 때(When Bad Things Happen to Good People)』는 유대교 랍비인 해럴드 쿠시너(Rabbi Harold Kushner)가 1981년에 출간한 책으로, 그가 겪은 개인적 비극을 바탕으로 인생의 고통과 불공평함을 신앙적·철학적 관점에서 다룬다. 아들의 조기 사망이라는 외상 사건에서 시작하여, 주로 왜 선한 사람들에게 나쁜 일이 일어나는지에 대한 질문을 던진다. 좋은 사람들이 고통받는 현실을 인정하고, 나쁜 일이 일어나는 것은 개인의 도덕성과는 무관하며, 고통을 경험한다고 해서 반드시 벌을 받거나 죄가 있다는 뜻은 아니라고 설명한다. 또한 신이 전능하고 모든 것을 통제한다는 전통적인 신학적 관념이 아니라, 신은 인간의 고통을 예방하는 것이 아니라, 그 고통 속에서 인간을 위로하고 그들과 함께하는 존재라고 말한다. 신은 우리가 고통을 극복하고 삶에서 의미를 찾도록 돕는 존재라고 설명한다. 고통은 피할 수 없지만, 인간은 고통을 통해 더 강해질 수 있으며, 신의 사랑과 공동체의 연대를 통해 회복할 수 있다고 말한다.

> 우리는 무력한 상황에 직면했을 때, 바뀌지 않는 운명에 처해 있을 때에도 삶 속에서 의미를 발견할 수 있음을 잊어서는 안 된다. 중요한 것은 최선을 다하는 인간의 잠재력에 초점을 맞추는 것이고 그것은 개인적 비극을 승리로, 개인의 곤경을 성취로 변화시킨다(Frankl, 1963).

7) 의미 있고 지속 가능한 일 찾기: 창의적 복귀(의미 만들기)

외상과 관련된 의미 있고 지속 가능한 활동을 찾아내어 긍정적 변화를 도모하는 것은 중요하다. 자원봉사, 새로운 취미, 교육 프로그램 참여 등 다양한 활동이 이에 포함된다. 어떤 외상 사건은 물리적 변화가 더디거나 전혀 없을 수도 있다. 가난, 신체적·정신적 질환, 장애, 교육 기회 부족, 가족이나 친구의 지지체계 부재 등은 외상 후 반응이 소거된 후에도 여전히 물리적 환경이 변화하지 않을 수도 있다. 혹은 더 나빠질 수도 있다. 그러나 환경이 변하지 않더라도, 자원봉사와 같은 '기꺼이 주는' 행동을 통해, 자신에 대한 만족감과 행복을 느낄 수 있다. 타인이 자신의 이타적 행동을 통해 사랑받고 있음(feeling loved)을 목격하는 경험은 행위자 자신에게도 사랑받는 느낌(feeling loved)을 주며, 이는 큰 만족감을 준다. 자신이 정말로 원하는 취미나 교육을 찾은 경우, 무변의 물리적 환경은 더 이상 똑같지 않다. 이는 자신의 삶에서 가능성이 더해졌기 때문이다. 자신의 삶을 더 충만한 방향으로 이끌겠다는 동기, 에너지, 자신감을 창의적인 방식으로 도전할 수 있도록 지원하는 것이 필요하다.

8) 충분히 좋은 치료자와의 종결

트라우마와 중독의 상담자는 대상관계(Winnicott)에서 말하는 충분히 좋은 엄마(good enough mother)의 역할이 필요하다. 치료 과정이 끝날 때, 내담자가 자신이 이루어 낸 변화와 성장을 인정하고, 상담자와의 작별을 준비한다. 종결 그 자체는 이미 좌절이다. 대체로 트라우마와 중독의 내담자는 성장기 동안 충분히 좋은 엄마를 경험하지 못할 가능성이 높다. 그래서 외상 사건에 건강하게 대처할 만한 학습, 역량이 부족했을 가능성이 높다. 따라서 그 충분히 좋은 엄마의 역할까지 수행했던 상담자와의 종결은 내담자에게 상실, 버림받음과 관련된 정서로 반응하기에 매우 자연스럽다. 인간의 독립을 지원하는 것이 충분히 좋은 엄마의 역할이듯이, 종결 자체가 가지고 있는 치료적 효과도 외상 생존자의 건강한 분리와 독립, 자기 세상으로의 복귀이다. 어쩌면, 외상 생존자는 충분히 좋은 치료자를 경험함으로써, 충분히 좋은 부모가 될 기회를 찾게 될 것이다.

9) 사회체계적 접근, 외상 사건 전보다 더 나은 환경이 되었는가

외상 사건 전보다 더 나은 환경이 되었는가? 외상 생존자의 회복 과정에서 중요한 질문은 외상 사건 전보다 더 나은 환경이 조성되었는가 하는 것이다. 예로, 산업재해로 사망 사건이 이어지는 경우, 근무 환경의 안전성이 개선되지 않으면 소방원들의 외상 후 증상은 지속되기 쉽다. 외상 생존자가 외상 사건 이후 안정적인 주거지, 경제적 지원, 사회적 지지를 받을 수 있는 환경이 조성됨으로써, 외상 생존자가 안정감을 느끼고, 사회적 지지를 받고 있다는 연결감을 유지할 수 있다.

사회체계적 접근은 외상과 트라우마를 단순히 개인의 문제로 보는 것을 넘어, 사회적 · 정치적 맥락에서 발생하는 과정으로 정의한다. 따라서 외상 생존자가 외상 사건 이전보다 더 나은 환경에서 회복할 수 있도록 지원하는 것이 중요하며, 이를 수행하는 것을 옹호(advocay)이며, 옹호는 APA에서 규정한 상담자의 업무 내역이다(APA, 2020).

외상은 사건-구조-인식과 행위 간의 인과관계를 바탕으로, 사람들의 관계 속에서 일어나는 사회/정치적 과정의 결과로 이해될 수도 있다. 외상 사건이 발생하는 환경적 · 구조적 맥락과 사건의 의미가 사회적으로 어떻게 해석되고 재생산되는지를 이해하는 데 중점을 둔다(Alexander, 2003). 예로, 인도는 세계에서 아동 결혼이 가장 많이 발생하는 국가 중 하나이다. 전통, 종교적 신념, 가부장제 사회 구조 등의 이유로, 아동 결혼이 유지된다. 이처럼 동일한 사건이라도 사회적·문화적 맥락에 따라 다른 의미로 해석될 수 있으며, 그로 인해 외상 경험의 강도가 달라질 수 있다.

외상은 사건의 원인과 결과에 대한 납득 가능성과 왜 일어났는가에 대한 답변이 충분하지 않을 때 외상 반응은 소거되기 어렵다. 예로, 세월호나 이태원 사태처럼 대규모 인명 사건이 발생한 경우, 외상 사건의 원인과 결과에 대한 사회적 설명이 충분하지 않을 때, 외상의 영향은 더욱 심각하게 지속될 수 있다. 따라서 외상의 치유는 단순히 심리치료실에서 성취되는 것이 아니라, 사회와 정치체계 안에서 사건 이전-사건-사건 이후의 연속적인 맥락 속에서 완료되어야 한다 (Alexander, 2003).

브로펜브레너(Urie Bronfenbrenner)의 사회-생태계 모델은 인간의 발달과 행동

그림 4-13 Bronfenbrenner(1979)의 인간 행동에 관한 사회-생태계 모델

을 다양한 환경적 맥락에서 이해하는 접근법으로, 인간 행동이 개인을 둘러싼 여러 환경적 체계의 상호작용에 의해 영향을 받는다는 것을 강조한다.

① 미시체계(Microsystem): 개인이 직접적으로 상호작용하는 가장 가까운 환경(가족, 친구, 학교 등)
② 중간체계(Mesosystem): 미시체계들 간의 상호작용(가족과 학교의 관계 등)
③ 외체계(Exosystem): 개인이 직접적으로 참여하지 않지만 영향을 미치는 환경(부모의 직장 등)
④ 거시체계(Macrosystem): 문화적 · 사회적 규범과 가치
⑤ 시간체계(Chronosystem): 시간의 흐름에 따른 환경의 변화(생애주기, 역사적 사건 등)

13. 트라우마 예방

초기 심리적 개입(Early Psychological Intervention: EPI)은 재난이나 외상 사건 발생 후 첫 4주 동안 제공되는 모든 종류의 심리 회복을 위한 개입을 말한다. 이 기간 동안 제공되는 개입은 생존자가 초기 충격을 극복하고, 단기적 적응을 돕는다.

외상 생존자가 당면한 외상 반응을 관리할 수 있도록 도움으로써, 심리적 안정과 장기적인 회복을 도모하는 데 목적이 있다. 궁극적으로는 PTSD를 예방하고 자연치유회복군을 늘릴 수 있다.

1) 외상 사건 발생 후 경과 단계에 따른 반응과 초기 개입

외상 사건 발생 후의 경과 단계에 따른 반응과 초기 개입은 생존자가 초기 충격을 극복하고, 심리적 안정과 장기적인 회복을 도모하는 데 중요한 역할을 한다. 각 단계에서 적절한 개입을 통해 생존자가 안정감을 찾고, 일상생활로 복귀할 수

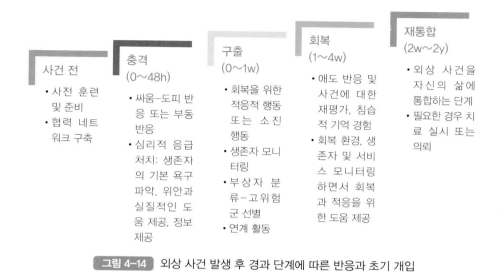

그림 4-14 외상 사건 발생 후 경과 단계에 따른 반응과 초기 개입

있도록 지원하는 것이 필요하다. 이를 위해 사전 준비와 협력 네트워크 구축, 심리적 응급처치, 구조 활동, 심리적 안정화, 재통합 지원 등의 다양한 개입이 종합적으로 이루어져야 한다.

(1) 사건 전 준비 및 예방

1차 예방(Primary prevention)으로, 외상 사건 발생 전, 대비하기 위해 교육과 훈련을 실시한다. 재난 발생 시 협력할 수 있는 네트워크를 미리 구축해 두어 신속하고 효과적인 대응이 가능하도록 한다. 정신건강 예방교육은 대상자가 자신의 상태를 이해하고, 적절히 대처할 수 있도록 돕는 중요한 요소이다. 교육 내용은 외상과 중독에 대한 전반적인 이해와 관련한 스트레스 반응 및 대처 방안이 주요하다. 스트레스에 대한 신체적 · 심리적 반응을 이해하고, 효과적인 대처 방안과 심리적 긴장을 해소할 수 있는 호흡법과 이완 기법을 훈련하는 교육내용이 유용하다. 집단교육은 비용대비 효과성 때문에 예방적 개입으로 많이 활용된다. 뿐만 아니라, 집단원 간의 지지와 공감대를 형성하는 데 효과적이다. 주제별로 구조화된 프로그램을 통해 체계적인 집단교육을 제공한다. 예를 들어, 스트레스 관리,

중독 대처, 사회적 기술 훈련 등을 포함할 수 있다.

(2) 충격 단계(0~48시간)

2차 예방(Secondary prevention)의 단계로, 외상 생존자는 신체의 즉각적인 반응, 즉 싸움-도피 반응 또는 부동 반응을 보인다. 이 시기에 실시된 심리적 응급 처치는 PTSD를 예방하고 자연치유회복군을 늘릴 수 있다.

먼저, 신체적·정서적·영적 안전감을 형성한다. 내담자에게 현재 신체적 위협이 없다는 것을 확인시켜 주어 안전감을 회복시키는 것을 목적으로 한다. 이를 위해, 실제로 환경을 점검하여 추가적인 위험이 없음을 보증하고, 필요한 경우 안전한 장소로의 이동을 돕는다. 외상 사건에 대한 불안과 공포가 정상임과 동시에 과거 사건의 반응임을 인식시키고, 현재는 그러한 감정이 필요하지 않다는 것을 교육한다. 필요하면, 정서안정화 기술(호흡 조절, 마음챙김 등)을 교육한다. 내담자가 원할 경우, 외상 사건의 영적 의미를 탐색하고, 개인의 신념체계가 위안을 줄 수 있도록 지원한다. 내담자의 영적 신념을 존중하면서도 현실적 관점을 제공하여 균형을 맞추도록 돕다.

외상 경험 중 나타났던 긍정적인 면을 강조하여 자아상을 복원하고 자신감을 회복시킨다. 급박한 상황에서 내담자가 내린 긍정적 결정, 경험한 좋은 일들, 자신에게 용기를 준 순간들을 회상하도록 격려한다. 내담자가 현재 경험하고 있는 불편함의 정도를 자각하고 이를 관리할 수 있도록 한다. PTSD의 발생을 예방하고 자연치유회복군으로 갈 수 있도록 PTSD에 대한 교육을 제공한다. 외상 반응의 정상성과 왜 이런 일이 발생하는지에 대한 정확한 정보만을 제공하고, 내담자가 자신의 반응을 정상화할 수 있도록 한다. 필요한 지원(법적·의료적·경제적)을 사례관리하거나 연계한다.

(3) 구출 단계(0~1주)

구조 활동과 모니터링을 통해, 외상 생존자의 상태를 지속적으로 모니터링하여 필요한 지원을 제공한다. 부상자와 고위험군을 선별하여 우선적으로 지원한다.

치료의 우선순위를 정하기 위한 부상자/내담자 분류체계인 트리아지(triage)를 활용할 수 있다. 우리나라에서는 긴급구조 대응 활동 및 현장 지휘에 관한 규칙에서 응급구조 활동에 트리아지를 적용한다. 트리아지는 외상 상황에서 치료 우선순위를 신속하게 평가하기 위해 부상자들을 분류하는 과정으로서, 생명과 직결되는 부상자들을 우선적으로 치료함으로써 최대한 많은 생명을 구하기 위한 전략이다. 제한된 의료 자원을 효율적으로 배분하여 최대한 많은 생명을 구하는 것이 목표이다. 또한 구출 단계에서는 다양한 지원 서비스와 연계하여 통합적인 지원을 제공한다.

(4) 회복 단계(1~4주)

심리적 안정화와 재통합을 지원하여, 생존자가 일상생활로 복귀할 수 있도록 돕는다. 외상 생존자가 외상 사건에 대한 감정과 생각, 애도 반응을 재평가하고, 이를 수용할 수 있도록 돕는다. 나아가, 트라우마 기억을 처리하고, 감정과 생각을 통합할 수 있도록 지원한다. 이때, 안전한 환경을 유지하고, 생존자의 심리적 안정을 지원하는 것이 필요하며, 제공되는 서비스가 적절히 이루어지는지 지속적으로 모니터링하여, 3차 예방(tertiary prevention)에 기여한다.

(5) 재통합 단계(2주~2년)

장기적인 회복과 통합을 이루는 시기로서, 외상 생존자가 외상 사건을 자신의 삶에 통합하고, 이를 통해 성장할 수 있도록 돕는다. 필요시 심리상담이나 치료를 통해 장기적인 회복을 지원한다.

2) 심리적 응급처치

심리적 응급처치(Psychological First Aid: PFA)는 초기 심리적 개입(EPI)의 한 부분으로, 외상 사건 직후 충격 단계에서 제공되는 개입을 의미한다. 트리아지나 평가와 상관없이, 부상 정도나 상태와 관계없이 모든 외상 생존자에게 제공된다.

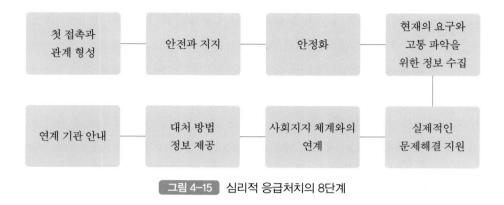

심리적 응급처치의 8단계

PFA는 모든 생존자가 심각한 정신적 문제를 겪거나, 회복에 장기적인 어려움을 겪는 것은 아니며, 사건 직후 외상 생존자는 다양한 스트레스 반응을 보이지만, 스스로 회복할 수 있는 힘을 지니고 있으며, 적절한 도움을 받으면 회복이 가능하다고 가정한다. 많은 경우, 외상 생존자에게 제공되는 심리적 지원은 곁을 지키는 것만으로도 충분히 치료적으로 기능한다. 또한 트라우마 회복의 중요한 요소는 연결감이기 때문에, 외상 생존자가 혼자가 아니라는 느낌을 받는 것만으로도 큰 위로와 안정감을 줄 수 있다. 사건 발생 후 누군가가 물리적으로 곁에 있어 준다는 사실만으로도 외상 생존자는 트라우마화 되지 않을 수 있다.

> "학생의 죽음은 더 비극적이라고 느낀다는 것을 이해해야 한다.
> 대부분의 사람은 아동이나 청소년의 죽음이 가장 비극적이라고 느낀다.
> 꿈을 이루지 못했다는 것이 더 비극적인 이해를 가져다준다."
>
> −Ralph L. Klicker

3) 외상 인식기반 케어(TIC)

외상 인식기반 케어(Trauma-Informed Care: 이하 TIC)는 외상(trauma)의 경험이 개인의 신체적 · 정신적 · 정서적 · 사회적 기능에 미치는 영향을 인식하고, 이를 바탕으로 치료와 서비스 제공을 설계하는 접근 방식이다. TIC는 외상을 경험한 사람들에게 안전하고 신뢰할 수 있는 환경을 제공하며, 외상이 그들의 현재 행동과 반응에 미치는 영향을 이해하고 존중하는 것을 목표로 한다.

TIC와 외상 중심 치료의 차이는 TIC은 외상 경험이 내담자의 전반적인 삶에 미치는 영향을 고려하고, 외상 중심 치료(Trauma-Focused Therapy)는 외상 자체를 치료의 주요 대상으로 삼는다는 것이다. 또한 PTSD 전문가뿐만 아니라 비전문가에게도 활용 가능하다. 비전문가(예: 교사, 부모, 사회복지사)는 TIC의 기본 원칙을 사용해 외상 경험을 가진 사람들에게 안전한 환경을 제공하고, 그들의 감정적 필요를 이해하며, 적절히 대처할 수 있다. TIC은 PTSD를 다룰 때뿐만 아니라, 전반적인 의료서비스(예: 신체적 검사), 교사와 학교 시스템, 사회복지와 법률 서비스 장면에서 외상자의 3차 예방적 접근뿐만 아니라, 1차 예방적 목적으로도 활용한다. TIC는 외상을 직접적으로 다루지 않더라도, 외상이 내담자의 행동과 치료 반응에 미치는 영향을 이해하고 그에 맞춰 서비스를 제공한다.

TIC는 다음과 같은 핵심 원칙에 기반을 둔다.

① 안전(Safety): 외상 경험을 가진 내담자가 신체적 · 정신적으로 안전하다고 느낄 수 있는 환경을 조성하는 것이 TIC의 핵심이다. 치료 공간뿐만 아니라 서비스 제공 방식에서도 내담자가 안전하게 느낄 수 있도록 하는 것이 중요하다. 학교, 병원, 사회복지기관 등에서 사람들이 신뢰할 수 있고, 일관되며, 예측 가능한 환경을 제공받는 것은 외상 발생 가능성을 줄이는 중요한 요소이다. 안전한 환경은 개인이 위협을 느끼지 않고 자신의 감정과 필요를 표현할 수 있도록 돕는다. 예로, 병원, 학교, 법정 등에서 TIC 원칙을 바탕으로 물리적 환경을 설계하여, 외상을 겪은 사람들이 안전하다고 느낄 수 있는 분위기를 조성한다. 부드러운 조명, 조용한 공간, 사적인 대화 장소 등을 마련해 정서적 안정감을 제공한다.

② 신뢰와 투명성(Trustworthiness and Transparency): 치료 제공자는 내담자와 신뢰를 구축하고, 모든 과정에서 투명하게 소통해야 한다. 이를 통해 내담자는

치료 과정을 이해하고, 자신이 통제권을 가지고 있다는 느낌을 받게 된다.

③ 선택과 협력(Choice and Collaboration): TIC는 협력적 관계를 중시하며, 내담자에게 치료 과정에서 선택의 기회를 제공한다. 내담자가 자신의 치료 과정에 능동적으로 참여하고, 결정권을 가질 수 있도록 돕는다.

④ 역량 강화(Empowerment): 내담자가 자기효능감을 회복하고, 자신의 삶을 통제할 수 있다는 느낌을 가지도록 지원한다. TIC는 외상이 내담자의 역량을 약화시킬 수 있음을 인식하고, 그들이 자신의 회복 과정에서 능력을 발휘하도록 격려한다. 비전문 장면에서는 스트레스와 트라우마를 예방하기 위해 자기 조절 기법(예: 마음챙김, 호흡법, 문제해결 기술)을 가르치고, 정서적 안정감을 유지할 수 있도록 돕는다. 이는 특히 학교 환경에서 학생들이 갈등 상황에서 건강하게 대응하는 방법을 배우는 데 유용하다.

⑤ 문화적 민감성(Cultural Competence): TIC는 내담자의 문화적 배경과 개인적인 경험을 존중하며, 각 개인의 고유한 문화적 · 사회적 맥락을 이해하는 것이 중요하다. 치료는 이러한 배경을 고려하여 개별화된 방식으로 제공된다. 또한 개인의 문화적 · 종교적 배경에 따른 특성을 존중하고, 다양한 배경을 가진 사람들이 외상에 어떻게 반응하는지를 이해하는 것은 중요한 예방적 측면이다. 이를 통해 특정 문화적 맥락에서 발생할 수 있는 외상 위험을 줄일 수 있다.

⑥ 사회적 지지 시스템 구축: TIC는 개인이 사회적 지지를 받는 것이 외상을 예방하는 중요한 요소라고 본다. 개인이 가족, 친구, 동료 등으로부터 정서적 · 사회적 지지를 받을 수 있는 지원 네트워크를 제공하여 외상 상황에서 고립되거나 도움을 받지 못하는 상황을 막는다. 학교와 지역사회 내에서 신뢰할 수 있는 성인, 멘토, 친구들과의 관계 형성도 중요한 예방 전략이다.

⑦ 사전 개입 및 조기 중재: TIC는 외상 사건이 발생하기 전에 또는 발생 직후 빠르게 개입하여 외상이 장기적으로 영향을 미치지 않도록 예방한다. 조기 개입을 통해 외상이 개인에게 미칠 수 있는 심리적 충격을 최소화하고, 적절한 대응을 통해 외상 후 스트레스 장애(PTSD)나 다른 정신건강 문제를 예방할 수 있다.

예로, 학교에서는 정서적·가정적 문제를 겪고 있는 학생을 파악하고, 교사나 전문상담교사가 적절한 지원을 제공한다. 정서 조절 관련 심리교육을 통해 학생들이 자신의 감정을 인식하고 표현하는 방법을 배운다. 이는 외상 상황에서 부정적인 감정을 억제하지 않고 건강하게 풀어낼 수 있도록 돕는다. 나아가 개인이 스트레스를 건강하게 다루는 방법을 배우고, 긴장을 완화할 수 있는 기술을 연습시켜서 외상 상황에 대한 대응력을 높인다. 또한 외상 예방을 위해 갈등 해결 기술을 가르쳐, 학생들이 외상 상황으로 이어질 수 있는 갈등을 피하고, 건강한 방식으로 문제를 해결할 수 있도록 돕는다.

4) 애착과 중독

(1) 애착 이론과 애착 장애의 개념

애착 이론(Attachment theory)은 영국의 정신분석학자 존 볼비(John Bowlby)에 의해 개발된 개념으로, 인간의 초기 애착 관계가 성인기의 정서적·사회적 관계에 중요한 영향을 미친다는 이론이다. 애착 스타일은 어린 시절의 양육자와의 상호작용에서 형성되며, 이후 개인의 대인관계 패턴과 정서 조절 능력에 중요한 역할을 한다. 안정 애착(Secure attachment)은 양육자로부터 안정적이고 일관된 보살핌을 받은 사람이 긍정적인 자기개념과 타인에 대한 신뢰감을 발달시킨 유형이다. 반대로, 불안정 애착(insecure attachment)은 불안정한 양육 환경에서 자란 사람이 자신과 타인에 대해 부정적인 감정을 가지며, 대인관계에서 불안정한 패턴을 보이는 유형을 말한다. 불안정 애착은 다시 불안형 애착(Anxious), 회피형 애착(Avoidant), 혼란형 애착(disorganized)으로 나눌 수 있다.

애착 장애(Attachment disorder)는 이러한 불안정 애착 스타일이 극단화되거나 병리적 상태로 발전한 것으로, 개인이 정서적 안정이나 신뢰 관계를 형성하는 데 어려움을 겪으며, 그 결과 정서적 결핍을 다른 방식으로 채우려는 행동이 발생한다. 중독은 이러한 심리적 결핍을 보상하려는 수단으로 나타날 수 있다.

(2) 애착 장애와 중독의 연관성

애착 장애는 정서적 결핍을 초래하며, 이는 물질 사용이나 행위 중독을 통해 채워지려고 한다. 중독 행동은 불안정한 애착 관계에서 발생하는 불안, 불안정성, 정서적 고립을 완화하는 데 사용될 수 있다.

① 불안형 애착과 중독

불안형 애착을 가진 개인은 대인관계에서 과도한 의존성을 보이며, 타인으로부터 충분한 정서적 지원을 받지 못할 때 불안과 스트레스를 강하게 느낀다. 이러한 정서적 갈망은 물질 사용이나 행위 중독을 통해 일시적으로 해소될 수 있다. 중독은 타인과의 관계에서 느끼는 결핍을 대체하는 도구로 사용된다.

② 회피형 애착과 중독

회피형 애착 스타일을 가진 사람은 정서적 친밀감을 회피하며, 타인에게 의존하지 않으려는 경향이 강하다. 이들은 감정을 억제하거나 대인관계에서 거리감을 유지하며, 그 대신 중독 행동을 통해 감정적 고립을 유지한다. 회피형 애착은 중독 행동을 통해 감정적 친밀감의 위험성을 회피한다.

③ 혼란형 애착과 중독

혼란형 애착을 가진 개인은 타인과의 관계에서 신뢰와 두려움이 동시에 나타나는 혼란스러운 태도를 보인다. 이들은 양육자와의 상호작용에서 일관성 없는 보살핌이나 학대를 경험한 결과, 대인관계에서 예측 불가능한 행동과 극단적인 감정을 드러낼 수 있다. 이러한 내적 갈등은 중독을 통해 잠시 완화될 수 있다. 물질 사용이나 행위 중독은 내적 혼란과 불안을 진정시키는 방법으로 사용되며, 이는 외상적 기억과 정서적 고통을 회피하는 도구로 작용할 수 있다.

④ 애착과 중독의 순환 관계

애착 장애는 중독을 유발하거나 유지하는 주요 요인 중 하나이다. 중독적 행동은 애착 관계에서 경험하는 결핍을 보상하려는 역할을 하지만, 장기적으로는 사회적 고립과 관계 악화를 초래하여 애착 문제를 더욱 악화시킨다. 외부 세계와의 연결이 끊기면, 중독 행동은 내담자에게 더욱 필수적인 감정적 해소 수단이 되어 중독의 심화로 이어진다.

(3) 중독에서 애착 장애의 역할
애착 장애는 중독 행동의 발달, 유지, 재발에 중요한 역할을 한다.

① 애착의 발달과 중독의 상관관계
애착 이론에 따르면, 초기 양육 경험이 성인의 정서적·사회적 발달에 깊은 영향을 미치며, 안정적 애착 관계를 형성하지 못한 아이는 성인이 되었을 때 자신과 타인에 대한 불신을 갖게 되고, 이를 해소하기 위해 중독적 행동에 의존할 가능성이 높아진다.

양육자가 안정적인 보살핌을 제공하지 못했을 때, 이는 중독적 성향을 가진 성격 특성으로 발전할 수 있으며, 성인이 되었을 때 중독 행동을 통한 정서적 보상 욕구가 강화될 수 있다.

② 중독의 유지 메커니즘으로서의 애착 문제
애착 관계에서 충족되지 못한 안정감과 친밀감의 욕구를 물질 사용이나 행위 중독을 통해 일시적으로 완화하게 되며, 이는 중독 행동의 유지 요인이 된다. 중독은 대인관계에서의 갈등을 해결하기보다는 회피하고, 결국 관계의 악화와 고립을 초래함으로써 애착 문제를 더 깊게 만든다.

(4) 애착 장애와 중독의 예방
애착 장애는 아동 방임과 깊은 연관이 있으며, 의도하지 않은 방임도 애착 장애를 유발할 수 있다. 성장기 동안 애착 형성이 제대로 이루어지지 않으면, 정서적 불안정으로 인해 중독과 같은 문제 행동이 조건화될 수 있고, 이는 다양한 삶의 문제로 이어질 수밖에 없다. 따라서 가정에서 안정된 애착 관계를 유지하고 정서적 안정감을 형성하려는 노력은 이후 발생할 수 있는 트라우마와 중독을 예방하는 중요한 첫걸음이 될 것이다.

참고문헌

김동일 역(2011). 아동 · 청소년 위기 상담: 트라우마 체계 치료. 서울: 학지사.

김명희(2014). 트라우마의 사회적 구성과 해석. 한국사회학, 48(2), 5-32.

이은아, 조영미 공역(2018). 사랑받는 느낌: 의미 있는 관계를 키우고 지속적인 행복을 만드는 과학. 서울: 하나醫學社.

Alexander, J. C. (2003). *The Meanings of Social Life: A Cultural Sociology.* Oxford University Press.

Allen, J. G. (2010). 트라우마의 치유(*Coping with trauma hope through understanding*). (권정혜 외 공역). 서울: 학지사. (원저는 2004년에 출판).

American Psychological Association. (2013). *Diagnostic and Statistical Manual of Mental Disorders* (5th ed.). Washington, DC: American Psychiatric Publishing.

American Psychological Association. (2020). *Publication manual of the American Psychological Association* (7th ed., p. 345). American Psychological Association.

American Psychiatric Association. (2022). *Diagnostic and statistical manual of mental disorders: DSM-5-TR* (5th ed., text rev.). Arlington, VA: American Psychiatric Publishing.

Beck, J. S. (2011). *Cognitive Behavior Therapy: Basics and Beyond.* Guilford Press.

Black, C. (1981). *It will never happen to me.* Denver, CO: MAC Publisher.

Blodgett, C., & Lanigan, J. D. (2018). The association between adverse childhood experience(ACE) and school success in elementary school children. *School Psychology Quarterly, 33*(1), 137-146. https://doi.org/10.1037/spq0000256

Bronfenbrenner, U. (1979). *The Ecology of Human Development: Experiments by Nature and Design.* Harvard University Press.

Centers for Disease Control and Prevention. (2019). The role of adverse childhood experiences in trauma-informed care. https://www.cdc.gov/violenceprevention/aces/trauma-informed-care.html

Co-dependents Anonymous. (2018). *CoDA Blue Book*. Co-Dependents Anonymous, Inc.

Cohen, J. A., Mannarino, A. P., & Deblinger, E. (2001). *Trauma-Focused CBT for Children and Adolescents: Treatment Applications*. Guilford Press.

Courtois, C. A., & Ford, J. D. (Eds.). (2009). *Treating Complex Traumatic Stress Disorders: An Evidence-Based Guide*. Guilford Press.

Craig, S. E. (2016). *Trauma-sensitive schools: Learning communities transforming children's lives, K-5*. Teachers College Press.

Donnelly, D. A., & Murray, E. J. (1991). Cognitive and emotional changes in written essays and therapy interviews. *Journal of Social and Clinical Psychology, 10*, 334–350. https://doi.org/10.1521/jscp.1991.10.3.334

Ellis, A. (1962). *Reason and Emotion in Psychotherapy*. Lyle Stuart.

Esterling, B. A., L'Abate, L., Murray, E. J., & Pennebaker, J. W. (1999). Empirical foundations for writing in prevention and psychotherapy: mental and physical health outcomes. *Clinical Psychology Review, 19*, 79–96. doi: 10.1016/S0272-7358(98)00015-4

Foa, E. B., & Kozak, M. J. (1986). Emotional processing of fear: Exposure to corrective information. *Psychological Bulletin, 99*(1), 20–35.

Foa, E. B., Cashman, L., Jaycox, L., & Perry, K. (1997). The validation of a self-report measure of posttraumatic stress disorder: the Posttraumatic Diagnostic Scale. *Psychological assessment, 9*(4), 445.

Foa, E. B., Keane, T. M., Friedman, M. J., & Cohen, J. A. (2009). *Effective Treatments for PTSD: Practice Guidelines from the International Society for Traumatic Stress Studies*. Guilford Press.

Frankl, V. E. (1963). *Man's Search for Meaning*. Beacon Press.

Herman, J. L. (1992). *Trauma and Recovery: The Aftermath of Violence –From Domestic Abuse to Political Terror*. Basic Books.

Johnson, S. M., & Greenberg, L. S. (1985). *Emotionally Focused Therapy for Couples*.

New York: Guilford Press.

Kushner, H. S. (1981). *When bad things happen to good people.* Schocken Books.

Levine, P. A. (1997). *Waking the Tiger: Healing Trauma.* North Atlantic Boosks.

Martin, G. (1990). *When good things become addictions.* Victor Books.

Miller, W. R., & Rollnick, S. (2013). *Motivational Interviewing: Helping People Change* (3rd ed.). Guilford Press.

Najavits, L. M. (2002). *Seeking Safety: A Treatment Manual for PTSD and Substance Abuse.* Guilford Press.

Ogden, P., Minton, K., & Pain, C. (2006). *Trauma and the Body: A Sensorimotor Approach to Psychotherapy.* Norton & Company.

Oates, W. (1971). *Confessions of a workaholic: The facts about work addiction.* World Publishing, New York.

Ouimette, P. C., Brown, P. J., & Najavits, L. M. (1998). Course and treatment of patients with both substance use and posttraumatic stress disorders. *Addictive behaviors, 23*(6), 785-795.

Ouimette, P. C., Moos, R. H., & Finney, J. W. (2000). Two-year mental health service use and course of remission in patients with substance use and posttraumatic stress disorders. *Journal of Studies on Alcohol, 61*(2), 247-253.

Ouimette, P. C., Saxe, G., & Van der Kolk, B. A. (1996). *The complex PTSD Interview.* Measurement of Stress, Trauma, and Adaptation.

Pennebaker, J. W., & Francis, M. E. (1996). Cognitive, emotional, and language processes in disclosure. *Cognition & Emotion, 10*(6), 601-626.

Pennebaker, J. W., & Smyth, J. M. (2016). *Opening Up by Writing It Down: How Expressive Writing Improves Health and Eases Emotional Pain.* Guilford Press.

Porges, S. W. (2011). *The Polyvagal Theory: Neurophysiological Foundations of Emotions, Attachment, Communication, and Self-Regulation.* W. W. Norton & Company.

Rothschild, B. (2013). 내 인생을 힘들게 하는 트라우마(*The Body Remembers: The Psychophysiology of Trauma and Trauma Treatment*). (김좌준 역). 소울메이트. (원저는 2000년에 출판).

Saxe, G. N., Ellis, B. H., & Kaplow, J. B. (2011). 아동 · 청소년 위기 상담: 트라우마 체

계 치료(*Collaborative Treatment of Traumatized Children and Teens: The Trauma Systems Therapy Approach*). (김동일 역). 서울: 학지사. (원저는 2009년에 출판).

Schore, A. N. (2003). *Affect Regulation and the Repair of the Self*. Norton & Company.

Shaffer, H. J., LaPlante, D. A., LaBrie, R. A., Kidman, R. C., Donato, A. N., & Stanton, M. V. (2004). Toward a syndrome model of addiction: Multiple expressions, common etiology. *Harvard review of psychiatry, 12*(6), 367-374.

Siegel, D. J. (1999). *The Developing Mind: How Relationships and the Brain Interact to Shape Who We Are*. New York, NY: The Guilford Press.

Souers, K., & Hall, P. (2016). *Fostering resilient learners: Strategies for creating a trauma-sensitive classroom*. ASCD.

Squire, L. R. (2004). Memory systems of the brain: a brief history and current perspective. *Neurobiology of learning and memory, 82*(3), 171-177.

Stahl, S. M. (2013). *Stahl's Essential Psychopharmacology: Neuroscientific Basis and Practical Applications*. Cambridge University Press.

Substance Abuse and Mental Health Services Administration (SAMHSA). (2014). SAMHSA's concept of trauma and guidance for a trauma-informed approach. https://store.samhsa.gov/product/SAMHSA-s-Concept-of-Trauma-and-Guidance-for-a-Trauma-Informed-Approach/SMA14-4884

Substance Abuse and Mental Health Services Administration (SAMHSA). (2020). *Family Therapy*. Retrieved from SAMHSA website.

van der Kolk, B. A. (2002). The Assessment and Treatment of Complex PTSD. In R. Yehuda (Ed.), *Treating Trauma Survivors with PTSD*. American Psychiatric Association.

van der Kolk, B. A. (2014). *The Body Keeps the Score: Brain, Mind, and Body in the Healing of Trauma*. Viking.

Wegscheider, S. (1981). *Another chance: Hope and help for the alcoholic family*. Palo Alto, CA: Science and Behavior Books.

제5장

나를 돌보기

트라우마와 중독상담에서 상담자의 자기관리는 필수적이다. 이 장은 직업적 소진, 상담자의 자격, 자기관리의 실천이라는 세 가지 주제를 중심으로 상담자의 건강과 전문성을 유지하는 방법을 다룬다. 소진의 징후를 이해하고, 상담자로서 필요한 역량을 개발하며, 일상 속 자기관리 전략을 실천하는 중요성을 강조한다. 이를 통해 상담자들이 개인적 웰빙을 지키면서 전문적 성장을 이루도록 돕는 것이 이 장의 목표이다.

트라우마와 중독상담은 재발률, 중도 탈락률, 상담자의 소진율이 높은 분야이다. 이러한 문제는 내담자들이 심리적 저항을 경험하거나 치료 과정에 많은 에너지를 소모하기 때문이다. 상담실 안에서 내담자는 깊은 감정적 상처와 저항을 경험할 수 있으며, 중독 행동의 반복적인 패턴과 싸워야 한다. 이 지난한 싸움으로 인해 상담자는 종종 높은 수준의 소진을 경험할 수 있다.

1. 직업적 소진

외상 전문가가 경험하는 주요 소진(burnout) 원인으로는, 첫째, 감정적 소진이다. 외상 생존자의 트라우마 이야기를 듣는 과정은 상담자에게 높은 감정적 부담(우울감, 무기력감, 피로감, 두통, 소화부진 등)을 준다. 외상 생존자가 모욕/괴롭힘/상해당하는 이야기를 들으면서, 삶의 잔인성을 직면하게 되고, 이들이 예상치 못한 상해나 질병에 걸리는 것에 대한 이야기를 통해 삶의 무질서를 직면하게 된다. 이는 상담자 개인으로서 실존적 위협감을 주기에 충분하다. 둘째, 충분한 자원과 지지체계 없이 외상 생존자를 돕고자 하는 상황에서 무력감을 느낄 수 있다. 자원의 부족은 효과적인 도움을 제공할 수 있는 수단이 제한하게 되어, 상담 역능감을 저하시키기도 한다. 셋째, 외상으로 인해 내담자가 경험한 충격과 극단적 정서가 상담자에게 역전이를 일으키며, 이는 상담자의 심리적 안정성을 해치고 스트레스를 증가시키게 된다. 넷째, 트라우마와 중독 이슈를 가진 내담자들은 종종 다양한 윤리적·법적 문제도 가지고 있는데, 이때 임상적 의사결정에 대한 부담감이 있다. 예를 들어, 가정 폭력 내담자들이 가진 양육권 상실과 같은 중대한 결정을 내려야 할 때의 심리적 부담이나 자해 또는 타해 위험이 있는 내담자를 입원 의뢰하는 것은 마땅히 해야 하는 일이나 현장 전문가들이 부담을 느끼는 것도 사실이다. 반대로, 외상 생존자의 가정이 안전한지 확실하지 않은 상황이지만, 외상 생존자를 집에 거주하게 하는 것 외에 다른 대안이 없어서 느껴지는 무능감도 소진을 가속화시킨다. 마지막으로, 재발과 실수가 매우 잦은 트라우마와 중독 내담자들에게 조기 종결은 빈번히 발생할 수 있는데, 이때 준비되지 않은 조기 종결 상황에서 느끼는 자괴감, 직업 만족도에 부정적인 영향을 받게 된다.

트라우마와 중독 내담자를 만나는 상담자는 소진을 예상하고 예방 및 관리 전략을 방비해 두는 편이 현명하다. 우선, 정기적인 슈퍼비전과 동료 지원을 통해, 전문가 간의 경험 공유와 감정적 지원을 받는다. 정기적인 휴식, 운동, 취미 활동을 통해 평소 스트레스를 관리하며 정서적 안정성을 유지한다. 나아가, 트라우마 상담에 대한 지속적인 교육과 훈련을 통해 전문성을 강화해 나간다. 새로운 상담 기법과 접근 방식을 배움으로써 보다 효과적으로 내담자를 지원할 수 있고 전문가로서의 역능감도 유지할 수 있다. 조직 차원에서는 정서적 지원 프로그램 및 건강 관리 프로그램을 정기적으로 제공하여, 상담자의 업무 역량이 최대한 기능할 수 있도록 지원해야 한다.

> "치료자는 먼저, 자신의 가학성에 직면해야 한다. 내담자를 대하는 반응에서는 물론이고, 그/그녀 안에 잠재된 가학성도 직면해야 한다. 극도로 심한 신체적 · 정신적 스트레스를 받거나 가학성을 드러내는 것은 공공연하게 허용되고 조장되는 환경에 처하게 되면 자기 또한 살인을 저지를 수 있음을 치료자는 알고 있어야 한다."
>
> —『트라우마: 가정 폭력에서 정치적 테러까지』(1992)에서 발췌 —

2. 트라우마와 중독상담자의 자격

트라우마 상담자가 되기 위한 자격은 다양한 요소를 포함하지만, 그중에서도 정신적 강인함과 중립성은 보호 요인으로 작동한다. 트라우마 상담자는 강도 높은 감정적 내용을 처리할 수 있는 정신적 강인함(mental resilience)이 유효하다. 이를 위해, 자신의 감정을 잘 관리하고, 스트레스 상황에서도 효과적으로 대응할 수 있는 능력을 갖추어야 한다. 중립성(neutrality)은 2가지 측면에서 살펴볼 수 있는데, 상담 과정에서 내담자의 내적 갈등이나 결정에 영향을 주지 않고, 내담자가 자신의 문제를 스스로 해결할 수 있도록 지원하는 전문적 중립성이 있다. 상담자는 내담자의 선택과 결정을 존중해야 하며, 내담자가 자신의 삶에 자율성과 통제권을 가지고 갈 수 있도록 한다. 둘째, 피해를 경험한 사람들과 작업할 때, 도덕적으로 지지하는 태도를 유지하는 도덕적 중립성이다. 이는 트라우마 사건의 발생 특성 중에 불의가 있음을 인지하고, 그것을 바로잡기 위해 노력하는 것을 포함한다. 예로, 성인지 감수성을 갖추는 것이 성소수자 상담자가 갖추어야 할 도덕적 중립성이라 할 수 있다. 단순한 인지를 넘어, 실제적 행동으로 표현하는 것도 도덕적 중립성이다. 트라우마 상담자가 맺는 작업동맹에는 때로는 피해자와 함께 동맹을 형성해야 할 수도 있다. 단순히 피해자가 옳다는 편드는 것이 아니라, 피해자의 경험과 고통을 인정하고, 그들의 회복과 치유를 위한 싸움에서 함께하는 것을 의미한다. 이를 옹호(advocacy)라 하고, 미국심리학회(American Psychological Association)는 이러한 의무를 (상담)심리학자의 윤리 원칙 및 행동 강령(Ethical Principles of Psychologists and Code of Conduct)에 명시하고 있으며, 이는 전문가의 의무로서의 옹호를 포함하여 심리학의 윤리적 실천을 위한 프레임워크에 명기하고 있다. 혹은 범죄 피해자를 상담할 경우, 범죄라는 트라우마 사건의 산증인으로 피해자와 함께 버티고 걸어가고 증언해야 하는 것이 도덕적 중립성이라 할 수 있다.

트라우마 상담자로서의 자격은 전문 지식뿐만 아니라 이러한 정서적·도덕적 지원 능력을 포함하는 포괄적인 자질을 요구한다. 트라우마 상담은 깊이 있는 이해와 인간에 대한 깊은 존중을 바탕으로 한 전문가를 요구한다.

> 나치 홀로코스트 생존자들과 일하는 헨리 크리스털은 "신의 역할을 맡으려는 치료자의 충동은 그것이 병리적인 만큼이나 도처에 널려 있다."고 말하였다. 정신분석학자인 존 말츠버거와 댄 부이도 경고했다. "가장 일반적으로 나타나는 세 가지 자기애적 덫은, 모든 것을 치유하고, 모든 것을 알며, 모든 것을 사랑하겠다는 열망이다……."
>
> -『트라우마: 가정 폭력에서 정치적 테러까지』(1992)에서 발췌-

3. 자기관리

상담은 상담자에게 큰 스트레스를 주는 작업으로, 상담자는 대리 외상(vicarious trauma), 소진, 공감 외상(empathetic trauma)과 같은 역전이 현상에 노출될 수 있다. 이러한 현상을 방지하고, 상담자가 건강하게 상담을 지속할 수 있도록 자기관리는 필수적이다. 다음은 트라우마 상담자를 위한 자기관리 목록이다.

첫째, 자기 인식 및 주의 기울이기(awareness)이다. 상담자는 자신의 인지적 · 정서적 · 신체적 반응을 지속적으로 모니터링하고 인식하는 것이 중요하다. 이를 통해 스트레스와 역전이 현상을 조기에 감지하고 대처할 수 있다. 인지적 반응 인식에는 상담 중에 느끼는 혼란, 집중력 저하, 부정적 사고 패턴 등을 포함한다. 감정적 피로, 공감 소진, 불안, 우울 등의 정서적 반응을 주의 깊게 관찰한다. 신체적 긴장, 피로, 두통, 소화 문제 등의 신체적 징후를 인식한다.

둘째, 상담자는 PTSD 고위험 직군이다. 따라서 재난 현장이나 외상 사건 현장에서 정서적 충격을 감당하지 못할 경우, 현장을 떠나 적절한 휴식을 취하는 용기가 필요하다. 상담자는 내담자의 고통에 지나치게 몰입하지 않도록 주의하고 내담자와의 감정적 거리를 유지하는 자신만의 경계를 설정한다. 공감 외상 및 소진 방지는 건강한 경계를 유지하고, 자신의 정서적 에너지를 보호하는 데 필수적이다. 상담자는 소진을 예방하기 위해 일과 개인 생활의 균형을 유지한다. 일 외에도 즐거움을 느낄 수 있는 활동을 계획하고, 일과 개인 생활의 균형을 유지한다. 상담자는 자신에게 행복을 주는 활동이나 사람과 가까이 지내도록 노력한다. 상담자는 자신의 스트레스와 감정 관리를 위한 개인적 전략을 개발하고 이를 일상화하는 것이 필요하다.

　셋째, 자기관리 전략을 개발하여 생활화한다. 정기적인 충분한 수면과 휴식 시간을 확보하여 신체적·정신적 에너지를 회복한다. 균형 잡힌 식단을 유지하고 규칙적인 식사 시간을 가져서, 전반적인 건강을 유지한다. 알코올과 중독적 사용/행동은 스트레스를 일시적으로 완화할 수 있지만, 장기적으로는 건강 문제를 야기한다. 나아가 소진에 대한 긍정적 효과로 술(중독적 사용/행동 등)이 조건화가 형성되면, 우리 자신이 트라우마와 중독의 소용돌이에 들어서게 됨을 명심하자. 정기적인 운동은 스트레스를 줄이고 지난한 상담작업을 버텨 줄 신체적 건강을 개선하는 데 도움이 된다. 또한, 취미 생활이나 여가 활동을 통해 긍정적인 에너지를 얻고 정신적 휴식과 즐거움을 제공하여 늘 새롭게 상담 작업에 임할 수 있는 주의 전환을 제공한다. 자신의 생각과 감정을 자유롭게 표현할 수 있는 친구나 동료, 지지 네트워크를 구축한다. 심리적 안정감을 주는 인간관계는 전문적인 스트레스 관리에 매우 중요하다.

　넷째, 정기적인 슈퍼비전과 동료 슈퍼비전의 네트워크 안에 머물면서, 전문적인 피드백을 받고, 개인적인 성장과 개발을 도모한다. 사소한 실수를 비난하기보다는 동료들을 격려하고 칭찬하는 긍정적인 직장 문화를 유지하는 절박한 노력이 필요하다. 트라우마 사건은 트라우마를 치유하는 심리상담팀/조직 자체에도 영향을 미친다. 상담센터에서 가학성과 잔인성이 출몰한다 해서 이상한 현상은 아니다(normal reaction to abnormal stumulus; Frankl, 1946). 따라서 업무와 개인 생활 사이의 균형을 맞추기 위해 효과적인 시간 관리 기술을 개발한다. 마음챙김, 긍정심리학 기법 등을 통해 정서적 탄력성을 강화한다. 필요한 경우, 자신의 정신건강을 위해 전문적인 개인상담을 받는 용기가 필요하다. 이러한 자기관리 전략들은 트라우마 상담자가 소진을 방지하고, 지속적으로 효과적인 치료를 제공할 수 있도록 돕는다. 자기관리는 전문적인 능력만큼이나 중요하며, 상담자 본인의 복지를 유지하는 데 필수적이다.

참고문헌

Figley, C. R. (Ed.). (2002). *Treating Compassion Fatigue*. Brunner-Routledge.

Pearlman, L. A., & Saakvitne, K. W. (1995). *Trauma and the Therapist: Countertransference and Vicarious Traumatization in Psychotherapy with Incest Survivors*. W. W. Norton & Company.

Rothschild, B. (2006). *Help for the Helper: The Psychophysiology of Compassion Fatigue and Vicarious Trauma*. W. W. Norton & Company.

Skovholt, T. M., & Trotter-Mathison, M. (2016). *The Resilient Practitioner: Burnout Prevention and Self-Care Strategies for Counselors, Therapists, Teachers, and Health Professionals*. Routledge.

van Dernoot Lipsky, L., & Burk, C. (2009). *Trauma Stewardship: An Everyday Guide to Caring for Self While Caring for Others*. Berrett-Koehler Publishers.

Frankl, V. E. (1946). *Man's search for meaning*. Beacon Press.

찾아보기

내용

저자 소개

이은아(Lee Eun A)

서울대학교 교육상담 전공(교육학박사)

Indiana University–Bloomington, Mental Health Counseling 전공,
　　MS(이학석사)

전 LG전자 R&D 연구소, 심리상담실장

　　한국정보문화진흥원, 인터넷중독예방상담센터, 전임연구원

　　미국 뉴욕, Korean American Family Service Center, 선임상담원

현 경일대학교 상담심리학과 교수

　　You & Me 심리상담연구소, 자문 교수/Bilingual Therapist

〈주요 저 · 역서〉

　　청소년 상담학 개론(2판)(공저, 학지사, 2020)

　　재난대응 위기상담(공저, 학지사, 2017)

　　안전기반치료(역, 하나의학사, 2017)

트라우마와 중독상담

심리적 상처와 의존의 연결고리

Counseling for Trauma and Addiction

2025년 3월 5일 1판 1쇄 인쇄
2025년 3월 12일 1판 1쇄 발행

지은이 • 이은아
펴낸이 • 김진환
펴낸곳 • ㈜ 학지사
　　　　　　04031 서울특별시 마포구 양화로 15길 20 마인드월드빌딩
대표전화 • 02-330-5114　　팩스 • 02-324-2345
등록번호 • 제313-2006-000265호

홈페이지 • http://www.hakjisa.co.kr
인스타그램 • https://www.instagram.com/hakjisabook

ISBN 978-89-997-3289-8　93180

정가 22,000원

출판미디어기업 **학지사**
간호보건의학출판 **학지사메디컬** www.hakjisamd.co.kr
심리검사연구소 **인싸이트** www.inpsyt.co.kr
학술논문서비스 **뉴논문** www.newnonmun.com
교육연수원 **카운피아** www.counpia.com
대학교재전자책플랫폼 **캠퍼스북** www.campusbook.co.kr